CE2

cycle 3

Par MOTS et par phrases

Collection dirigée par Alain Bentolila

Étude de la langue

Grammaire
Conjugaison
Orthographe
Vocabulaire

Annick Cautela
Maître formateur
Parties « Grammaire » et « Vocabulaire »

Isabelle Le Guay
Orthophoniste
Partie « Orthographe »

Brigitte Marin
Maître de conférences en langue et littérature françaises
Parties « Grammaire » et « Vocabulaire »

Nadine Robert
Conseillère pédagogique
Partie « Orthographe »

Françoise Robinet
Inspectrice de l'Éducation nationale
Partie « Conjugaison »

Nathan

Avant-propos

L'**étude de la langue** française répond à une logique interne qui permet de décrire le système en allant du plus simple au plus complexe, du plus fréquent au plus rare.

Un enseignement progressif

Préconiser une programmation des leçons de grammaire, de conjugaison, d'orthographe et de vocabulaire qui va du plus simple au plus complexe est sans doute la meilleure façon d'éviter la **répétition à l'identique des mêmes analyses** et des mêmes exercices classe après classe. On se gardera par exemple d'épuiser l'étude d'un fait grammatical en CE2 sous peine de reproduire exactement la même leçon en CM1 puis en CM2.

Progression veut dire « **approfondissement progressif** », c'est-à-dire analyse d'un même fait grammatical niveau après niveau dans ses dimensions de plus en plus rares, de plus en plus inattendues. Ainsi l'identification du « sujet » en CE2 pourra être fondée sur l'idée qu'« il est le responsable d'une action » ; cette **vérité**, **certes provisoire**, certes incomplète, sera précisée en CM1 et en CM2 par le recours à des critères plus formels de distribution et de compatibilités, par son rôle particulier avec les verbes d'état pour ouvrir aux effets stylistiques de l'inversion…

Une démarche active

Le respect d'une programmation logique de l'étude de la langue doit s'accompagner d'une **démarche pédagogique s'appuyant sur l'observation, la manipulation et la réflexion.** Une leçon de grammaire ne doit pas se réduire à assener une règle et à l'illustrer par un exemple. Nous voulons que nos élèves **découvrent** l'organisation des phrases, la fonction des mots, leur catégorisation… ; nous disons bien « découvrent » et pas simplement « apprennent ». Chaque leçon d'étude de la langue doit s'articuler sur l'observation de phrases ou de mots précisément choisis pour leur permettre de découvrir, par la **manipulation** et la **réflexion**, la notion que l'on a décidé d'étudier.

ISBN 978-2-09-122140-3

Une leçon de grammaire, de conjugaison, d'orthographe ou de vocabulaire doit être conduite dans l'esprit des « **leçons de choses** ». On présentera ainsi à l'attention des élèves un corpus de phrases ou de mots précisément choisis pour induire des **hypothèses** sur le fonctionnement d'un mécanisme singulier. On se questionnera, on proposera des explications provisoires qui, passées au filtre des intentions précises de l'enseignant, constitueront une **première étape d'analyse**.
Cette démarche, au cours de laquelle chaque élève apporte sa pierre à la réflexion, ne peut être fructueuse que si les corpus de phrases proposées ont été intentionnellement fabriqués pour orienter l'observation, suggérer la manipulation, **amener à une conclusion**, **à l'avance programmée**.

Une organisation simple

Dans cette perspective, ce manuel est organisé en quatre grands domaines : **grammaire**, **conjugaison**, **orthographe** et **vocabulaire**. Chacun de ces domaines est constitué de 14 à 22 leçons consacrées à l'étude d'une notion particulière. À la fin de chaque domaine, des **exercices supplémentaires** d'**entraînement** ou de **soutien** reprennent plus particulièrement les notions de base du socle commun du programme.
En complément des leçons d'orthographe, des pages de **mémorisation orthographique** proposent des listes de mots et des activités pour travailler de manière systématique les relations entre les graphèmes (ce que je vois) et les phonèmes (ce que j'entends).

Chaque leçon se présente en trois parties distinctes :
– une partie « **Je comprends** », composée d'un corpus de mots ou de phrases à « manipuler » pour comprendre le fonctionnement des notions étudiées ;
– une partie « **J'apprends** », constituée de la règle à retenir ;
– une partie « **Je m'entraîne** », constituée d'exercices, d'un extrait de texte à lire et d'une activité d'expression écrite.

La structure **simple** du manuel permettra à l'enseignant, au cours de l'année, de choisir librement les notions qu'il souhaite aborder avec sa classe ou bien de suivre la progression proposée.

Alain Bentolila

Sommaire

Grammaire

La phrase et le verbe

Le nom et le groupe nominal

Conjugaison

Le verbe, le présent et le futur de l'indicatif

L'imparfait et le passé composé de l'indicatif

Orthographe

Orthographe lexicale

Orthographe grammaticale

Vocabulaire

Le sens des mots

La formation des mots

Annexes

Pour se repérer dans le manuel

Les unités

Dans les quatre domaines de ton manuel, Grammaire, Conjugaison, Orthographe et Vocabulaire, chaque unité est construite sur le même principe.

Je comprends
propose, à partir de phrases exemples, des questions de repérage et des activités de manipulation sur la ou les notion(s) étudiée(s) pour comprendre « **comment ça marche** ».

Je m'entraîne
offre une série d'exercices d'application classés en 3 niveaux de difficulté.

Numéro de l'unité

Titre de l'unité

La phrase affirmative et la phrase négative

3

Je comprends

Lis ces phrases et réponds aux questions.

La phrase affirmative

1 « J'ai froid ce matin, et j'ai oublié mon écharpe », dit Arthur.

→ Qui a froid ? Qu'a fait Arthur de son écharpe ?

Complète cette phrase affirmative avec : *mon fromage préféré* ou *délicieuse*.
Le fromage de chèvre est … .

La phrase négative

2 **a.** L'herbe pousse au printemps.
b. L'herbe **ne** pousse **pas** en hiver.

→ Que se passe-t-il pour l'herbe dans la phrase **a** ? Dans la phrase **b** ?
→ Quels mots en gras a-t-on ajoutés autour du verbe dans la phrase **b** ?

Récris cette phrase avec *ne … pas* pour la mettre à la forme négative.
Je vais à la piscine.

Les mots de la négation

3 Léon **n'**arrête **pas** de travailler depuis un mois.
Il **n'**a **plus** le temps d'aller au cinéma.

→ Que fait Léon depuis un mois ? Que n'a-t-il plus le temps de faire ?
→ Quels mots en gras permettent de le savoir ?
→ Où sont placés ces mots ?

Mets cette phrase à la forme négative en utilisant : *ne … jamais* ou *ne … plus*.
Pierre mange des bonbons depuis sa visite chez le dentiste.

J'apprends

— Une phrase peut être à la forme affirmative : *J'ai froid.*
— Une phrase peut être à la forme négative : *Je n'ai pas froid.*
— Pour mettre une phrase affirmative à la forme négative, il faut encadrer le verbe avec des mots de négation comme : ne … pas, ne … plus, ne … guère, ne … jamais ou ne … rien.
*Tu **ne** ris **pas**. – Tu **ne** souris **plus**. – Tu **ne** plaisantes **guère**. – Tu **ne** parles **jamais**. – Tu **ne** manges **rien**.*

Je m'entraîne

1 * Classe les phrases en deux colonnes : *phrase affirmative* et *phrase négative*.
a. La tortue se déplace lentement.
b. Ma petite sœur n'a pas pleuré chez le docteur.
c. Il n'a rien voulu dire à ses parents.
d. Lila ne lit jamais des histoires fantastiques.

2 * Recopie chaque phrase et souligne les mots de la négation.
a. Cet enfant ne parle pas.
b. Les chats n'apprécient guère les bruits forts.
c. La bibliothèque n'est plus ouverte le soir.
d. Sur ma carte, les villes ne sont pas indiquées.

3 ** Récris ces phrases en les mettant à la forme affirmative.
a. Elle ne mange jamais vite.
b. Je n'ai pas trouvé.
c. Cette boutique n'est jamais ouverte le lundi.
d. Julie ne veut plus de dessert.

4 ** Récris ces phrases en ajoutant un verbe encadré par des mots de négation :
ne (n') … plus – ne (n') … guère – ne (n') … jamais – ne (n') … pas – ne (n') … rien.
a. Dans cette allée en graviers, les fleurs … .
b. Avec ses lunettes noires, Frédéric … .
c. Julie … les épinards.

5 *** Réponds aux questions en écrivant des phrases à la forme négative avec les mots suivants : *ne … pas – ne … jamais – ne … plus.*
Exemple : *Aimes-tu les BD ? → Non, je **n'**aime **pas** les BD.*
a. Joues-tu souvent sur ton ordinateur ?
b. Vas-tu à l'école le samedi ?
c. Emportes-tu parfois ton vélo en vacances ?
d. Aimes-tu faire des matchs de ping-pong ?

Je lis

6 Lis ce texte.

Une sorcière a transformé un beau taxi bleu en citrouille bleue. Le commissaire mène l'enquête.

« Sorcière, a dit le commissaire, je ne te parle pas de ton persil, ni de tes radis, ni de tes carottes ni de ton échalote. Je te parle de ta citrouille bleue !

– Ah ! c'est de ma citrouille que vous voulez parler ! Eh bien, il fallait le dire ! C'est un taxi que j'ai transformé…

– Et pourquoi l'as-tu transformé en citrouille, ce taxi ?

– Parce qu'une citrouille, c'est beau, c'est rond, ça se coupe en tranches, ça se met dans la soupe et ça sent bon. Parce qu'une citrouille, ça ne fait pas de bruit, ni de fumée, ça n'encombre pas la chaussée, ça ne consomme pas d'essence et ça n'écrase pas les gens… »

Pierre Gripari,
« La Sorcière et le Commissaire »,
Les Contes de la Folie Méricourt,
© Grasset et Fasquelle, 1982.

a. Combien de phrases négatives y a-t-il ?
b. Classe les phrases prononcées par la sorcière en deux colonnes : *phrases affirmatives* et *phrases négatives*.

J'écris

7 Une sorcière décide de changer un avion en oiseau. Écris quatre phrases que la sorcière pourrait dire : *deux phrases affirmatives* et *deux phrases négatives*.

GRAMMAIRE

14 La phrase affirmative et la phrase négative

La phrase affirmative et la phrase négative 15

Domaine

J'apprends
donne la ou les règle(s) à retenir.

Je lis / J'écris
permet de réinvestir les acquis dans des activités de lecture et d'expression écrite.

Mode d'emploi

Les synthèses

En **Grammaire** et en **Conjugaison**, des unités de synthèse proposent des exercices de consolidation.

Titre

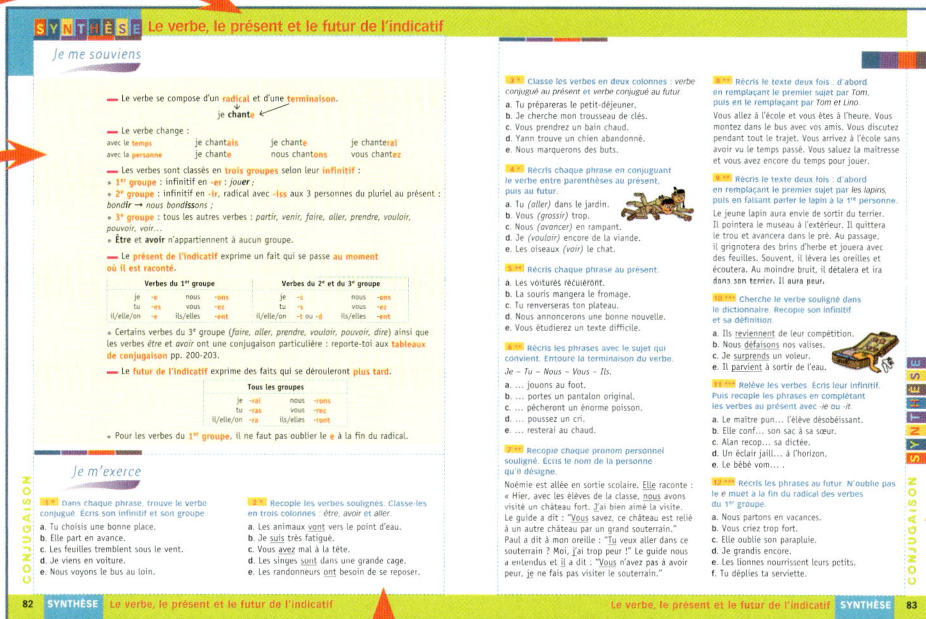

Domaine

Je me souviens rappelle brièvement les règles des notions déjà étudiées.

Je m'exerce offre des exercices de consolidation mettant en relation plusieurs notions.

Les exercices supplémentaires

Une banque d'exercices supplémentaires, à la fin de chaque domaine, regroupe des activités d'entraînement et de soutien sur les notions de base du programme.

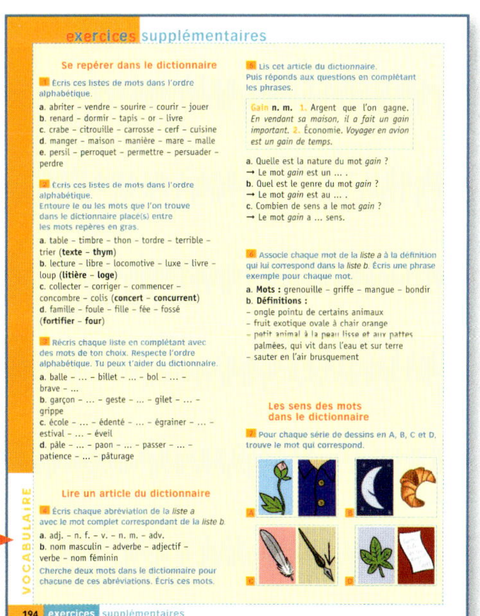

Domaine

La mémorisation orthographique

En complément des leçons d'orthographe, des pages de mémorisation orthographique proposent des listes de mots et des activités pour travailler en lecture et en écriture toutes les graphies.

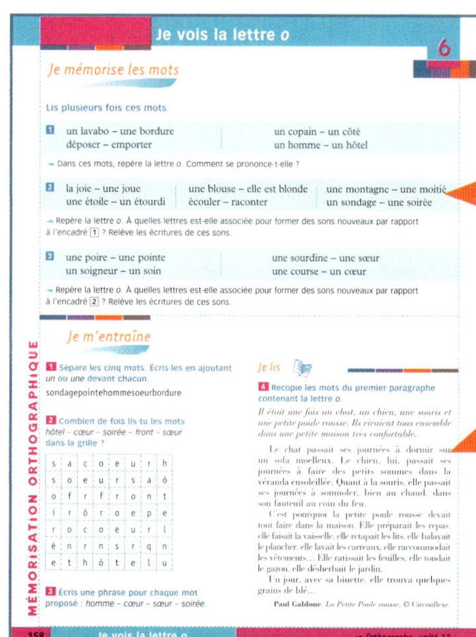

Listes de mots

Activités

Pourquoi dois-tu étudier le vocabulaire, l'orthographe, la grammaire et la conjugaison ?

Quand tu parles ou quand tu écris, tu t'adresses à quelqu'un de particulier et tu veux qu'il te comprenne aussi bien que possible. Sinon à quoi bon parler ; à quoi bon écrire ?

■ Pour te faire comprendre, tu **choisis** des mots. Tu choisis ceux qui présentent le mieux les **personnages**, les **objets** et les **actions** que tu veux faire vivre dans la tête de celui à qui tu parles ou à qui tu écris. Pour réussir, il faut que tu connaisses le **sens précis** des mots, que tu saches comment ils sont fabriqués, que tu ne les confondes pas entre eux. Dans ce livre, la partie **Vocabulaire** est faite pour que tu deviennes le *maître des mots*.

■ Et puis, il faut que celui à qui tu écris puisse reconnaître tes mots. Il faut donc les orthographier correctement : savoir quelles sont les lettres qui en constituent « la carte d'identité » et aussi comment les mots d'une phrase s'accordent les uns avec les autres. C'est dans la partie **Orthographe** que tu trouves les règles pour bien écrire les mots.

■ Ces mots soigneusement choisis, tu devras les assembler pour fabriquer des phrases. Chaque phrase est comme un film dans lequel le mot est un **acteur qui joue un rôle particulier**. Si tu veux que celui qui te lit ou t'écoute voie dans sa tête **ton** film et pas un autre, il faut que tu lui indiques la **fonction** que chaque mot a dans la phrase.
Si tu veux, par exemple, qu'il comprenne que c'est bien Paul qui attrape Pierre et non pas Pierre qui attrape Paul, il faut que tu écrives *Paul attrape Pierre* et non *Pierre attrape Paul*.
La grammaire permet de donner à chaque mot ou groupe de mots le **rôle** que tu souhaites. Tu apprendras, dans la partie **Grammaire**, à reconnaître la **nature des mots** (noms, verbes, déterminants, adverbes...) et les **fonctions** qu'ils peuvent avoir dans une phrase (sujet, complément d'objet direct, complément circonstanciel...).

■ Bien utiliser les mots et construire correctement ses phrases sont les conditions indispensables pour parler ou écrire. Mais il faut aussi que tu puisses indiquer **quand** se passent les événements que tu veux partager avec quelqu'un. Est-ce que ces événements se sont déroulés dans le passé ? Auront-ils lieu dans le futur ? Ou les décris-tu au moment même où tu parles ? Pour le faire savoir à celui à qui tu destines ton message, il faut que tu saches utiliser les temps des verbes ; c'est la partie **Conjugaison** de ce livre qui te l'apprendra.

GRAMMAIRE

Qu'est-ce qu'une phrase ?

Je comprends

Lis ces phrases et réponds aux questions.

Le sens de la phrase

1 Mélanie va faire un tour de manège à la fête foraine dimanche.

- Qui va faire un tour de manège ? Où ? Quand ? Quels mots te permettent de le savoir ?

Mets la phrase en ordre en employant les groupes de mots : *fait ses devoirs – après le goûter – à la maison – Alice*.

L'ordre des mots

2 **a.** L'équipe de France de natation a battu l'équipe d'Italie.
b. L'équipe d'Italie de natation a battu l'équipe de France.

- Quelle équipe a gagné dans la phrase **a** ? Dans la phrase **b** ?
- Quels mots ont changé de place entre la phrase **a** et la phrase **b** ? Les deux phrases ont-elles le même sens ?

Change l'ordre des mots en gras pour changer le sens de la phrase.
Le chat court après **le chien**.

La majuscule et le point

3 **U**ne petite fille joue aux dominos avec son frère**.**

- Par quelle sorte de lettre la phrase commence-t-elle ?
- Par quel signe de ponctuation se termine-t-elle ?

Récris la phrase avec la majuscule et la ponctuation qui conviennent.
je voudrais aller au cirque voir le dresseur de tigres

J'apprends

- Une **phrase** est une suite de mots organisée qui **a un sens**.
  Max a un canari jaune.
  (Max : mot ; a : mot ; un : mot ; canari : mot ; jaune : mot)
- Changer l'**ordre des mots** peut changer le sens de la phrase.
  *Le **cycliste** dépasse la **voiture**. – La **voiture** dépasse le **cycliste**.*
- Une phrase commence toujours par une **lettre majuscule** et se termine par un **point**.
  Le clown amuse le public.
  (L : majuscule ; . : point)

Je m'entraîne

1 * **Récris chaque phrase en remettant les mots dans l'ordre.**

a. un délicieux gâteau Maman a cuisiné.
b. Le lion dans la savane une gazelle dévore.
c. irons Mon frère et moi à la piscine.
d. aime les histoires drôles J'.

2 * **Écris cinq phrases en associant des groupes de mots des *listes 1* et *2*. N'oublie pas la majuscule et le point.**

1. le jardin – les oiseaux – le train – les pompiers – la route.
2. ne s'arrête pas à toutes les stations – est bloquée dans les deux sens – interviennent sur ce violent incendie – est tout en fleurs – s'envolent vers les pays chauds.

3 * **Recopie les phrases qui ont un sens.**

a. Demain, ils quittent la France.
b. Mes jouets sont en dans ma chambre désordre.
c. Les chênes sont centenaires dans ce parc.
d. La lune, j'ai au observé télescope.

4 ** **Écris des phrases en plaçant les mots suivants dans l'ordre. N'oublie pas les majuscules et les points.**

a. est/la/un/tortue/reptile
b. des/ramasse/la/Scotty/plage/sur/coquillages
c. au/nuit/port/rentrent/les/avant/chalutiers/la
d. la/plu/il/a/toute/matinée

5 ** **Recopie et complète pour faire des phrases.**

a. Dans la cour de la ferme, les canards … .
b. Chaque mercredi, je … .
c. Quand il pleut, les escargots … .
d. Depuis quelques minutes, le reportage … .

6 *** **Récris les phrases du texte en ajoutant les majuscules et les points.**

mistigri dort sur la terrasse tout à coup il aperçoit une souris sortir d'un trou il prend alors la position du chasseur à l'affût puis d'un bond il saute sur sa proie heureusement la souris est vive et retourne dans son trou

Je lis

7 **Lis ce texte.**

De jeunes enfants, Joufflu et Timosot, soupçonnent leur grand-père d'être mêlé à une disparition de statuettes. Ils décident de le suivre, accompagnés de leur chien Grosses-Pattes.

La petite troupe marchait en file indienne. L'épaisseur de la neige, en rehaussant les talus, faisait paraître le sentier encore plus encaissé.

Entre ces deux murs blancs, on ne voyait dépasser que la queue de Grosses-Pattes, le pompon bleu de Joufflu, la pointe du capuchon de Timosot…

Le grand-père allait devant, visible jusqu'à la taille. Il tirait la grande luge qui servirait à ramener le sapin. Sur son dos, un petit sac de toile, fermé par une sangle, intriguait les aînés.

Dominique Rebourg,
L'Énigme des statuettes,
© Éditions Sed.

a. Combien de phrases comptes-tu dans le texte ?

b. Relève les mots qui commencent par une majuscule. Commencent-ils tous une phrase ? Pourquoi ?

J'écris

8 **Raconte en quelques phrases la suite du texte de l'*exercice 7*.**

Les enfants ont suivi leur grand-père dans la forêt. Ils assistent à un échange de paquets entre celui-ci et un homme…

GRAMMAIRE

Je comprends

Lis ces phrases et réponds aux questions.

Le début et la fin de la phrase

1 **a.** **O**ù va Patrick **?** **b.** **L**e facteur distribue le courrier**.** **c.** **Q**uelle chance tu as **!**

- Par quelle sorte de lettre commence chaque phrase ?
- Par quel signe se termine chaque phrase ? Pourquoi ?

Récris la phrase avec la ponctuation qui convient.
Une pluie fine tombe sans arrêt depuis ce matin

La ponctuation de l'énumération

2 Julie va acheter **:** du pain**,** du lait**,** de la confiture**,** des céréales**...**

- Quel signe de ponctuation montre que Julie va acheter plusieurs choses ?
- Quel signe précède la liste des choses achetées ?
- Quel signe montre que la liste n'est pas terminée ?

Récris cette énumération avec la ponctuation qui convient.
Grand-père a planté beaucoup d'arbres un chêne un cerisier un abricotier

La ponctuation du dialogue

3 « Je dois me préparer pour la course, affirme le champion.
– Commence par t'échauffer », répond l'entraîneur.

- Combien de personnes parlent ? Comment reconnais-tu la personne qui parle ?

Complète le dialogue avec la ponctuation qui convient.
... Je suis fatigué ... dit Paul. ... Va te reposer ... répond sa maman.

J'apprends

- Une phrase commence par une **majuscule** et se termine par un **point (.)**, un **point d'interrogation (?)** ou un **point d'exclamation (!)**.

  Il est bientôt midi. – *Quand déjeunons-nous ?* – *Comme cet endroit est calme !*
  (majuscule) (point)

- On introduit une énumération par **deux-points (:)**. Les mots de la liste sont séparés par une **virgule (,)**. Quand la liste n'est pas terminée, on met des **points de suspension (...)**. *Prévoyez des vêtements chauds : anorak, écharpe, bonnet...*
- Un dialogue commence et se termine par des **guillemets (« ... »)**. À chaque changement de personne, on met un tiret **(–)**.

  « J'aime les vacances, dit Léo. / – Moi aussi », répond Annie.

Je m'entraîne

1 * Récris chaque phrase en ajoutant un point ou un point d'interrogation.

a. Elle prépare son pique-nique
b. Vient-elle avec nous au ski
c. Tu as toujours raison
d. Quand penses-tu rentrer
e. Les étoiles scintillent

2 * Récris chaque phrase en ajoutant le point qui convient.

a. Comme cet endroit est silencieux
b. Dans quelle ville souhaites-tu vivre
c. Quel est le nom de cet énorme poisson
d. Quel travail difficile
e. Je cours chercher du pain

3 ** Récris le texte en plaçant les majuscules et les cinq points manquants.

dans cette maison des bruits bizarres se font entendre chaque nuit les voisins distinguent comme des grognements le maire s'est déplacé plusieurs fois mais il n'a rien vu la police surveille l'habitation et pense savoir qui sont les farceurs Oscar sait que ce ne sont pas des histoires il a vu des ombres suspectes passer devant les fenêtres.

4 ** Récris ce dialogue en plaçant les deux guillemets et les deux tirets manquants.

… Tais-toi, tu vas nous faire repérer, chuchote Sophie.
… C'est incroyable, c'est toi qui fais du bruit, répond Jules.
… Non, écoute, je crois que le bruit vient de l'extérieur. …

5 * Récris chaque phrase avec les signes de ponctuation : […] [.] [:] [!] ou [« … »].**

a. Comme cette situation est compliquée
b. Dans mon panier, j'ai un chou, des carottes
c. Elle découvrit un chiot endormi sur le paillasson
d. C'est à cet instant qu'il cria : Ouvrez-moi, sinon je défonce la porte

Je lis

6 Lis ce texte.

Un vieux loup rencontre dans un bois une fillette aux cheveux bleus prénommée Mystère.

« Mais qu'est-ce que cela ? s'écria-t-il. Qui êtes-vous, petite fille aux cheveux bleus ?
– Je suis Mystère, répondit-elle, et je suis vénéneuse.
– Oui, c'est ça, mystère et vénéneuse, répéta le vieux loup en faisant semblant de comprendre.
– Vous savez ce que veut dire vénéneuse ? le questionna la petite fille d'un ton sévère.
– Euh, eh bien, c'est… c'est une sorte de…
Le vieux loup, honteux, baissa le nez et avoua :
– Je ne sais plus.
– Vénéneuse, cela veut dire poison, expliqua Mystère. Il y a des champignons qui donnent la colique et qui font mourir ; on les appelle vénéneux. Les petites filles, c'est la même chose. Celles qui sont blondes, rousses ou brunes, elles sont comestibles. Celles qui sont bleues, elles sont vénéneuses.
– Oh, mon Dieu ! s'exclama le vieux loup, et moi qui allais vous manger… »

Marie-Aude Murail, *Mystère*, Folio Cadet, © Gallimard Jeunesse.

a. Relève tous les signes de ponctuation jusqu'à « c'est une sorte de… ».

b. Comment sais-tu qu'il y a un dialogue ?

J'écris

7 Jules ouvre son manuel de mathématiques. Soudain, le livre se met à parler. Imagine un court dialogue entre eux. Pense bien à la ponctuation.

GRAMMAIRE

Je comprends

Lis ces phrases et réponds aux questions.

La phrase affirmative

1 « J'ai froid ce matin, et j'ai oublié mon écharpe », dit Arthur.

- Qui a froid ? Qu'a fait Arthur de son écharpe ?

Complète cette phrase affirmative avec : *mon fromage préféré* **ou** *délicieuse*.
Le fromage de chèvre est … .

La phrase négative

2 **a.** L'herbe pousse au printemps.
b. L'herbe **ne** pousse **pas** en hiver.

- Que se passe-t-il pour l'herbe dans la phrase **a** ? Dans la phrase **b** ?
- Quels mots en gras a-t-on ajoutés autour du verbe dans la phrase **b** ?

Récris cette phrase avec *ne … pas* **pour la mettre à la forme négative.**
Je vais à la piscine.

Les mots de la négation

3 Léon **n'**arrête **pas** de travailler depuis un mois.
Il **n'**a **plus** le temps d'aller au cinéma.

- Que fait Léon depuis un mois ? Que n'a-t-il plus le temps de faire ?
- Quels mots en gras permettent de le savoir ?
- Où sont placés ces mots ?

Mets cette phrase à la forme négative en utilisant : *ne … jamais* **ou** *ne … plus*.
Pierre mange des bonbons depuis sa visite chez le dentiste.

J'apprends

- Une phrase peut être à la forme **affirmative** : *J'ai froid.*
- Une phrase peut être à la forme **négative** : *Je n'ai pas froid.*
- Pour mettre une phrase **affirmative** à la forme **négative**, il faut encadrer le verbe avec des mots de négation comme : **ne … pas**, **ne … plus**, **ne … guère**, **ne … jamais** ou **ne … rien**.

  *Tu **ne** ris **pas**. – Tu **ne** souris **plus**. – Tu **ne** plaisantes **guère**. –*
  *Tu **ne** parles **jamais**. – Tu **ne** manges **rien**.*

Je m'entraîne

1 * Classe les phrases en deux colonnes : *phrase affirmative* **et** *phrase négative*.

a. La tortue se déplace lentement.
b. Ma petite sœur n'a pas pleuré chez le docteur.
c. Il n'a rien voulu dire à ses parents.
d. Lila ne lit jamais des histoires fantastiques.

2 * Recopie chaque phrase et souligne les mots de la négation.

a. Cet enfant ne parle pas.
b. Les chats n'apprécient guère les bruits forts.
c. La bibliothèque n'est plus ouverte le soir.
d. Sur ma carte, les villes ne sont pas indiquées.

3 ** Récris ces phrases en les mettant à la forme affirmative.

a. Elle ne mange jamais vite.
b. Je n'ai pas trouvé.
c. Cette boutique n'est jamais ouverte le lundi.
d. Julie ne veut plus de dessert.

4 ** Récris ces phrases en ajoutant un verbe encadré par des mots de négation : *ne (n') … plus* – *ne (n') … guère* – *ne (n') … jamais* – *ne (n') … pas* – *ne (n') … rien*.

a. Dans cette allée en graviers, les fleurs … .
b. Avec ses lunettes noires, Frédéric … .
c. Julie … les épinards.

5 * Réponds aux questions en écrivant des phrases à la forme négative avec les mots suivants :** *ne … pas* – *ne … jamais* – *ne … plus*.

Exemple : *Aimes-tu les BD ?* → *Non, je* ***n'****aime* ***pas*** *les BD.*

a. Joues-tu souvent sur ton ordinateur ?
b. Vas-tu à l'école le samedi ?
c. Emportes-tu parfois ton vélo en vacances ?
d. Aimes-tu faire des matchs de ping-pong ?

Je lis

6 Lis ce texte.

Une sorcière a transformé un beau taxi bleu en citrouille bleue. Le commissaire mène l'enquête.

« Sorcière, a dit le commissaire, je ne te parle pas de ton persil, ni de tes radis, ni de tes carottes ni de ton échalote. Je te parle de ta citrouille bleue !

– Ah ! c'est de ma citrouille que vous voulez parler ! Eh bien, il fallait le dire ! C'est un taxi que j'ai transformé…

– Et pourquoi l'as-tu transformé en citrouille, ce taxi ?

– Parce qu'une citrouille, c'est beau, c'est rond, ça se coupe en tranches, ça se met dans la soupe et ça sent bon. Parce qu'une citrouille, ça ne fait pas de bruit, ni de fumée, ça n'encombre pas la chaussée, ça ne consomme pas d'essence et ça n'écrase pas les gens… »

Pierre Gripari,
« La Sorcière et le Commissaire »,
Les Contes de la Folie Méricourt,
© Grasset et Fasquelle, 1982.

a. Combien de phrases négatives y a-t-il ?

b. Classe les phrases prononcées par la sorcière en deux colonnes : *phrases affirmatives* **et** *phrases négatives*.

J'écris

7 Une sorcière décide de changer un avion en oiseau. Écris quatre phrases que la sorcière pourrait dire : *deux phrases affirmatives* **et** *deux phrases négatives*.

La phrase interrogative

Je comprends

Lis ces phrases et réponds aux questions.

Poser une question

1 **a.** À quelle heure part Benjamin **? b.** Benjamin part à midi.

- Quelle phrase pose une question ? Laquelle donne une réponse ? Comment le sais-tu ?

Trouve une question qui a cette phrase pour réponse : La maîtresse écrit au tableau.

De la phrase affirmative à la phrase interrogative

2 **a.** Vous entendez le vent. **b.** Vous entendez le vent ?
c. Entendez-vous le vent ? **d.** Est-ce que vous entendez le vent ?

- Quelle est la différence entre la phrase **a** et la phrase **b** ?
- Quelles différences observes-tu entre les phrases **b**, **c** et **d** ?

Mets cette phrase à la forme interrogative, de trois façons différentes.
Vous arriverez pour le déjeuner.

Les mots interrogatifs *quand*, *qui*, *où*

3 **Quand** as-tu appris ta poésie ? **Qui** te l'a fait réciter ? **Où** l'as-tu apprise ?

- Par quels mots commencent ces phrases interrogatives ?
- Quelle information apporteras-tu dans chaque réponse ?

Complète cette phrase interrogative avec un mot interrogatif : *quand*, *qui* **ou** *où* **et le signe de ponctuation qui convient.** … vous a demandé de vous lever …

J'apprends

- Une phrase **interrogative** sert à poser une question.
Elle se termine toujours par un point d'interrogation.
À quelle heure te lèves-tu ?
point d'interrogation

- En général, on peut écrire une phrase **interrogative** de trois façons différentes :
Vous savez la leçon ?
phrase affirmative + point d'interrogation
Savez-vous la leçon ?
inversion du sujet et du verbe + point d'interrogation
Est-ce que vous savez la leçon ?
est-ce que + phrase affirmative + point d'interrogation

- Une phrase **interrogative** peut commencer par un mot interrogatif : **qui**, **quand**, **où**, **comment**, **pourquoi**. ***Où*** *habitent les Inuits* **?** mot interrogatif + verbe et sujet + point d'interrogation

Je m'entraîne

1 * **Recopie uniquement les phrases interrogatives.**

a. Aimes-tu les glaces ?
b. L'éléphant est une espèce protégée.
c. Mon amie s'appelle Mélissa.
d. Est-ce que tu peux venir ?

2 * **Transforme chaque phrase affirmative en une phrase interrogative ; utilise les trois façons possibles. N'oublie pas la ponctuation.**

Exemple : *Vous habitez une jolie rue.* → *Vous habitez une jolie rue ? / Habitez-vous une jolie rue ? / Est-ce que vous habitez une jolie rue ?*

a. Tu étudies les mammifères marins.
b. Ils regardent les abeilles.
c. Elle réussit cette soustraction.
d. Nous cueillons des fruits.

3 ** **Associe chaque réponse à la question qui correspond.**

Questions : a. Que mange le panda ? – b. Où se trouve la grotte de Lascaux ? – c. Qui est l'ami d'Astérix ? – d. Quel âge as-tu ? – e. Quand vivaient les mammouths ?
Réponses : a. Elle se trouve en Dordogne. – b. J'ai douze ans. – c. Ils vivaient à l'époque préhistorique. – d. L'ami d'Astérix est Obélix. – e. Il se nourrit d'eucalyptus.

4 ** **Écris une réponse à chaque question.**

a. As-tu des amis ?
b. Où est ton frère ?
c. Quand visiterez-vous ce musée ?
d. Connais-tu une histoire drôle ?

5 *** **Écris des questions commençant par un mot interrogatif qui ont pour réponses ces phrases affirmatives. Aide-toi des mots en gras.**

a. Ils téléphonent **pour inviter Marie.**
b. Mes parents sortiront au cinéma **demain.**
c. Nous irons **à vélo** dans les bois.
d. **Mon petit frère** croit aux fantômes.
e. Élise part **à l'école.**

Je lis

6 **Lis ce texte.**

George, le grand-oncle d'Harry, vient de mourir. Il a rédigé une lettre dans laquelle il dit à qui distribuer ses biens après sa mort (son testament).

« Papa ! Grand-oncle George est mort ! Et sais tu ? Cette lettre c'est son testament ! Je n'y comprends rien. Peux-tu me la lire ? Maman, maman, viens vite, papa va lire la lettre ! [...]

– Qu'est-ce que c'est ? demanda Madame Holdsworth. A-t-il laissé quelque chose à Harry ?

– Oui, répondit-il. [Monsieur Holdsworth]

– Sa fortune ? s'écria Harry.

– Sa fortune ? répéta son père. Non, Harry. Pas sa fortune. Ce vieux George n'avait pas grand-chose. Non. Il t'a donné ce qui était, semble-t-il, son bien le plus précieux.

– Et c'est quoi ? interrogea Harry au comble de l'excitation.

– Son perroquet. »

Dick King-Smith, *Harry est fou*,
traduit par Michelle Esclapez, © Folio Junior Gallimard.

a. Combien y a-t-il de phrases interrogatives ?

b. Que répond le père d'Harry quand celui-ci demande : « Et c'est quoi ? »

J'écris

7 **Mylène et Alexandre décident de jouer à « Ni oui, ni non ». Pour gagner, il ne faut répondre ni par oui ni par non aux questions posées par l'adversaire.**

Mylène pose les questions et Alexandre répond. Invente une suite à leur dialogue.

Mylène :
– Aimes-tu le football ?
Alexandre : – Ah, j'adore !

Je comprends

Lis ces phrases et réponds aux questions.

Le verbe, un mot essentiel de la phrase

1 Le loup **hurle** dans les bois ; les louveteaux le **cherchent**.

- Quel mot te permet de savoir ce que fait le loup ? Ce que font les louveteaux ?
- Si tu supprimes ces mots, les phrases ont-elles encore un sens ?

Complète cette phrase avec les verbes : *vient* et *court*.
Mon cousin … à toute allure, il … vers nous.

Verbes d'état et verbes d'action

2 Joël **semble** fatigué. Il **a bêché** dans son jardin toute la journée.

- Comment est Joël ? Quel verbe indique son état ?
- Quelle action Joël a-t-il accomplie ? Quels mots de la deuxième phrase l'indiquent ?

Complète la phrase avec les verbes : *a reçu* et *est*.
Marie … très heureuse parce qu'elle … une longue lettre de sa grand-mère.

Le verbe varie avec le sujet et avec le temps

3 Julien **boit** du lait, ses frères **boiront** de la limonade.

- Quel verbe est répété deux fois ? Qui boit du lait ? Qui boira de la limonade ?
- Que constates-tu pour la terminaison du verbe dans les deux cas ?

Complète cette phrase avec : *regarderons* et *regarde*.
Je … un dessin animé et ensuite, avec ma sœur, nous … un documentaire.

J'apprends

- Le **verbe** est le centre de la phrase. C'est à lui que se rattachent tous les mots ou groupes de mots de la phrase.

  La boulangère ***vend*** *du pain au client.*
  (verbe : **vend**)

- Le **verbe d'état** exprime ce que ressent le sujet.
  Le **verbe d'action** indique ce que fait le sujet.

  Les lionnes ***paraissent*** *nerveuses. Elles* ***partent*** *à la chasse.*
  (paraissent : verbe d'état ; partent : verbe d'action)

- Le **verbe varie** avec le sujet et avec le temps.

  Maintenant, Julie ***prépare*** *son sac. Tout à l'heure, ses parents* ***prépareront*** *les valises.*
  (Julie : sujet ; prépare : verbe ; ses parents : sujet ; prépareront : verbe)

GRAMMAIRE

Je m'entraîne

1 * Recopie uniquement les phrases qui contiennent un verbe.

a. Les phoques plongent dans l'eau glacée.
b. La vie des animaux : des documentaires intéressants.
c. Longue journée pour ces sportifs.
d. La lune éclaire la nuit.
e. Les dauphins se nourrissent de poissons.

2 * Recopie les phrases et souligne les verbes.

a. Le fermier rentre son troupeau.
b. La neige recouvre le toit des maisons.
c. Le chien et le chat ne s'entendent pas.
d. Les contes plaisent aux jeunes enfants.
e. Tu aides souvent cette vieille dame.

3 ** Recopie les phrases. Entoure les verbes qui indiquent *une action*. Souligne les verbes qui expriment *un état*.

a. Le cheval galope sur la piste.
b. Damien nourrit les canards.
c. Alicia est toujours gaie.
d. Le chien de Yann aboie sans cesse.
e. Ces nageurs paraissent en forme.

4 ** Complète les phrases avec les verbes suivants : *joueront* – *ont repéré* – *se nourrit* – *a dévoré* – *avance*.

a. Le kangourou ... par bonds successifs.
b. Les gardes forestiers ... un sanglier.
c. La chouette ... d'insectes.
d. Demain, les enfants ... à la marelle.
e. Dans ce documentaire, un vautour ... une gazelle.

5 * Récris les phrases en écrivant le verbe entre parenthèses avec la terminaison qui convient.**

a. Les menuisiers *(fabriquer)* un meuble en chêne.
b. Ce film *(passer)* au cinéma du quartier.
c. Sami *(décider)* d'arrêter la compétition.
d. Les pompiers *(lutter)* pour éteindre l'incendie.

Je lis

6 Lis ce texte.

La scène se déroule dans une bibliothèque extraordinaire. Des animaux s'y rendent pour s'instruire. Mais un jour, l'âne lit une information qui le met en colère.

Depuis son ouverture, la nouvelle bibliothèque ne désemplit pas. Les animaux s'y pressent pour emprunter ou consulter la multitude de livres qui garnissent ses rayonnages. D'habitude, l'endroit est plutôt silencieux et tranquille, mais voilà que ce matin retentissent des hurlements qui résonnent dans les allées.

« Quel scandale ! Quelle honte ! »

C'est l'âne qui brait aussi fort, et rien ne semble pouvoir calmer sa colère. [...]

« Écoutez ce que je lis sur moi dans ce maudit bouquin ! À quoi bon lui apprendre les choses de l'école, un âne sait à peine comme il se nomme. »

Hubert Ben Kemoun, Bernard Heitz,
La Farce du dindon, © Casterman.

a. Relève tous les verbes du texte jusqu'à « sa colère ».

b. Parmi ces verbes, lesquels indiquent un état ?

J'écris

7 Imagine l'histoire d'un enfant qui n'a peur de rien et qui fait des bêtises. Dans ton texte, utilise les verbes d'action *chercher* et *trouver*, ainsi que les verbes d'état *être* et *sembler*.

Je comprends

Lis ces phrases et réponds aux questions.

Qu'est-ce que le sujet dans une phrase ?

1 **a. Les marins** naviguent. **b. Mon père** navigue.

- Qui est-ce qui navigue ?
- Quel est le sujet du verbe *naviguer* dans chaque phrase ? Pourrait-on le supprimer ?

Complète cette phrase avec un sujet choisi parmi : *les éléphants, les avions.*
… font des traînées dans le ciel.

Comment trouver le sujet ?

2 **a.** La fermière arrose les salades. **b.** Le melon mûrit au soleil.

- Quel est le verbe dans chaque phrase ?
- Quel est le sujet de *arrose* ? Quel est le sujet de *mûrit* ?
- Quelle question poses-tu pour le savoir ?

Trouve le sujet de la phrase. L'avion fait un looping.

Quels sont les différents types de sujets ?

3 **Le train** arrive. **Il** est à l'heure. **Arthur** le prend.

- Qu'est-ce qui arrive ? Qu'est-ce qui est à l'heure ? Qui est-ce qui le prend ?
- Quel est le sujet dans chaque phrase ? Lequel est un nom propre ? Un pronom ? Un groupe nominal ?

Complète les phrases avec les sujets : *ils, Les déménageurs, Monsieur Hardy.*
… déménage. – … portent ses meubles. – … les mettent dans le camion.

J'apprends

— Le **sujet** du verbe est la personne, l'animal ou l'objet dont on parle.
Il fait varier le verbe en nombre et en personne.

__Le chat__ (sujet) chasse (verbe) les souris. – __Les chats__ (sujet) chassent (verbe) les souris. – __Nous__ (sujet) chassons (verbe).

— Pour trouver le sujet, il faut poser la question « qui est-ce qui ? » ou « qu'est-ce qui ? » avant le verbe. *L'herbe pousse.* → *Qu'est-ce qui pousse ?* → *l'herbe.*

— Le sujet peut être :
- un **groupe nominal** : ***Le chien*** *court dans la neige.*
- un **nom propre** : ***Hélène*** *joue à l'épicière.*
- un **pronom personnel** : ***Nous*** *apercevons les hirondelles.*

GRAMMAIRE

Je m'entraîne

1 * **Recopie les phrases et souligne le sujet de chaque verbe en gras.**

a. Les arbres **fleurissent** au printemps.
b. Les oiseaux **chantent** au lever du jour.
c. Les abeilles **butinent** les étamines des fleurs.
d. L'ours brun **quitte** son refuge.

2 * **Recopie chaque phrase en ajoutant un sujet qui convient :** *les élèves – les skieurs – le singe* **ou** *le chat*.

a. ... a miaulé toute la nuit.
b. ... grimpe aux arbres.
c. ... apprennent bien leur poésie.
d. ... descendent très vite la piste rouge.

3 ** **Pour chaque phrase, pose la question** *qui est-ce qui ?* **ou** *qu'est-ce qui ?* **avant le verbe. Puis indique le sujet.**

a. Le jardinier arrache les mauvaises herbes.
b. Les éclairs illuminent le ciel.
c. Des ruines dominent cette colline.
d. La princesse épousera le prince.

4 ** **Recopie chaque phrase, entoure le verbe et souligne son sujet. Tu peux t'aider en posant la question** *qui est-ce qui ?* **avant le verbe.**

a. Les moutons retournent dans les alpages.
b. L'autruche pond ses œufs dans un grand trou.
c. Tôt le matin, le coq réveille la maisonnée.
d. Dans l'écurie, les chevaux s'impatientent.

5 *** **Recopie chaque phrase, entoure le sujet du verbe en gras. Indique s'il s'agit d'***un groupe nominal*, **d'***un nom propre* **ou d'***un pronom personnel*.

a. Dans la brousse, quelques éléphants **se reposent.**
b. La durée du jour **augmente** nettement au mois de mars.
c. Il **court** depuis une heure en suivant le parcours.
d. Obélix **est** un personnage de BD.

Je lis

6 **Lis ce texte.**

Ce soir-là, les parents de Mathilde sortent et lui confient la garde de sa petite sœur Carla.

Ses parents ont laissé la veilleuse de l'entrée allumée.

Mathilde **se faufile** dans la salle de séjour et va tout droit s'installer dans un grand fauteuil confortable. Un immense fauteuil où il est bien agréable de se prélasser sans être obligé de le partager avec papa ou maman. Elle **allume** la télévision. Ce soir, elle va pouvoir regarder ce qu'elle veut ! Sur l'écran, c'est aussi la nuit. Subitement, un homme **apparaît** en gros plan.

Il **escalade** le mur d'une maison en s'agrippant au grillage qui soutient une vigne vierge. Mathilde peut voir son visage de tout près.

Il a l'air inquiétant, son regard **est** cruel, un rictus menaçant **tord** sa bouche : « Vous ne **perdez** rien pour attendre, siffle-t-il entre ses dents. Je **vais** vous apprendre à me connaître et je vous promets qu'on va bien rigoler. »

Mirjam Pressler, *Mathilde n'a pas peur de l'orage*,

a. Recopie le sujet de chaque verbe en gras.

b. Écris pour chaque sujet trouvé si c'est un nom propre, un pronom personnel ou un groupe nominal.

J'écris

7 **Carla, la petite sœur de Mathilde, se réveille en pleine nuit. Elle a peur. Raconte comment Mathilde réussit à la calmer. Utilise les prénoms des fillettes et le pronom personnel** *elle*.

Je comprends

Lis ces phrases et réponds aux questions.

Le pronom personnel remplace un nom

1 Alice est venue. **Elle** a dit que Jules était malade. **Il** souffre.

- Qui est venue ? Qu'a-t-elle dit ? Quel mot remplace le nom *Alice* dans la 2e phrase ?
- Qui souffre ? Quel pronom personnel en gras remplace le nom *Jules* dans la 3e phrase ?

Remplace le nom en gras par un pronom personnel.
Valentine aime la peinture.

Le pronom personnel remplace un groupe nominal

2 **a.** Le bûcheron abat les arbres ; **il** les tronçonne.
b. Les écureuils l'entendent ; **ils** s'enfuient.

- Dans la phrase **a**, qui abat les arbres ? Qui est *il* ?
Quel groupe nominal est remplacé par ce pronom ? Pourquoi ?
- Dans la phrase **b**, qui entend le bûcheron ? Qui s'enfuit ?
Quel groupe nominal est remplacé par le pronom *ils* ? Pourquoi ?

Remplace le groupe nominal en gras par un pronom personnel.
Le caissier vérifie le prix des articles.

Les pronoms personnels

3 je chante – tu chantes – il chante – elle chante – nous chantons – vous chantez – ils chantent – elles chantent.

- Relève chaque verbe. Relève le sujet de chaque verbe.

Complète cette phrase avec le pronom personnel sujet qui convient.
… savons qui a gagné le match de basket.

J'apprends

— Le **pronom personnel** remplace un nom propre.
*<u>Sarah</u> est fatiguée. **<u>Elle</u>** s'est levée tôt.*
nom propre — pronom personnel

— Le **pronom personnel** remplace un groupe nominal.
*<u>Les camions</u> respectent la limitation de vitesse. **<u>Ils</u>** ralentissent.*
groupe nominal — pronom personnel

— Le **sujet du verbe** peut être un pronom personnel.
<u>je</u> marche – <u>tu</u> marches – <u>il</u> marche – <u>nous</u> marchons – <u>vous</u> marchez – <u>elles</u> marchent.
pronom personnel sujet

GRAMMAIRE

Je m'entraîne

1 * **Recopie les phrases. Souligne les pronoms personnels sujets.**

a. Aline a faim. Elle va dans la cuisine.
b. Yacine joue au foot. Il attrape la balle au vol.
c. Le tigre bondit. Il vient de tuer une proie.
d. Léa et moi, nous partons. Nous écrirons demain.

2 * **Remplace les groupes nominaux en gras par un pronom personnel sujet.**

a. **Les amies** sont au téléphone.
b. **Le chien et le chat** se battent.
c. **Le voisin** chante très bien.
d. **Ma mère** cuisine souvent.

3 ** **Complète chaque phrase avec un pronom personnel sujet qui convient :** *j' – tu – vous* **ou** *nous*.

a. … envoies une lettre à tes grands-parents.
b. … emportons nos achats sur notre bicyclette.
c. … vivez en pleine forêt.
d. … accepte que tu sortes deux heures.

4 ** **Remplace les noms ou les groupes nominaux en gras par des pronoms personnels.**

Dans ce conte, le héros est un chevalier du nom de Crac. **Le chevalier Crac** a un ami, Théos. Le chevalier demande à Théos de prendre son épée et de l'accompagner au combat. **Le combat** sera terrible car Crac et Théos doivent vaincre les dragons. **Les dragons** sont nombreux et vivent en haut d'une falaise.

5 *** **Écris une phrase pour chaque dessin. Utilise au moins un pronom personnel sujet.**

Je lis

6 **Lis ce texte.**

Un jeune dromadaire se rend avec sa mère à une réunion. Le conférencier qui prend la parole critique les dromadaires : leur démarche, leur nourriture…

Un jour, il y avait un jeune dromadaire qui n'était pas content du tout.

La veille, il avait dit à ses amis : « Demain, je sors avec mon père et ma mère, nous allons entendre une conférence, voilà comme je suis moi ! Et les autres avaient dit :

– Oh, oh, il va entendre une conférence, c'est merveilleux », et lui n'avait pas dormi de la nuit tellement il était impatient, et voilà qu'il n'était pas content parce que la conférence n'était pas du tout ce qu'il avait imaginé. […]

Jacques Prévert,
« Contes pour enfants pas sages »,
Histoires et d'autres histoires, © Éditions Gallimard.

a. Relève tous les pronoms personnels sujets de « La veille » jusqu'à « c'est merveilleux ».

b. Quels groupes nominaux remplacent-ils ?

c. Qui est « il » dans la dernière phrase du texte ?

J'écris

7 **Imagine un court dialogue entre le dromadaire et ses parents.**
Il explique ce qui lui a déplu : *le conférencier a critiqué les dromadaires…*
Utilise des pronoms personnels sujets.

GRAMMAIRE

Je comprends

Lis ces phrases et réponds aux questions.

L'accord du verbe avec un sujet singulier

1 **a.** Le chat s'étir**e**. **b.** Il grimp**e** aux arbres. **c.** Il captur**e** des souris.

- Qui s'étire ? Qui grimpe aux arbres ? Qui capture des souris ?
- Combien y a-t-il de chats ? Quelle est la terminaison du verbe dans chaque phrase ?

Accorde le verbe avec son sujet.
Un écureuil grignot… des noisettes.

L'accord du verbe avec un sujet pluriel

2 **a.** Les trois promeneurs cueill**ent** des champignons.
b. Ils cuisin**ent** les cèpes avec de l'ail.

- Combien y a-t-il de promeneurs ? Combien de personnes cuisinent ?
- Quelle est la terminaison du verbe dans chaque phrase ?

Accorde le verbe avec son sujet.
Les promeneurs habit… en Auvergne.

L'accord du verbe avec plusieurs sujets

3 **a.** Le train **s'arrête**. **b.** Le contrôleur et un voyageur **descendent**.

- Combien y a-t-il de sujets dans la phrase **a** ? Dans la phrase **b** ?
- Quel verbe est au singulier ? Quel verbe est au pluriel ?

Accorde le verbe avec ses deux sujets.
Charles et Myriam dessin… très bien.

J'apprends

— Le verbe s'accorde toujours avec le sujet.

- Si le sujet est au **singulier**, le verbe est au singulier.
  *L'enfant regard**e** la neige.*
  sujet sing. verbe sing.
- Si le sujet est au **pluriel**, le verbe est au pluriel.
  *Les enfants regard**ent** la neige.*
  sujet plur. verbe plur.

— Un **verbe** peut avoir **plusieurs sujets**. Il est alors au **pluriel**.
*Le chat et le chien mang**ent**.*
sujet + sujet verbe plur.

GRAMMAIRE

Je m'entraîne

1 * **Récris les phrases en accordant chaque verbe avec son sujet.**

a. Les hérons nich… dans les arbres.
b. Armelle ressembl… à son frère.
c. Mes amis dégust… une glace à la fraise.
d. Le scientifique observ… les étoiles.

2 * **Écris des phrases en associant les sujets de la *liste 1* aux verbes correspondants de la *liste 2*.**

1. Sujets : ta sœur – Armelle et Cindy – les chevaux – la pluie.
2. Verbes : tirent (la charrette) – chante (bien) – tombe (avec force) – jouent (aux cartes).

3 ** **Récris chaque phrase au présent en accordant le verbe entre parenthèses avec le sujet.**

a. Manon et Sami *(réviser)*.
b. Grand-mère *(ramasser)* des prunes.
c. Les vieux arbres *(border)* la route.
d. Des tableaux de valeur *(décorer)* mon salon.

4 ** **Récris les phrases en mettant les sujets au singulier. Fais attention aux accords.**

a. Les pêcheurs rentrent.
b. Les avions volent.
c. Les boulangers se lèvent tôt.
d. Les souris grignotent le fromage.

5 ** **Récris les phrases en mettant les sujets au pluriel. Fais attention aux accords.**

a. La cloche sonne.
b. La tente occupe beaucoup d'espace.
c. Le touriste photographie un paysage.
d. L'enfant copie un tableau de Picasso.

6 *** **Récris les phrases après avoir choisi le bon verbe entre parenthèses.**

a. Tu *(complètes – complète)* ton dessin.
b. Les élèves *(traces – tracent)* un cercle.
c. Les nuages *(sont – est)* de plus en plus sombres.
d. Le volet *(protège – protèges)* la porte.

Je lis

7 **Lis ce texte.**

Renart est affamé à la fin de l'hiver. Il aperçoit une charrette conduite par deux hommes, remplie de poissons : des harengs, des anguilles, des lamproies, des soles… Il s'allonge sur le sol et fait semblant d'être mort.

Les hommes jettent la bête sur leurs paniers et – youp ! hue ! – se remettent en route, s'exclamant et riant de l'aubaine. Le cheval trotte, les roues grincent, les poissonniers chantent à tue-tête. Renart, lui, travaille des mâchoires sans perdre un instant. Hap ! hap ! Il engloutit vingt harengs sans respirer. Hap ! hap ! hap ! Il s'attaque aux lamproies, aux soles. Il avale, se régale et dévore tant qu'à la fin il n'en peut plus.

Pourtant, il plonge encore la tête dans un panier, et retire… trois colliers d'anguilles grasses, qu'il enfile et harnache solidement autour de son cou.

Le roman de Renart.

a. Relève les sujets et les verbes au pluriel.
b. Relève les sujets et les verbes au singulier.

J'écris

8 **Choisis des groupes nominaux dans la liste suivante. Écris une courte histoire en les utilisant comme sujets.**

des animaux sauvages – la forêt – les arbres – la panthère – le danger – le boa – l'homme…

Je comprends

Lis ces phrases et réponds aux questions.

Qu'est-ce que le COD ?

1 Anne a vu **Estelle**. Elle lui a donné **un livre**.

- Anne a vu qui ? Elle lui a donné quoi ?

Complète cette phrase avec un COD choisi parmi : *ses tomates, le téléphone.*
Mon grand-père arrose … .

Comment repérer le COD dans la phrase ?

2 **a.** Le tunnel traverse **la montagne**.
b. Les automobilistes observent **le paysage**.

- Le tunnel traverse quoi ? Les automobilistes observent quoi ?
- Où sont placés les groupes de mots en gras ? Peut-on les déplacer ?

Récris la phrase en changeant le COD en gras.
Le boulanger vend **du pain**.

Le COD est un complément essentiel du verbe

3 Mon chien a un pelage noir. Il a des pattes très longues.

- Repère le COD dans chaque phrase. Quelle information apporte-t-il ?
Cette information est-elle essentielle ? Peut-on supprimer le COD ?

Complète cette phrase avec : *un chat gris* **ou** *une gomme rose*.
Dans ma trousse, j'ai rangé … .

J'apprends

- Le **complément d'objet direct** (COD) complète le verbe.
- Pour trouver le COD, on peut poser la question **qui ?** ou **quoi ?** après le verbe.
  *Les enfants aiment **le chocolat**.* (aiment : verbe ; le chocolat : COD) → *Les enfants aiment quoi ?* → *le chocolat.*
- En général, le COD ne peut être ni déplacé ni supprimé.
C'est un **complément essentiel** du verbe.

GRAMMAIRE

Je m'entraîne

1 * Relève le COD de chaque verbe. Aide-toi en posant la question *qui ?* ou *quoi ?* après le verbe.

a. Xavier attrape la balle.
b. La fillette récite sa leçon.
c. Victor embrasse son père.
d. Les touristes cherchent la sortie.

2 * Relève le COD de chaque verbe.

a. Célia écoute une douce mélodie.
b. Ce livre raconte la vie de Robinson Crusoé.
c. Il a lu une histoire étonnante.
d. Tu postes un colis.

3 ** Récris les phrases avec un COD de ton choix.

a. Nous avons reçu … .
b. Les randonneurs aperçoivent … .
c. Le jardinier plante … .
d. Demain, vous rendrez … .
e. Ce matin, j'ai mangé … .

4 ** Recopie les phrases. Puis souligne uniquement les compléments que tu ne peux pas déplacer.

a. Le week-end, Jérémy sort son saxophone.
b. Les couvreurs réparent les toits après la tempête.
c. Nous avons reconnu cette femme.
d. Ce navigateur a traversé la Manche.

5 * Écris des phrases à l'aide des dessins en employant ces groupes nominaux comme COD :** *des lunettes* – *le courrier* – *une casquette* – *des verres* – *une sacoche*.

Je lis

6 Lis ce texte.

Le père d'Akimbo est chef des rangers dans une réserve animalière, en Afrique. Un jour, il emmène son fils dans une ferme où un lion vient de dévorer un bœuf.

Un peu plus tard, comme ils s'éloignaient de la ferme, le père d'Akimbo lui <u>expliqua</u> son plan.

« Je préfère éviter d'abattre ce lion, dit-il. Le mieux serait, si possible, de lui tendre un piège.

– Mais comment tu t'y prendras ? demanda Akimbo. Tu lui <u>enverras</u> une fléchette, comme la dernière fois, avec le rhinocéros ? »

Akimbo avait déjà assisté à la capture d'un rhinocéros, que les rangers avaient dû déplacer d'un secteur de la réserve vers un autre et qu'ils avaient endormi en lui envoyant, à l'aide d'un fusil spécial, une fléchette de somnifère ; le produit <u>avait neutralisé</u> l'animal une demi-heure, le temps pour les rangers de le charger dans le camion et de le transporter en toute sécurité.

Alexander McCall Smith, *Akimbo et les lions*, traduit par Stéphane Carn, © Éditions Gallimard Jeunesse.

a. Relève les COD qui complètent les verbes soulignés.

b. Pourrait-on déplacer ou supprimer ces COD ?

J'écris

7 Raconte une aventure que tu as lue ou que tu as vécue, comme : *se perdre en forêt* **ou** *trouver un chien ou un chat dans la rue*... **Utilise des COD.**

GRAMMAIRE

Je comprends

Lis ces phrases et réponds aux questions.

Qu'est-ce que le COI ?

1 Phil a téléphoné **à Julien**. Il a parlé **de son jeu vidéo**.

- Phil a téléphoné à qui ? Il lui a parlé de quoi ?
- Quels mots donnent ces informations ?

Complète cette phrase avec un COI choisi parmi :
de son premier film, de sa première chanson.
Le chanteur se souvient … .

Le COI est relié au verbe par une préposition

2 Le promeneur se méfie **de la pluie battante**. Il le dit **à Hector**.

- Le promeneur se méfie de quoi ? Il le dit à qui ?
- Par quel mot commence le COI dans chaque phrase ?

Complète la phrase avec : *à* **ou** *de*.
Le vacancier profite … la plage.

J'apprends

— Le **complément d'objet indirect** (COI) oriente l'action exprimée par le verbe vers une personne ou un objet.

Théo pense à son frère. – Katia parle de l'Italie.

— Pour trouver le COI, on peut poser la question **à qui ? à quoi ? de qui ?** ou **de quoi ?** après le verbe.

Les journalistes s'adressent (verbe) ***à la presse*** (COI).

→ *Les journalistes s'adressent à qui ?* → *à la presse.*

— Le COI est placé après le verbe. Il est relié au verbe par une **préposition** : **à (aux)** ou **de (des)**.

Charles assiste ***à un spectacle****. – Patrick se moque* ***de Lucile****.*
Je pense ***aux vacances****. – Le samedi, papa s'occupe* ***des courses****.*

GRAMMAIRE

Je m'entraîne

1 * Recopie le COI de chaque phrase. Aide-toi en posant la question *à qui ?* ou *de quoi ?* après le verbe.

a. Elle pense à sa grand-mère.
b. Vous vous passerez de son aide.
c. Nous nous méfions de nos intuitions.
d. Tu le diras à ton ami.
e. Ils rient des farces du clown.

2 * Complète chaque phrase avec un COI de la liste : *de sa sortie* – *à la chaleur* – *à la marelle* – *à ses amis* – *de la distribution des jouets*.

a. Ce plat résiste … .
b. Le Père Noël s'occupe … .
c. Jérémie parle … sans arrêt.
d. Vous jouez … .
e. Nils écrit … .

3 ** Écris un COI de ton choix qui répond à la question entre parenthèses.

a. Les habitants s'attendent (*à quoi ?*) … .
b. Mes parents se soucient (*de quoi ?*) … .
c. Certains enfants désobéissent (*à qui ?*) … .
d. Ces collectionneurs s'intéressent (*à quoi ?*) … .
e. Il ressemble (*à qui ?*) … .

4 ** Écris *à*, *de* ou *d'* avant chaque COI.

a. Le train s'arrête … toutes les gares.
b. Elle souffre … une rage de dents.
c. Martine obéit … sa mère.
d. Les fourmis sortent … la fourmilière.
e. Il offre un bijou … sa femme.

5 * Écris des phrases en utilisant les groupes de mots proposés comme COI. Pour t'aider, tu peux utiliser les verbes :** *se souvenir* – *rire* – *écrire* – *promettre* – *assister*.

de ses vacances – aux élèves – à ses parents – de sa maladresse – à un spectacle.

Je lis

6 Lis ce texte.

Au commencement des temps, quand le monde était tout neuf et tout ce qui s'ensuit, et que les Animaux commençaient tout juste à travailler pour l'Homme, il y avait un Chameau qui vivait au beau milieu d'un Désert Hurlant parce qu'il ne voulait pas travailler ; d'ailleurs, c'était un Hurleur lui-même.

Alors il se nourrissait de bouts de bois, d'épines, de tamarisques, d'euphorbes et d'un tas de choses piquantes, tout ça dans l'oisiveté la plus mortelle.

Rudyard Kipling, « Le Chameau et sa bosse », traduit par Pierre Gripari, *Histoires comme ça*, © Éditions Gallimard.

a. Relève les cinq COI du dernier paragraphe.

b. Par quelle préposition commence chaque COI ?

J'écris

7 Stella vient de prendre de bonnes résolutions. Elle écrit tout ce qu'elle promet de faire. Continue son texte en utilisant des COI. Aide-toi du dessin.

À partir d'aujourd'hui,…

GRAMMAIRE

Je comprends

Lis ces phrases et réponds aux questions.

Qu'est-ce que le complément circonstanciel ?

1 Mon voisin court **vite**. Il fait son jogging **dans la forêt**.

- Quelles informations apportent les mots en gras ?
- Pourrait-on supprimer ces mots ? Les déplacer ?

Complète avec un complément circonstanciel : *à toute allure* **ou** *au sommet*.

Le skieur dévale la pente … .

Le complément circonstanciel de lieu

2 **Au cirque**, l'acrobate présente son numéro **sur un trapèze**.

- Où se passe l'action ? Où est l'acrobate ? Quels mots permettent de le savoir ?

Complète avec un complément circonstanciel de lieu : *Sur le trottoir – À la plage*.

…, le vacancier se repose.

Le complément circonstanciel de manière

3 Le pilote de course conduit sa voiture **à grande vitesse**.
Il la pilote **avec précision**.

- Le pilote conduit sa voiture comment ? Il la pilote de quelle manière ?

Complète avec un complément circonstanciel de manière : *lourdement* **ou** *avec grâce*.

Les patineurs évoluent sur la glace … .

J'apprends

— Le **complément circonstanciel** plante le décor de l'action : où elle se passe, comment elle se passe. On peut le supprimer ou le déplacer.

__À la maison__, Max prête __volontiers__ ses jouets.
(À la maison : compl. circonstanciel ; volontiers : compl. circonstanciel)

— Pour trouver le **complément circonstanciel de lieu**, on peut poser la question **où ?**

J'ai trouvé une clé où ? → __devant chez moi__.
(compl. circonstanciel de lieu)

— Pour trouver le **complément circonstanciel de manière**, on peut poser la question **comment ?**

Laurent est entré dans le magasin comment ? → __à toute vitesse__.
(compl. circonstanciel de manière)

Je m'entraîne

1 * Recopie les phrases et souligne les compléments circonstanciels de lieu. Aide-toi en posant la question *où ?* après le verbe.

a. Thomas range les clés dans le tiroir.
b. Dans le potager, les salades poussent.
c. Vous vous promenez le long du lac.
d. L'ours dort dans sa tanière.

2 * Recopie les phrases et souligne les compléments circonstanciels de manière. Aide-toi en posant la question *comment ?* après le verbe.

a. Il colle avec soin ses étiquettes.
b. Élina a appris à lire très vite.
c. Elle envoie délicatement la balle.
d. Ils tracent un cercle avec précision.

3 ** Explique ce que tu vois dans chaque vignette : écris une phrase qui précise le lieu et la manière dont les personnages agissent.

4 ** Récris chaque phrase avec un complément répondant à la question entre parenthèses.

a. Maman porte ma sœur Lise *(comment ?)* … .
b. Les spectateurs attendent *(où ?)* … .
c. *(où ?)* … les étoiles brillent.
d. *(comment ?)* … Enzo lance les fléchettes.

5 *** Récris chaque phrase après avoir supprimé les compléments circonstanciels de lieu et de manière.

a. En haute montagne, la neige est épaisse.
b. Je me déplace lentement dans la neige.
c. La patineuse glisse gracieusement sur la glace.

Je lis

6 Lis ce texte.

Lucien Édouard Dobichon est un jeune garçon. Un soir, il décide de quitter sa chambre en cachette de ses parents.

Dehors, la nuit est noire depuis longtemps. Très doucement, la poignée de la porte de la chambre du fils Dobichon se met à tourner millimètre par millimètre. **Insensiblement**, la porte s'ouvre et bien qu'il fasse sombre **dans la pièce**, un spectateur présent pourrait deviner la silhouette de Lucien Édouard vêtu de pied en cap : chapeau, complet, chaussures. **Sur la pointe des pieds**, le petit homme traverse la pièce, zigzague entre les choses, contourne la table de la salle à manger et avec d'infinies précautions arrive **à la porte d'entrée**… La clé tourne **dans la serrure** : plus de doute, Lucien Édouard va sortir…

Claude Klotz, *Drôle de samedi soir !*,
© Le Livre de Poche Jeunesse.

Recopie tous les mots et groupes de mots en gras. Écris pour chacun d'eux s'il s'agit d'un complément circonstanciel de lieu ou de manière.

J'écris

7 Écris une courte histoire en choisissant des lieux et des personnages dans les listes suivantes.

Lieux : montagne – château – mer – grotte – navire – forêt.
Personnages : roi – reine – princesse – prince – magicien – chevalier – dragon – pirates.

Je comprends

Lis ces phrases et réponds aux questions.

Qu'est-ce que le complément circonstanciel de temps ?

1 **Pendant la récréation**, Lisa et Alice ont joué à chat perché.

- Lisa et Alice ont joué quand ? Quels mots l'indiquent ?

Réponds à la question : *Quand commence l'école ?*
L'école commence … .

Le rôle du complément circonstanciel de temps

2 Les abricots mûrissent **en été**.

- Quel complément indique quand mûrissent les abricots ?
- Peux-tu déplacer les mots en gras ? Peux-tu les supprimer ?

Supprime les mots en gras.
Ce matin, j'ai récité ma poésie à la maîtresse.

L'adverbe complément circonstanciel de temps

3 Hier, il est tombé de la grêle.

- La grêle est tombée quand ? Quel mot l'indique ?

Complète cette phrase avec un adverbe de temps : *demain, avant-hier* **ou** *aujourd'hui*.
…, je colorierai mon dessin.

J'apprends

- Le **complément circonstanciel de temps** apporte des **précisions sur le moment** où a lieu une action.
Pour le trouver, on peut poser la question : **quand ?**
Nous irons à la campagne ***à Noël***. → *Nous irons à la campagne quand ?* → *à Noël.*
complément circonstanciel de temps

- Le complément circonstanciel de temps peut être supprimé ou déplacé.

- Le complément circonstanciel de temps est souvent un **adverbe de temps** :
avant-hier, hier, aujourd'hui, demain, après-demain.
Après-demain, *j'irai voir mes grands-parents.*
adverbe compl. circonstanciel de temps

Je m'entraîne

1 * Recopie les phrases. Souligne les compléments circonstanciels de temps.

a. Il part ce soir.
b. L'avion décolle dans quelques minutes.
c. Au petit jour, les bateaux quittent le port.
d. Je me brosse les dents tous les jours.
e. Demain, tu iras à la piscine.

2 * Recopie les phrases en supprimant les compléments circonstanciels de temps.

a. Tu te promènes toute la journée.
b. La nature s'éveille au printemps.
c. Dans quelques semaines, Lise aura neuf ans.
d. Chaque matin, le réveil sonne.
e. On moissonne dès le mois de juillet.

3 ** Écris des phrases en employant ces groupes de mots comme compléments circonstanciels de temps.

dans plusieurs siècles – le mois prochain – dans quelques instants – l'hiver dernier – après plusieurs minutes – la semaine prochaine.

4 ** Récris chaque phrase avec un adverbe complément circonstanciel de temps : *tard – souvent – autrefois – toujours* **ou** *demain*.

a. ..., les chevaux tiraient les diligences.
b. Mes parents rentrent ... du travail.
c. Ma sœur veut ... avoir raison.
d. ..., nous sortirons nos déguisements pour le carnaval.
e. Ma mère réussit ... ses gâteaux.

5 * Récris chaque phrase avec des compléments circonstanciels de temps.**

a. Le train part ... .
b. Mélissa joue au basket ... .
c. ..., l'électricité n'existait pas.
d. ..., il a plu toute la journée.
e. ..., tu seras en vacances.
f. Ils reviennent ... .

Je lis

6 Lis ce texte.

Les parents d'Hermine, de Jules, d'Éric et de Jacques s'absentent. Les enfants en profitent pour démonter les objets de la maison.

On ne peut pas jouer tout le temps à cache-cache. C'est encore Hermine qui gâta tout :

« Si nous allions démonter le coucou de la lingerie pour voir comment il marche ? »

Cette proposition fut accueillie avec enthousiasme. Le coucou de la lingerie était prisonnier d'une très belle pendule. Toutes les demi-heures, deux petits volets s'ouvraient, le petit oiseau de bois sortait et criait : « Coucou ! Coucou ! » autant de fois qu'il y avait d'heures écoulées. Éric prit son beau couteau à dix-huit lames, Jacques un escabeau, Hermine ses ciseaux et ils allèrent s'enfermer dans la lingerie.

Dix minutes plus tard, le coucou libéré s'envolait à travers la pièce en criant : « Coucou ! Coucou ! » Il voltigeait partout et s'accrochait aux cheveux d'Hermine.

Claude Roy, *La Maison qui s'envole*, © Éditions Gallimard.

a. Relève trois compléments circonstanciels de temps.

b. Récris les phrases qui contiennent les compléments relevés. Change la place de ces compléments.

J'écris

7 Les objets de la maison d'Hermine décident de se révolter. Raconte ce qu'ils font. Tu devras utiliser au moins deux compléments circonstanciels de temps.

GRAMMAIRE

Je comprends

Lis ces phrases et réponds aux questions.

Qu'est-ce que l'adverbe ?

1 Éléonore habite **ici** depuis le début de l'année.
Maintenant, elle apprécie **beaucoup** sa nouvelle maison.

- Où habite Éléonore ? Comment apprécie-t-elle sa nouvelle maison ?
- Quel mot de la première phrase est précisé par *ici* ? Quel mot de la deuxième phrase est précisé par *beaucoup* ? Que se passe-t-il si on supprime ces mots ?

Complète la phrase avec : *hier*, *vraiment*, *demain*.
Ce spectacle est … magnifique. Nous l'avons vu … . Nous le reverrons … .

L'adverbe relie des phrases

2 Célia est fatiguée. **Demain**, elle ne viendra pas.

- Quel mot en gras relie les deux phrases ?
- À quoi sert-il ?

Complète la phrase avec : *cependant* ou *puis*.
Je me lave les mains, … je passe à table.

Les différents types d'adverbes

3 Les cyclistes dévalent la pente **à toute allure**. **Tout à l'heure**, quand ils seront **en bas**, ils devront freiner **brusquement**.

- Quels sont les adverbes dans ces phrases ? Combien de mots composent les trois premiers adverbes ? Combien de mots composent le dernier adverbe ?
- Si l'on récrit la phrase au singulier, ces mots varient-ils ?

Récris les phrases de l'encadré en bleu en remplaçant les adverbes en gras par : *lentement*, *plus tard*, *là-bas*, *calmement*.

J'apprends

- L'**adverbe** permet de **modifier le sens** du verbe.
  *courir **vite**, courir **lentement**.*
- L'adverbe peut servir à **relier deux phrases** ou deux parties d'une phrase.
  *Mon frère m'a aidé. **Puis** (adverbe de liaison) je l'ai remercié. – Le coureur s'échauffe, **puis** (adverbe de liaison) il prend le départ.*
- L'adverbe peut être **un mot** (*demain, puis, aussi…*) ou **un groupe de mots** (*aujourd'hui, après-demain…*). Il est **invariable**.

GRAMMAIRE

Je m'entraîne

1 * Relève les adverbes de ces phrases.

a. Elle court vite.
b. Mon père prend souvent le train.
c. Demain, il fera beau.
d. Il fait chaud ici.

2 ** Recopie les phrases en supprimant les adverbes. Entoure le mot qui change quand il y a un adverbe.

a. J'apprends vite mes leçons.
b. Mon frère va parfois au théâtre.
c. Lucie parle encore de ses vacances.
d. La lune brille fort ce soir.

3 ** Recopie chaque phrase. Entoure l'adverbe. Souligne les deux parties de la phrase reliées par l'adverbe.

a. La voiture roule, puis s'arrête au feu.
b. Nous venons de terminer le repas, ensuite nous goûterons.
c. La peinture a séché au soleil, maintenant je peux commencer à vernir.
d. Il pleut, alors j'ai pris mon parapluie.

4 ** Repère les adverbes. Classe-les en deux colonnes : *adverbe en un mot* **et** *adverbe formé d'un groupe de mots*.

a. On comprend toujours ce que tu veux dire.
b. Vous riez, par conséquent vous êtes heureux.
c. Le film est en noir et blanc, mais il m'intéresse.
d. Il décidera demain du chemin à prendre.

5 * Récris chaque phrase avec l'adverbe qui convient pour relier les deux parties :** *puis* – *ainsi* – *alors* **ou** *pourtant*.

a. Mon ami m'appelle, … je lui réponds.
b. Je saisis la balle, … j'essaie de marquer un panier.
c. Le coureur est fatigué, … il réussit sa performance.
d. Il a bien appris son texte, … il a réussi sa représentation.

Je lis

6 Lis ce texte.

Chaque après-midi, dès que l'école était finie, je rentrais **directement** à la maison pour manger mon pain avec du miel, **puis** je me dépêchais d'aller jouer.

Ce n'était pas parce que je n'aimais pas le pain avec du miel. J'adorais ça. J'avais **toujours** très faim après la classe. Maman faisait le meilleur pain du monde, et mon père, ou plutôt ses abeilles, le meilleur miel. Papa était apiculteur et un peu fermier aussi. […]

Il possédait plusieurs ruches disséminées sur les pentes de la montagne, et nous avions donc beaucoup de miel.

Michael Morpurgo, *L'Histoire de la licorne*,
traduit par Diane Ménard, © Éditions Gallimard Jeunesse.

a. Parmi les adverbes en gras, lequel sert à relier deux parties d'une phrase ?

b. Indique les verbes qui sont précisés par les deux autres adverbes en gras.

J'écris

7 Écris une ou deux phrases pour chaque dessin. Utilise des adverbes de liaison comme : *puis* – *alors* – *soudain* – *pourtant* – *aussi*.

GRAMMAIRE

Je me souviens

— La **phrase** commence toujours par une **majuscule** et se termine par un **point**.
Le facteur distribue le courrier.

— La **phrase** peut être à la forme **affirmative** ou à la forme **négative**.
*Je travaille. / Je **ne** travaille **pas**.*

— La **phrase interrogative** sert à poser une question.
Elle se termine par un **point d'interrogation**.
Où allez-vous ?

— Le **verbe** s'accorde toujours avec le **sujet**.
*L'automobiliste **ralentit**. Il **est** prudent.* (sujet au singulier → verbe au singulier)
*Les automobilistes **ralentissent**. Ils **sont** prudents.* (sujet au pluriel → verbe au pluriel)

— Il existe plusieurs types de **compléments** :
- **le COD** : *Tu manges **une barre de chocolat**.*
- **le COI** : *Il téléphone **à son cousin**.*
- **le complément circonstanciel de lieu, de manière ou de temps** :
*Je jouerai **à la plage**. – Je me baignerai **avec plaisir**. – J'irai **demain**.*

— L'**adverbe** modifie le sens du verbe : *Cet homme travaille **beaucoup**.*
Il sert aussi de liaison : *Il ne fait pas froid, **mais** le ciel est gris.*

Je m'exerce

1 * Recopie les phrases qui ont un sens.

a. Il faut boire de l'eau.
b. Ronde terre elle est.
c. J'aime calculer les opérations.
d. Te réussit tout.

2 * Recopie le texte en ajoutant les majuscules et les points.

dans le jardin de mon grand-père, j'observe deux grands arbres c'est là que je vais construire ma cabane je pourrai y cacher mes trésors, y dormir et inviter mes camarades

3 * Récris ces phrases à la forme interrogative.

a. Nous irons à la plage.
b. Vous dormez sans oreiller.
c. Tu traverses toujours au feu rouge.
d. Je vais réussir mon test.
e. Elle vend ses jouets.
f. Ils regardent la mer.

4 * Recopie les phrases en remplaçant le sujet souligné par le pronom personnel qui convient.

a. Le lait se boit chaud ou froid.
b. La neige tombe à gros flocons.
c. Les fleurs poussent vite.
d. Les papiers recouvrent le sol.

GRAMMAIRE

5 * **Choisis le complément entre parenthèses qui convient, puis récris chaque phrase.**

a. L'élève réussit *(son contrôle – à sa vitesse)*.
b. Le pharmacien en vend *(du fromage – des médicaments)*.
c. Vous essuyez *(les oiseaux – les verres)*.
d. Cet homme lave *(des livres – des draps)*.

6 ** **Écris pour chaque partie de phrase soulignée si elle est affirmative ou négative. Recopie la phrase interrogative.**

Cette année, <u>je veux m'inscrire au judo</u>. Mon amie me dit que <u>ce n'est pas un sport de fille</u>. <u>Je ne suis pas d'accord</u>. Pourquoi ce sport serait-il réservé aux garçons ? C'est décidé, <u>je pratiquerai ce sport</u> à la rentrée prochaine.

7 ** **Recopie les phrases. Entoure le verbe, puis souligne le sujet.**

a. La télévision présente un superbe documentaire.
b. La nappe recouvre une table vernie très fragile.
c. Le paon fait une roue majestueuse.
d. La cheminée fume beaucoup.

8 ** **Récris chaque phrase en remplaçant le sujet par celui proposé entre parenthèses. Fais attention aux accords.**

a. Les ailes du moulin *(L'hélice de l'avion)* ne tournent plus.
b. Les acteurs *(L'actrice)* jouent en plein air.
c. Les tours *(La flèche)* dominent l'église.
d. Les habitants *(Le maire)* organisent un bal.

9 ** **Remplace le sujet au singulier par un sujet pluriel de ton choix. Fais les accords.**

a. L'enfant joue. – **b.** Le ballon rebondit. – **c.** La feuille vole au vent. – **d.** Le skieur dévale la pente. – **e.** La libellule vole au-dessus de l'étang.

10 ** **Récris le texte avec les pronoms personnels qui conviennent.**

« … t'attends. Dépêche-toi, Léonard, dit Lucie.
– Si … veux, pars tout de suite et … te rejoins plus tard, répondit Léonard.
– Non, … ne pars pas sans toi car …'ai peur dans le métro, répliqua-t-… .
– Bon ! … me presse et … irons ensemble. »

11 ** **Indique si les groupes de mots soulignés sont COD ou COI.**

a. Dan saisit <u>la corde à nœuds</u>.
b. Liên téléphone <u>à son amie</u>.
c. Vous répondez <u>au maître</u>.
d. La terre cultivée produit <u>des légumes</u>.

12 *** **Récris les phrases à la forme négative.**

a. Il a souvent peur.
b. Tu as oublié d'acheter le pain.
c. La grêle tombe encore.
d. J'aime un peu les carottes.

13 *** **Trouve la question à laquelle répond l'information soulignée.**

a. Cette île est située <u>dans le Pacifique</u>.
b. <u>Dans une heure</u>, les voiliers quitteront le quai.
c. <u>L'aventurier</u> raconte ses exploits.
d. La neige recouvre <u>les prairies</u>.
e. Le requin nage <u>silencieusement</u>.
f. Il embarque <u>le mois prochain</u>.

14 *** **Récris chaque phrase avec les compléments demandés entre parenthèses.**

a. Les poissons nagent … . *(cc de lieu)*
b. …, les hommes vivront sur la Lune. *(cc de temps)*
c. Nous sortons … du concert. *(cc de manière)*
d. Les poireaux poussent … . *(cc de lieu)*

15 *** **Complète chaque phrase avec l'un des adverbes :** *tout à coup – vite – hier – pourtant*.

a. Tu ris, … l'histoire est triste. – **b.** Les cyclistes roulent … . – **c.** Il pleut … . – **d.** …, tu étais en colère.

Je comprends

Lis ces phrases et réponds aux questions.

Le nom propre

1 **Noémie** habite à **Arles**, près de chez **Zoé**.

- Par quelle sorte de lettre commencent les noms en gras ?
- Qui ou quoi ces mots désignent-ils ?

Complète la phrase avec des noms propres choisis parmi : *Anaïs, Venise, Mozart.*
On joue un opéra de … à … .

Le nom commun

2 Les **oiseaux** font des **nids** dans les **arbres,** près de chez ma **sœur**.

- Quels noms en gras désignent une personne ? Un animal ? Une chose ?
- Par quelle sorte de lettre commencent ces noms en gras ?

Complète la phrase avec ces noms communs : *tracteur, ferme, agriculteur.*
L' … conduit son … et rentre à la … .

Le groupe nominal

3 **Les abeilles** butinent **les fleurs**.

- Qui butine les fleurs ?
- Combien y a-t-il de mots dans ta réponse ? Quel est le mot le plus important ?

Remplace les noms propres en gras par des groupes nominaux : *une cliente* **ou** *la boulangère.*
Ludivine sert **madame Dareau**.

J'apprends

— Le **nom propre** désigne une personne précise ou un lieu précis (une ville ou un pays). Il commence toujours par une lettre majuscule.

Arnaud – Patricia – Limoges – la Finlande.
lettre majuscule

— Le **nom commun** désigne une personne, un animal ou une chose. Il commence par une lettre minuscule. Il est en général précédé d'un déterminant.

Les oiseaux de la voisine ont fait un nid.
dét. lettre min. — dét. lettre min. — dét. lettre min.

— Le déterminant et le nom forment un **groupe nominal**.

Je m'entraîne

1 * Recopie les noms communs.

a. Les murs de la caverne sont peints.
b. Le cheval galope dans la prairie.
c. Une pelouse s'étend devant la maison.
d. J'organise une fête demain.

2 * Recopie les noms propres.

a. Tintin est un personnage de bande dessinée.
b. Mes parents se promènent le long de la Seine.
c. Olga est le prénom de ma grand-mère.
d. Emma a appelé son chat Gus.

3 ** Classe les noms en deux colonnes : *noms communs avec leurs déterminants* **et** *noms propres*.

Le train vient d'arriver à la gare de Lyon. Je vois ma sœur Julie sur le quai, accompagnée de mes parents. Depuis un mois, j'étais chez mes grands-parents. Les vacances sont finies et je rentre à la maison pour préparer la rentrée. J'ai hâte de retrouver mon chien Tom et Bubu, la tortue de mon copain Max.

4 * Recopie les groupes nominaux.**

a. La truite est un poisson.
b. Tu manges une pomme.
c. Clara chante une mélodie.
d. Ta décision est prise.
e. Le vent souffle légèrement.

5 * Observe le dessin. Écris au moins trois groupes nominaux désignant des personnes ou des choses.**

Je lis

6 Lis ce texte.

Lionel et Sam sont deux amis. Ils jouent au Total Chaos sur la console de jeu quand Lionel décide de manger des bonbons.

« Fameuses tes pastilles. C'est du réglisse ? [dit Lionel]

– Si tu crois que je connais par cœur tout ce que ma mère fourre dans les placards ! [répond Sam]

Trop occupé à éviter les assauts d'une armada de pierres tombales, je n'écoutais pas mon ami.

– Non, tes bonbons, je les ai trouvés dans le frigo. Un peu durs à mâcher, mais succulents.

– Dans le frigo ? Ai-je hurlé en lâchant brusquement la manette.

– Du calme, je t'en ai laissé !

Tout sourires, Lionel me désignait la boîte de Galéaparsos ouverte entre nous.

– Tu as mangé ça ? ai-je continué à crier d'une voix digne des personnages de Total Chaos.

– Juste deux ou trois ! Arrête de brailler, il t'en reste ! C'est vrai, si tu voyais ta tête, Sam ! »

Hubert Ben Kemoun, *Terriblement vert !* Série Samuel, collection « Nathan Poche 6/8 ans », © Nathan.

a. Relève tous les noms propres du texte. Qui ou quoi désignent-ils ?

b. Relève deux noms communs désignant des personnes et deux noms communs désignant des choses.

J'écris

7 Imagine la suite du récit. Raconte pourquoi Sam hurle, le rôle que jouent les bonbons, s'ils sont dangereux… Emploie des noms propres et des noms communs.

Je comprends

Lis ces phrases et réponds aux questions.

L'article défini

1 Katia aime bien **la** maîtresse et **les** élèves de **la** classe de CE2.

- Katia connaît-elle la maîtresse ? Les élèves ? La classe ?
- Quels mots en gras permettent de le savoir ? Pourrait-on les supprimer ?
- Quel mot en gras est au pluriel ?

Complète cette phrase avec un article défini : *la*, *l'* **ou** *les*.
Léo pratique ... natation.

L'article indéfini

2 Pierre a **une** cousine. Il lui apporte **des** cadeaux.

- Connaît-on la cousine de Pierre ? Sait-on quels cadeaux Pierre lui offre ? Quels mots sont en gras ? Peut-on les supprimer ?

Complète cette phrase avec un article indéfini : *une*, *un* **ou** *des*.
J'ai vu ... film d'aventures au cinéma.

Le déterminant possessif

3 « Bastien, regarde ! Sophie a posé **son** cahier et **ses** livres sur **ta** table. »

- À qui appartiennent le cahier et les livres ? À qui appartient la table ? Qu'est-ce qui permet de le savoir ?
- Le nom *cahier* est-il au singulier ou au pluriel ? Et le nom *livres* ?

Complète avec deux déterminants possessifs : *ton*, *ses*, *leur* **ou** *son*.
Le lapin creuse ... terrier avec ... pattes avant.

J'apprends

- Le **déterminant** est toujours placé devant le nom qu'il accompagne. Il a le même **genre** (masculin ou féminin) et le même **nombre** (singulier ou pluriel) que le nom.
- L'**article défini** désigne une personne ou une chose précise, que l'on connaît : **la**, **le**, **l'** (singulier), **les** (pluriel). *C'est **le** livre que j'ai lu.* (le : art. défini)
- L'**article indéfini** désigne une personne ou une chose que l'on ne connaît pas : **un**, **une**, **des**. *Il faut que j'achète **une** valise.* (une : art. indéfini)
- Le **déterminant possessif** indique que la personne ou la chose appartient à quelqu'un : **mon**, **ma**, **ton**, **ta**, **son**, **sa**, **notre**, **votre**, **leur** (singulier), **mes**, **tes**, **ses**, **nos**, **vos**, **leurs** (pluriel).

Je m'entraîne

1 * Recopie les déterminants des groupes nominaux.

a. une grande place – **b.** les ballons rouges – **c.** la petite fille – **d.** son lapin blanc – **e.** un vieux jouet – **f.** le canot à moteur.

2 * Récris chaque groupe nominal avec un article qui convient : *le – la – l' – les – un – une* **ou** *des*.

a. … histoire amusante – **b.** … collection d'images de Fabien – **c.** … arbre du parc – **d.** … ours en peluche – **e.** … pâtes fraîches – **f.** … bougies du gâteau – **g.** … maire du village.

3 ** Récris chaque phrase avec le déterminant possessif qui convient.

a. Fais attention à … livre. J'y tiens beaucoup.
b. Tu n'es pas responsable. Ce n'est pas … faute.
c. Ingrid, je t'assure, … idée est bonne.
d. J'aimerais bien retrouver … clés.
e. … résultats sont marqués sur notre livret.
f. … agenda est en cuir. Il y tient beaucoup.

4 ** Récris les groupes nominaux au singulier. Classe-les en deux colonnes selon qu'ils comportent : *un article* **ou** *un déterminant possessif*.

des timbres – leurs poissons – tes cadeaux – les disques – ses robes.

5 ** Récris les groupes nominaux en mettant les déterminants possessifs au singulier. Fais les accords nécessaires.

a. Laure range ses jouets.
b. J'ai vu mes amis à la patinoire.
c. Nous écrivons à nos correspondants.
d. Mehdi et Mélissa apprécient vos livres.
e. Leurs pinceaux sont neufs.
f. Tes mains sont collantes.

6 * Récris le texte avec les déterminants qui conviennent :** *un – son – la – sa – une – des – le* **ou** *une*.

Akavak est … enfant inuit. Il vit sur … banquise et … père chasse … phoques. … mère s'occupe de rapporter … bois pour chauffer … maison. Ils ont … vie rude.

Je lis

7 Lis ce texte.

Une nouvelle bibliothécaire, Mlle Charlotte, arrive dans le village de Saint-Anatole. Elle installe la bibliothèque dans un grenier.

Les adultes se consultèrent et, **un** soir, **une** délégation de citoyens rendit **une** visite surprise à **la** bibliothèque.

Un spectacle saisissant les y attendait.

La bibliothèque-grenier était bourrée d'enfants, d'animaux, de livres et d'objets étonnants. Un lapin nain se faufila entre **les** jambes d'un parent et deux cochons d'Inde trottèrent devant un autre. **Le** boucher trouva son fils en maillot de bain sous un parasol, le nez dans un roman.

Dominique Demers, *La Mystérieuse Bibliothécaire*, © Éditions Gallimard Jeunesse.

a. Classe les articles en gras en deux colonnes : *articles définis* **et** *articles indéfinis*.

b. Relève le déterminant possessif du texte. Quelle précision apporte-t-il au nom qu'il accompagne ?

J'écris

8 Pour ton anniversaire, tes parents t'offrent un petit lapin blanc. Décris le lapin à l'aide du dessin en utilisant des déterminants possessifs.

GRAMMAIRE

Je comprends

Lis ces phrases et réponds aux questions.

Le masculin et le féminin

1 Le **garçon** et la **fille** regardent une **vache** et un **taureau**.

- Quels noms en gras sont masculins ? Lesquels sont féminins ?

Complète cette phrase avec des noms féminins : *salade*, *marchande*, *chou*, *grand-père* **ou** *grand-mère*.
La … de légumes a vendu une … à la … .

Noms au masculin et noms au féminin

2 Le **garçon** prend un **livre** sur le **bureau**.

- Quel nom désigne une personne ? Quels noms désignent des objets ?
- Quel est le féminin du premier nom ? Que constates-tu pour les autres noms ?

Complète ces phrases avec un nom désignant une personne et un nom désignant un objet.
Le … lance un … . – La … lance une … .

Groupes nominaux au masculin ou au féminin

3 Je pose **mon bol** et **ma cuillère** sur **la table**.

- Dans les groupes nominaux en gras, quel est le déterminant masculin ? Quels sont les déterminants féminins ? Quel nom est masculin ? Quels noms sont féminins ?

Classe ces groupes nominaux en deux colonnes : *féminin* **et** *masculin*.
la souris – un tour – le virus – une fête – la chèvre – le cheval.

J'apprends

- Tous les noms ont un genre : **masculin** ou **féminin**.
- Pour de nombreux noms de **personnes** et d'**animaux** **masculins**, il y a un nom **féminin**.

  le boucher (masculin) → *la bouchère* (féminin) – *le cheval* (masculin) → *la jument* (féminin).
- Les noms de choses sont soit au **masculin**, soit au **féminin**.

  le jouet (masculin) – *la fenêtre* (féminin).
- Les déterminants renseignent sur le genre des noms.

  un élan (masculin) ; *une étoile* (féminin) – *le mousse* (masculin) ; *la mousse* (féminin).

Je m'entraîne

1 * Trouve un déterminant pour chaque nom. Classe les noms en deux colonnes : *noms féminins* et *noms masculins*.

jour – nuit – soleil – lune – cheval – cahier – classe – visage – regard – joue – chaussure – rue – beauté – charcutier – prince.

2 * Récris chaque phrase en la complétant avec un nom : *neige* – *console* – *téléphone* ou *parapluie*.

a. Ma mère a acheté un … .
b. Je joue sur la … .
c. Le … portable de mon frère a une sonnerie amusante.
d. La … a recouvert les toits.

3 ** Récris ces phrases en les complétant avec un nom de personne ou d'animal.

a. Le … saute haut.
b. Un … récite sa leçon.
c. Une … vole bas.
d. Au cirque, le … amuse les enfants.

4 ** Recopie ensemble le nom masculin et le nom féminin correspondant. Ajoute un déterminant devant chacun d'eux : *un* ou *une*.

lion – vendeuse – habitante – boulanger – nageuse – lionne – voisin – vendeur – institutrice – boulangère – nageur – voisine – instituteur – habitant.

5 ** Recopie les phrases en les complétant avec *un* ou *une*.

a. Ce bateau vient de hisser … voile.
b. … voile recouvre le lit et protège des moustiques.
c. Ce château possède … immense tour.
d. Jimmy sort faire … tour de vélo.

6 * Écris le nom masculin qui correspond à chaque nom féminin.**

une cane – une chienne – une tigresse – une ourse – une paonne – une éléphante.

Je lis

7 Lis ce texte.

Une petite fille, surnommée le Petit Chaperon rouge, doit aller porter de la nourriture à sa grand-mère. En chemin, elle rencontre le Loup.

Le Petit Chaperon rouge partit aussitôt pour aller chez sa Mère-grand, qui demeurait dans un autre village.

En passant dans un bois, elle rencontra compère le Loup, qui eut bien envie de la manger ; mais il n'osa pas, à cause de quelques bûcherons qui étaient dans la forêt.

Il lui demanda où elle allait ; la pauvre enfant, qui ne savait pas qu'il était dangereux de s'arrêter et écouter un Loup, lui dit : « Je vais voir ma Mère-grand, et lui porter une galette et un petit pot de beurre que ma Mère lui envoie. »

Charles Perrault, *Contes*.

a. Relève trois noms féminins et trois noms masculins.

b. Explique comment tu as trouvé le genre de chaque nom.

J'écris

8 Raconte l'histoire du Petit Chaperon rouge en t'aidant de ces dessins.

GRAMMAIRE

Je comprends

Lis ces phrases et réponds aux questions.

Noms au singulier

1 Le **loup** frappe à la **porte** de la **maison** du petit **cochon**.

- Combien y a-t-il de loups ? De portes ? De maisons ? De cochons ?
- Les mots en gras sont-ils au singulier ou au pluriel ?

Complète la phrase avec des noms au singulier : *guêpe, insectes, guêpes, insecte.*
La … est un … dont l'aiguillon est venimeux.

Noms au pluriel

2 Deux **enfants** font des **ricochets** en lançant des **pierres** dans les **flaques** d'eau.

- Combien y a-t-il d'enfants ? Font-ils un ou plusieurs ricochets ? Lancent-ils une ou plusieurs pierres ? Dans une ou plusieurs flaques ? Comment le sais-tu ?
- Quelle lettre indique le pluriel dans les noms en gras ?

Relève les noms au pluriel.
L'astronome observe les étoiles pendant les nuits d'été.

Groupes nominaux au singulier ou au pluriel

3 <u>Le</u> **loup** attaque <u>les</u> trois petits **cochons**.

- Quel déterminant souligné est au singulier ? Lequel est au pluriel ?
- Quel nom en gras est au singulier ? Lequel est au pluriel ? Comment le sais-tu ?

Complète les groupes nominaux avec le déterminant qui convient : *des, le, un.*
… facteur apporte … paquet et … lettres.

J'apprends

- Tous les noms ont un nombre : **singulier** ou **pluriel**.
- Un nom est au **singulier** quand il désigne une seule personne, un seul animal ou une seule chose : *un garçon.*
- Un nom est au **pluriel** quand il désigne plusieurs personnes, animaux ou choses. Il se termine le plus souvent par **s** : *des garçon<u>s</u>.*
- Les déterminants renseignent sur le nombre des noms.

*<u>**un**</u> garçon*	*<u>**des**</u> garçons*	*<u>**la**</u> fille*	*<u>**les**</u> filles*	*<u>**ma**</u> veste*	*<u>**mes**</u> vestes.*
singulier	*pluriel*	*singulier*	*pluriel*	*singulier*	*pluriel*

GRAMMAIRE

Je m'entraîne

1 * Recopie uniquement les groupes nominaux au pluriel.

les enfants – le cartable – la course – des étrennes – les étoffes – mes billes – tes jeux – l'athlète – l'erreur.

2 * Récris chaque phrase en la complétant avec un groupe nominal : *les escaliers* – *la porte* – *un chêne* **ou** *les grenouilles*.

a. Tony ferme … avec douceur.
b. Je monte … quatre à quatre.
c. Justine observe … dans l'étang.
d. Grand-père plante … .

3 ** Récris les phrases en mettant les groupes nominaux en gras au singulier.

a. Les singes mangent **des bananes.**
b. Ma sœur me raconte **des histoires.**
c. L'ours vit dans **les montagnes.**
d. Les abeilles vivent dans **des ruches.**

4 ** Récris les phrases en mettant les groupes nominaux en gras au pluriel.

a. Le savant analyse **sa découverte.**
b. Chaque jour, la gardienne ouvre **la porte.**
c. L'ouvrier range **son outil.**
d. Ma sœur a perdu **un livre.**

5 ** Classe les groupes nominaux soulignés en deux colonnes : *singulier* **et** *pluriel*.

Dans cette forêt, <u>des êtres bizarres</u> vivent. Ils avancent sur <u>des longues pattes</u>. <u>Leurs yeux</u> brillent dans <u>la nuit</u>. <u>Leur occupation</u> consiste à planter <u>des légumes</u>, observer <u>le ciel</u> et écrire dans <u>une langue inconnue</u>. À <u>la fin</u> de <u>la journée</u>, ils s'accrochent dans <u>les arbres</u> et dorment.

6 * Invente une phrase avec chacun des groupes nominaux. Fais les accords nécessaires.**

un beau paysage – des trous profonds – une sérieuse affaire – les rues étroites.

Je lis

7 Lis ce texte.

Wiglaf et deux autres apprentis Massacreurs quittent le château où ils étudient pour rapporter le kit Minutor. En chemin, ils entendent un rugissement ; ils rencontrent alors Zelnoc le sorcier.

Zelnoc sourit.

« Parfait. C'est très bon de rugir, pour nous, sorciers. Ça nous donne un sentiment de puissance.

Son visage se rembrunit.

– Et j'en ai bien besoin. Mes pouvoirs sont mal en point. »

Il s'arrêta brutalement devant eux, agitant désespérément les bras pour ne pas perdre l'équilibre. Effectivement, le sorcier n'avait pas l'air très en forme. Il avait des gros cernes noirs sous les yeux comme s'il n'avait pas dormi depuis des semaines.

« Qu'est-ce qui ne va pas, Zelnoc ? » s'inquiéta Wiglaf.

Kate Mc Mullan, *Attention, sorcier dangereux !*, traduit par Vanessa Herbio, © Éditions Gallimard Jeunesse pour la traduction française.

a. Relève cinq groupes nominaux au pluriel.

b. Relève deux groupes nominaux au singulier.

c. Relève le groupe nominal au pluriel composé d'un déterminant, de deux adjectifs et d'un nom.

d. Récris au singulier les groupes nominaux relevés au (a).

J'écris

8 Décris le sorcier : ses cheveux, ses yeux, ses habits… Emploie des groupes nominaux au pluriel.

L'adjectif qualificatif

Je comprends

Lis ces phrases et réponds aux questions.

Qu'est-ce que l'adjectif qualificatif ?

1 **a.** Au feu **rouge**, les voitures s'arrêtent.
b. Au feu **vert**, les piétons attendent.

- Quelle est la couleur du feu quand les voitures s'arrêtent ?
  Quelle est la couleur du feu quand les piétons attendent ?
- Quelles précisions apportent ces mots sur le feu ?

Complète la phrase avec ces adjectifs qualificatifs : *noir, blanche.*
La maîtresse écrit avec une craie … sur le tableau … .

L'adjectif qualificatif dans le groupe nominal

2 La girafe court vite grâce à ses **grandes** pattes.
J'admire son **long** cou et son pelage **tacheté**.

- Comment sont les pattes de la girafe ? Comment est son cou ?
  Comment est son pelage ?
- Les adjectifs en gras sont-ils placés avant ou après chaque nom souligné ?
- Pourrait-on supprimer les adjectifs ?

Complète la phrase avec ces adjectifs qualificatifs placés avant ou après le nom : *cassés* **ou** *petit.*
Le … garçon … essaie de réparer ses … jouets … .

J'apprends

- L'**adjectif qualificatif** apporte une précision sur le nom qu'il accompagne.
  *Max a un **grand** frère. – J'ai un chien **noir**. – Tu écris avec un stylo **bleu**.*
  (grand : adjectif, frère : nom ; chien : nom, noir : adjectif ; stylo : nom, bleu : adjectif)
- L'**adjectif qualificatif** est placé avant ou après le nom qu'il qualifie.
  Il fait partie du groupe nominal.
  *Kevin regarde une **grosse** moto. – Nathalie aime les boissons **sucrées**.*
  (grosse : adjectif, moto : nom → groupe nominal ; boissons : nom, sucrées : adjectif → groupe nominal)

Je m'entraîne

1 * Recopie les adjectifs qualificatifs de ces phrases.

a. L'immense forêt cache de nombreux animaux.
b. Le froid glacial dure longtemps.
c. Une pluie abondante tombe.
d. Cette moto rouge me plaît.

2 * Écris des groupes nominaux en associant les adjectifs de la *liste 1* aux noms de la *liste 2*.

Exemple : *un temps* (nom) *agréable* (adjectif).

1. Adjectifs : grande – glacial – soigné – bavard – craintif – sportif.
2. Noms : (un) enfant – (un) travail – (un) élève – (une) école – (un) animal – (un) hiver.

3 ** Recopie les phrases en supprimant les adjectifs qualificatifs.

a. Pour réussir une bonne tarte aux pommes, il faut des pommes mûres.
b. Un pont étroit permet de traverser cette large rivière.
c. Mon train électrique est un beau cadeau.
d. La voiture blanche de Jim brille sous le chaud soleil.

4 ** Récris chaque groupe nominal en ajoutant deux adjectifs qualificatifs de ton choix, placés avant ou après le nom.

le prince – la route – le nez – les nuages.

5 ** Récris les phrases. Ajoute des adjectifs pour qualifier les noms en gras.

a. Nous nous promenons dans un **parc**.
b. Vous portez un **chapeau**.
c. La **grenouille** gobe une libellule.
d. Les **nuages** obscurcissent le ciel.

6 * Récris les phrases avec l'adjectif qualificatif entre parenthèses qui convient.**

Madame Bonpain est boulangère. Elle vend des baguettes *(croustillantes – intelligentes)*. Les clients *(immenses – habituels)* apprécient le *(bon – mauvais)* goût de son pain *(chaud – dur)*. Les enfants aiment venir dans cette boutique *(sale – accueillante)* car la *(méchante – gentille)* boulangère leur donne des bonbons.

Je lis

7 Lis ce poème.

Automne

Odeur de pluies de mon enfance
Derniers soleils de la saison !
À sept ans comme il faisait bon
Après d'ennuyeuses vacances,
Se retrouver dans sa maison !

La vieille classe de mon père,
Pleine de guêpes écrasées,
Sentait l'encre, le bois, la craie
Et ces merveilleuses poussières
Amassées par tout un été.

Ô temps charmant des brumes douces,
Des gibiers, des longs vols d'oiseaux,
Le vent souffle sous le préau,
Mais je tiens entre paume et pouce
Une rouge pomme à couteau.

René Guy Cadou, « Les Amis d'enfance », *Poésie la vie entière, Œuvres poétiques complètes*, © Seghers.

a. Relève les adjectifs qualificatifs qui complètent les noms : *soleils* – *vacances* – *classe* – *guêpes* – *poussières*.

b. Retrouve les noms qualifiés par les adjectifs : *charmant* – *douces* – *longs* – *rouge*.

J'écris

8 Observe bien les dessins proposés à l'*exercice 4*. Choisis-en un et invente une histoire. Utilise des groupes nominaux avec des adjectifs qualificatifs.

Le complément du nom

Je comprends

Lis ces phrases et réponds aux questions.

Qu'est-ce que le complément du nom ?

1 Le cuisinier a préparé un plat **de spaghettis** et une salade **de fruits**.

– À quoi servent les groupes de mots en gras ? Peuvent-ils être supprimés ?

Complète le nom avec un complément de nom : *de bœuf* **ou** *de riz*.
Ma tante cuisine souvent de la viande … .

Le complément du nom introduit par *de*

2 Sur les plages, on trouve des vers de sable ; il existe aussi des vers de terre.

– Comment nomme-t-on les groupes de mots soulignés qui complètent le nom *vers* ?
– Quel mot relie *vers* et *sable*, *vers* et *terre* ?

Complète la phrase avec la préposition *de*.
J'écris avec un crayon … couleur sur mon cahier … brouillon.

Le complément du nom introduit par *à*

3 Raoul a sorti du tiroir une cuillère à café, une cuillère à soupe et un couteau à poisson.

– Quelle préposition se trouve devant *café* ? Devant *soupe* ? Devant *poisson* ?

Précise le sens du nom souligné en lui ajoutant un complément de nom :
à pied **ou** *à repasser*.
Au restaurant, le serveur apporte des verres … .

J'apprends

– Le **complément du nom** apporte une précision sur le nom qu'il complète.
un chien de traîneau – un chien de chasse.
(chien : nom ; de traîneau : complément du nom ; chien : nom ; de chasse : complément du nom)

– Le **complément du nom** est en général composé d'une préposition comme **de** ou **à** et d'un nom. Il fait partie du groupe nominal.
*Julie a une console **de jeux**. – Paul a acheté une table **à jeux**.*
(de jeux : préposition + nom ; à jeux : préposition + nom)

GRAMMAIRE

Je m'entraîne

1 * **Recopie les phrases. Entoure le complément qui précise le nom en gras.**

a. Je regarde une **émission** de télévision.
b. Dans ce jeu, il faut faire un grand **nombre** de prisonniers.
c. Iris ne mange pas de **jardinière** de légumes.
d. Jacques a préparé un **lapin** à la moutarde.

2 * **Recopie les phrases. Entoure les prépositions qui introduisent le complément du nom.**

a. Ce plateau à fromages convient à ma mère.
b. La pièce de théâtre m'a plu.
c. Les remparts de ce château sont solides.
d. Le train de nuit a des couchettes.
e. La rue de cette ville est déserte.

3 ** **Écris des groupes nominaux en associant les groupes nominaux de la *liste 1* aux compléments du nom de la *liste 2* qui conviennent.**

1. une bobine – un cheval – un morceau – un serpent – une tondeuse.
2. à sonnettes – de fil – à gazon – de course – de musique.

4 ** **Recopie les phrases en complétant les noms avec les compléments du nom suivants :** *en osier* – *de sortie* – *à roulettes* – *à carreaux* – *de la source*.

a. L'eau ... est pure.
b. Ma mère range ses fruits dans un panier ... .
c. La porte ... est fermée.
d. Les patins ... ne sont plus à la mode.
e. La veste ... est à ma sœur.

5 *** **Récris les phrases en remplaçant chaque complément du nom en gras par un autre complément du nom.**

a. Le chat **de Sarah** est un persan.
b. La vallée **de la Seine** est peuplée.
c. La peau **du crocodile** a un aspect rugueux.
d. Le puits **de cette maison** est à sec.
e. Les yeux **de mon chat** sont verts.

Je lis

6 **Lis ce texte.**

Odilon est un jeune garçon qui a été mordu par un vampire. Depuis ce jour, il aspire avec Carmilla, son amie, les pages des livres.

En ce moment nous buvons un énorme bouquin de contes. C'est Carmilla qui l'a choisi, parce que les romans d'aventures commençaient à l'ennuyer. Moi, les contes, ce n'est pas ma tasse de thé. Il n'y a pas assez d'action.

« Bon, quel conte allons-nous avaler, maintenant ? m'a demandé Carmilla, les yeux pétillants d'appétit.

– Euh, je ne sais pas. *Les Trois Petits Cochons* peut-être… Ou bien *Ali Baba et les quarante voleurs* ?

– Non, on les a déjà bus. J'ai plutôt envie de goûter à *Cendrillon*, à *La Belle au Bois dormant*… »

J'ai ricané bêtement.

« Ouais, rien que des histoires avec des princes charmants !

– Et alors ? Il n'y a pas que les aventures et les bagarres dans la vie ! »

Éric Sanvoisin, *Le Petit Buveur d'encre rouge*,

Relève les noms complétés par les compléments du nom soulignés.

J'écris

7 **Invente des objets étranges, qui n'existent pas, en associant les compléments du nom de la *liste 1* à des noms de la *liste 2*.**

1. Noms : peinture – pince – toit – bateau – œuf.
2. Compléments du nom : de pirate – à linge – à voile – à l'huile – de tuiles.

L'accord dans le groupe nominal

Je comprends

Lis ces phrases et réponds aux questions.

L'accord du nom et du déterminant

1 **a.** Les dents de lait tombent vers l'âge de six ans.
b. La molaire de Julie commence à bouger.

- Le nom *dents* est-il masculin ou féminin ? Singulier ou pluriel ?
- Le nom *molaire* est-il masculin ou féminin ? Singulier ou pluriel ?
- Dans les groupes nominaux soulignés, quels sont le genre et le nombre de chaque déterminant ?

Trouve le déterminant du nom.
… outils de jardin sont rangés dans le garage.

L'accord du nom et de l'adjectif en genre

2 **a.** Lucile habite un grand immeuble dans une grande ville.
b. Elle a un petit frère et une petite sœur.

- Dans les groupes nominaux soulignés, quels sont les adjectifs ? Quels noms qualifient-ils ?
- Comment se terminent les adjectifs dans chaque cas ?

Complète les groupes nominaux avec des adjectifs choisis parmi : *blanc*, *blanche*.
La vendeuse porte un gilet … et une jupe … .

L'accord du nom et de l'adjectif en nombre

3 Sam adore les plats épicés. Il utilise différents piments.

- Quel est le nombre des noms soulignés ?
- Quels adjectifs les accompagnent ? Par quelle lettre se terminent-ils ?

Accorde l'adjectif souligné avec le nom en gras.
Nous adorons les **desserts** chocolaté… .

J'apprends

— Dans le groupe nominal, le **nom** et le **déterminant** s'accordent en **genre** et en **nombre**.

le voisin – *la voisine* – *les voisins* – *les voisines*.
masc. sing. — fém. sing. — masc. plur. — fém. plur.

— Dans le groupe nominal, l'**adjectif** s'accorde en **genre** et en **nombre** avec le nom qu'il qualifie.

le joli chien – *la jolie chienne* – *les jolis chiens* – *les jolies chiennes*.
masc. sing. — fém. sing. — masc. plur. — fém. plur.

GRAMMAIRE

Je m'entraîne

1 * **Recopie les groupes nominaux soulignés. Indique leur genre et leur nombre.**

a. Le ciel bleu est signe de beau temps.
b. L'oiseau aux longues plumes est un paon.
c. Une belle journée me rend joyeux.
d. Les grands arbres font de l'ombre.

2 * **Écris ces groupes nominaux au pluriel.**

un livre – une fille – un lac – un train – une piste – une idée.

3 ** **Remplace le nom en gras par le nom entre parenthèses et récris la phrase. Fais les accords nécessaires.**

a. Un petit **vallon** *(colline)* abrite un joli **village** *(ville)*.
b. Un clair **ruisseau** *(rivière)* coule au pied d'un **chêne** *(forêt)* verdoyant.
c. Un **sorcier** *(sorcière)* prononce un **discours** *(formule)* incomplet.
d. Au-dessus du **portillon** *(porte)*, on peut admirer un **marbre** *(statue)* blanc.

4 ** **Écris cinq groupes nominaux en associant un déterminant, un nom et un adjectif de chaque série. Respecte l'accord avec le nom.**

Déterminants : un – une – des – l' – des.
Noms : cheveux – mains – arbre – soirée – train.
Adjectifs : propres – agréable – rapide – longs – vert.

5 *** **Écris un groupe nominal au pluriel (dét. + adj. + nom) pour chaque dessin.**

A

B

C

D

Je lis

6 **Lis ce poème.**

Je suis d'un village où j'entends
Les chevaux noirs, les chevaux blancs
Avec leurs yeux arabisants,
Leurs nez peuhls, leurs croupes latines,
Traîner tout le jour des racines
Et des surcharges de froment.

Rien n'est plus beau qu'une jument
Plongeant son masque d'Orient,
Sa belle face métissée
Dans les rivières tempérées !

Catherine Paysan,
« Chevaux », *La Musique du feu*,
© Éditions Denoël, 1967.

a. Relève trois noms au féminin et trois noms au masculin. Aide-toi du déterminant.

b. Explique pourquoi les adjectifs *noirs*, *blancs* et *arabisants* se terminent par un *s* ; pourquoi l'adjectif *métissée* se termine par un *e*.

J'écris

7 **Antoine observe souvent les chevaux galoper dans l'enclos. Un jour, il décide de monter l'un d'eux en cachette. Raconte cette histoire. N'oublie pas les accords dans les groupes nominaux.**

Je viens de choisir le plus beau cheval de l'enclos. Tous les autres chevaux m'observent.

Je me souviens

— Un **nom propre** désigne une personne ou un lieu précis.
Il commence toujours par une lettre majuscule.

__N__olwenn habite à __B__rest.

— Un **nom commun** désigne une personne, un animal ou une chose.
Il commence par une lettre minuscule et est en général précédé d'un déterminant.

Les __habitants__ des __villes__ sont des __citadins__.

— Le **déterminant** précède le nom.

	articles définis	articles indéfinis	déterminants possessifs
Singulier	la, le, l'	un, une	mon, ma, ton, ta, son, sa, notre, votre, leur
Pluriel	les	des	mes, tes, ses, nos, vos, leurs

— Le nom peut être complété par un **adjectif qualificatif** ou par un **complément du nom**.

un verre __brisé__ – un verre __de lait__.

— Dans le **groupe nominal**, le déterminant, le nom et l'adjectif qualificatif s'accordent en genre et en nombre.

Des fraise__s__ délicieuse__s__.

Je m'exerce

1 * **Écris six groupes nominaux différents en associant un déterminant de la *liste 1* et un nom de la *liste 2*.**

1. le – la – les – un – une – des – mon – ton – son – notre.
2. maison – histoire – diamants – Indien – sourire – réveils.

2 * **Recopie les noms en les classant en deux colonnes :** *noms propres* **et** *noms communs*.

otarie – bouchon – Anaïs – Alpes – doseur – Paris – colonne – Brest – doigt – exercice – Italie.

3 ** **Trouve pour chaque nom un déterminant qui convient. Écris le groupe nominal et indique son genre.**

jardin – maison – garçon – baleine – gentillesse – qualité – objet.

GRAMMAIRE

4 ** Récris chaque phrase en la complétant avec un groupe nominal : *un chocolat chaud* – *l'avion* – *les champs* – *la fenêtre* ou *un gros sac*.

a. Cette femme porte ... à la main.
b. Les fleurs recouvrent ... au printemps.
c. Chaque matin, il boit ... .
d. Les passagers prennent ... pour un pays lointain.
e. Dans ma chambre, j'ouvre ... pour aérer.

5 ** Récris les phrases en supprimant les adjectifs qualificatifs et les compléments du nom.

Exemple : *Le gros chien de mon oncle n'aboie jamais.* → *Le chien n'aboie jamais.*

a. La belle nappe en dentelle décore la table du salon.
b. La bonne surprise de mes amis a été de m'offrir un vélo.
c. Les livres anciens de cette bibliothèque passionnent Émile.
d. Élise me fait réviser mes leçons de mathématiques.

6 ** Récris chaque groupe nominal au pluriel. Fais les accords nécessaires.

un esprit vif – le haut sommet – la revue sérieuse – une rue tranquille – l'honnête homme.

7 ** Récris chaque groupe nominal au singulier. Fais les accords nécessaires.

ses longues promenades – des pentes raides – les enfants respectueux – des années heureuses – mes jouets mécaniques.

8 * Recopie le texte. Écris sous chaque mot ou groupe de mots souligné s'il s'agit d'un adjectif qualificatif ou d'un complément du nom.**

Dans cette ville souterraine, vivent des êtres étranges. Ils ne voient que dans la nuit noire. Ils sont de petite taille et portent sur leur tête en poire des chapeaux de paille.
Chaque nuit, ils entament un chant inquiétant et une danse du sabre peu banale.

9 * Recopie chaque mot en gras. Indique s'il s'agit d'un déterminant possessif, d'un article, d'un adjectif ou d'un nom.**

a. La **couleur** bleue domine dans cette peinture.
b. J'ai offert un **énorme** vase à ma grand-mère.
c. **Le** compositeur est connu.
d. **Mes** frères sont admis au lycée.

10 * Trouve le mot qui se cache dans chaque devinette. Indique s'il s'agit d'un article, d'un adjectif ou d'un nom.**

a. Je suis verte, on me mange nature ou assaisonnée. Que suis-je ?
b. Je suis un mot de deux lettres, j'accompagne souvent un nom commun de genre féminin. Que suis-je ?
c. Je suis un mot qui précise la couleur du maillot du cycliste vainqueur d'une course. Je suis ...
d. Je résiste au vent ainsi qu'à la pluie grâce à mes baleines. Je suis ... .

11 * Récris le texte en mettant les mots en gras au pluriel. Fais les accords nécessaires.**

En regardant dans **la valise**, Jimmy a aperçu **un gros jouet**. Il n'a jamais vu **cet objet**. Il ignore comment cela marche. Il décide alors d'en parler à **son frère**.
Jimmy pense qu'**il saura** lui dire comment l'utiliser. **Le véhicule** à deux roues ne ressemble pas à un moyen de transport connu. On dirait **le véhicule** d'**un Martien**.

La phrase

1 **Écris les phrases en remettant les mots dans l'ordre. Ajoute les majuscules et les points.**

a. les bateaux/ le port/ chaque jour/ quittent
b. a pincé/ le crabe/ Olivier/ la main/ d'
c. du parc/ les canards/ dans la mare/ barbotent
d. un animal rusé/ le renard/ est

2 **Recopie ce texte. Ajoute les majuscules et les points qui manquent.**

Ce matin, le réveil n'a pas sonné je vais donc être en retard à l'école la maîtresse n'aime pas les retardataires maman est de son avis soudain, j'entends mon réveil sonner je me lève d'un bond je ne suis pas en retard, c'était un rêve.

La ponctuation

3 **Trouve les signes de ponctuation à partir des devinettes. Écris-les.**

a. Je suis le signe qui termine une phrase déclarative. → …
b. Je suis le signe qui s'emploie lorsque l'on pose une question. → …
c. Je suis le signe qui accompagne une phrase qui marque l'étonnement ou l'admiration. → …
d. Je suis le repère au début d'un dialogue quand un personnage va parler. → …

4 **Recopie les phrases en ajoutant la ponctuation qui manque à la place des croix : [,], [.], [?] ou [!].**

a. L'Etna est un volcan actif d'Italie ✘
b. Le journaliste ✘ précis ✘ raconte que le torrent envahit les rues ✘
c. Quelle direction faut-il prendre ✘
d. C'est excellent ✘

5 **Récris les phrases. Place les deux-points avant chaque énumération.**

a. Dans cette ferme, il y a des vaches, des cochons, des canards et des oies.
b. Pour la promenade, n'oublie pas d'emporter tes lunettes de soleil, ta casquette et ta gourde.
c. J'ai aperçu dans cet étang des grenouilles, des moustiques, des libellules et une carpe.

La phrase affirmative – La phrase négative

6 **Transforme les phrases affirmatives en phrases négatives.**

a. Il neige dans les Landes.
b. Cette route est souvent glissante.
c. Aujourd'hui, on se déplace en diligence.
d. L'horloge indique toujours l'heure exacte.
e. J'aime un peu cette peinture.

7 **Réponds aux questions par une phrase à la forme négative. Emploie :** *ne … pas – ne … plus – ne … rien – ne … jamais.*

a. Joues-tu parfois aux échecs ?
b. Bois-tu quelque chose le matin ?
c. Partez-vous souvent en week-end ?
d. Est-ce qu'il pleut encore ?

La phrase interrogative

8 **Trouve la question à laquelle répond l'information soulignée.**

a. On voit des chevaux peints dans les grottes préhistoriques.
b. Ils mangent une soupe de légumes au dîner.
c. Demain, vous réviserez votre contrôle.
d. Ils parlent doucement.
e. Roselyne ferme la porte.

9 **Trouve une autre façon de poser chaque question.**

a. La lune est-elle visible ce soir ?
b. Le conte est-il terminé ?
c. As-tu planté toutes les fleurs ?
d. Rencontreront-ils des animaux sauvages en Afrique ?

Le verbe

10 **Complète chaque phrase avec un des verbes suivants :** *échange – court – prenons – ris – êtes.*

a. Elle … pour le rattraper.
b. Vous … heureux de vous revoir.
c. Tu … beaucoup avec tes camarades.
d. Théo … des billes.
e. Nous … le métro tous les jours.

11 **Recopie les verbes des phrases. Indique s'il s'agit de *verbes d'action* ou de *verbes d'état*.**

a. Des maçons construisent les maisons de ce lotissement.
b. Tout semble calme dans la rue.
c. Vous paraissez surpris de ma visite.
d. Dany a rangé toutes ses affaires dans l'armoire.
e. Les lumières sont éblouissantes.

Le sujet

12 **Recopie le sujet de chaque verbe en gras.**

a. Le commissaire Muscle **dirige** l'enquête.
b. Les autruches **pondent** sept à huit œufs.
c. Ces albums **obtiennent** un prix de littérature de jeunesse.
d. Je n'**aime** pas les carottes cuites.
e. Le chant de cet oiseau **est** mélodieux.

13 **Recopie chaque phrase. Entoure le verbe puis souligne le sujet et donne sa nature.**

a. Milou est le nom du chien de Tintin dans la BD.
b. Leurs adresses ne sont pas connues.
c. Ils tracent des figures géométriques.
d. La vente a eu lieu comme prévu.
e. Tous les animaux de ce parc sont des espèces protégées.

Les pronoms personnels sujets

14 **Remplace les noms ou groupes nominaux soulignés par un pronom personnel.**

a. Pierre et Paul s'amusent souvent ensemble.
b. Les fraises sont de bonne qualité.
c. Zohra va en vacances en Tunisie.
d. Le frelon et la guêpe m'effraient.

15 **Complète les phrases à l'aide des pronoms personnels sujets :** *il – elles – elle* **ou** *nous*.

a. La peur l'envahit, ... l'empêche d'avancer.
b. Le lutin a des pouvoirs, ... les utilise à chaque danger.
c. Simon et moi, ... éteindrons les lumières.
d. Dans cette ville, les rues sont larges ; ... facilitent la circulation.

L'accord sujet/verbe

16 **Recopie les phrases en choisissant la bonne terminaison pour chaque verbe.**

a. Tu *(écoutes – écoutent)* ton émission préférée.
b. Ils *(participes – participent)* à cette sortie.
c. Les habitants *(réclames – réclament)* un carrefour protégé.
d. Bradley et Samy *(décident – décide)* d'aller à pied à la fête.
e. Tu *(trouves – trouve)* le bon chemin pour rentrer.

17 **Récris les phrases en les complétant avec le verbe entre parenthèses au présent de l'indicatif.**

a. Le plafond ... sur de grosses poutres en chêne. *(reposer)*
b. Nous ... des courses pour le dîner. *(faire)*
c. Ces enfants ... à leurs parents. *(obéir)*
d. Tu ... de froid. *(trembler)*
e. Elles ... les étoiles dans un télescope. *(observer)*

Le COD – Le COI

18 **Complète chaque phrase avec un groupe nominal COD choisi dans cette liste :** *de la vaisselle – deux champs – des dossiers* **ou** *de la poterie*.

a. La barrière sépare ... .
b. Le colis contient ... .
c. L'artisan vend ... .
d. Le secrétaire classe ... .

19 **Recopie uniquement les COI des phrases.**

a. Justine donne deux paquets de billes à son petit frère.
b. Tu te souviens des poèmes appris l'an passé.
c. Vous dites toujours la vérité à vos amis.
d. Mes parents ont offert deux heures de karting à mon cousin.

20 **Indique la fonction des groupes soulignés.**

Le lynx s'approche de Fanny. Celle-ci craint cet animal dangereux. Sa mère rassure la fillette. Elles sont dans un zoo. Des grillages protègent les visiteurs. Fannie rêve d'une autre vie pour ces animaux.

Les compléments circonstanciels de temps, de lieu et de manière

21 Un intrus s'est caché dans chaque liste d'adverbes de temps. Trouve-le et écris-le.

a. hier – demain – ici – aujourd'hui – tard
b. tôt – jadis – autrefois – ailleurs – maintenant
c. souvent – fréquemment – gentiment – régulièrement – annuellement

22 Complète chaque phrase avec un complément circonstanciel choisi dans la liste :
dans quelques mois – ailleurs – rapidement – au pied du volcan.

a. …, les cultures sont bonnes.
b. …, la situation s'améliorera.
c. …, l'herbe est plus verte.
d. Tu as … quitté la salle.

23 Récris chaque phrase en déplaçant le complément circonstanciel. Précise si c'est un complément circonstanciel de lieu, de temps ou de manière.

a. Sur les sommets, des aigles royaux bâtissent leurs nids.
b. Le ruisseau coule tranquillement dans la vallée.
c. Autrefois, on se chauffait au bois.
d. Je déterre cette plante avec précaution.

24 Écris quel lieu est représenté par chaque dessin. Puis décris le dessin par une phrase.

Les adverbes

25 Complète les phrases avec ces adverbes :
tôt – ici – très – toujours.

a. Sidonie passe … chaque jour.
b. Fais-tu … du basket ?
c. Mon père se lève … ce matin.
d. Morgane est … contente de sa réussite.

26 Recopie les phrases et souligne les adverbes.

a. Il est très content de son nouveau jeu.
b. Tu devrais vraiment faire attention en traversant.
c. Ici, tout est calme.
d. Demain, ils rentrent de leur séjour au ski.

Le nom

27 Recopie les neuf noms communs du texte.

Dany s'est perdu dans la forêt.
Il pensait connaître tous les chemins mais sa confiance lui a joué des tours.
Il a cru suivre le sentier qui mène au village mais il est arrivé dans une clairière.
Heureusement, il n'est pas craintif.
Il va retourner sur ses pas et retrouver la route.

28 Complète les phrases par un nom propre.

a. … est la plus haute montagne de France.
b. … est une ville du nord de la France.
c. … est mon personnage de BD préféré.
d. … est un pays d'Afrique.

29 Complète les phrases par un nom propre ou un nom commun.

a. Je ne connais pas le nom de tous les … d'Europe.
b. C'est dans les … que l'on trouve des sorciers et des sorcières.
c. J'aime beaucoup les musiciens, en particulier … .
d. Le … de l'école n'autorise pas les chewing-gums.

30 **Remplace chaque groupe nominal souligné par un groupe nominal de ton choix. La phrase devra avoir un sens.**

a. L'homme arrête sa voiture près du monument.
b. Elle porte un imperméable.
c. L'étoile brille dans le ciel.
d. Ces objets sont fragiles.

Les déterminants

31 **Remplace chaque déterminant *l'* par *un* ou *une*.**

l'arbre – l'éléphant – l'horloge – l'orteil – l'hélice – l'éclair

32 **Recopie le texte avec les déterminants qui conviennent : *la – des – une – le – un – les*.**

Pour réaliser … mosaïque, Justine et Malik commencent par trier … petits carreaux de différentes couleurs. Ils utilisent de … colle pour les fixer sur … panneaux. C'est … long travail mais … résultat est magnifique !

33 **Recopie les phrases. Souligne les déterminants possessifs et entoure les articles.**

a. Les murs de sa chambre sont peints en vert.
b. Sur ta liste de cadeaux, tu as demandé un jeu pour console.
c. Dans ta valise, tu as placé des vêtements chauds pour le ski.

Le genre et le nombre du nom

34 **Recopie chaque groupe nominal en indiquant s'il est *masculin* ou *féminin*.**

un train – une ortie – la comète – le policier – l'aventure – l'amitié – le blé

35 **Écris pour chaque affirmation si elle est *vraie* ou *fausse*.**

a. Un article masculin peut accompagner le nom *fleur*.
b. Un déterminant possessif masculin peut accompagner le nom *cartable*.
c. Le nom *maison* est du genre féminin.
d. Le nom *crocodile* est du genre féminin.

36 **Récris chaque groupe nominal au pluriel.**

le beau chat noir – le petit oiseau craintif – l'énorme éléphant gris – le long fleuve étroit – le haut sommet – le travail agréable – la difficile ascension.

37 **Récris chaque phrase avec un article défini ou un déterminant possessif. Précise si le nom est *au singulier* ou *au pluriel*.**

a. … histoire de cette famille se termine bien.
b. … amis viendront me voir à l'hôpital.
c. … grand-mère prépare sa célèbre recette de gâteau au chocolat.
d. … voisins de ma tante sont bruyants.

38 **Recopie chaque nom en gras. Précise son genre et son nombre.**

Faire du **sport** est important. Céline et Florent le savent et ils pratiquent la **natation**. Tous les **mois**, ils ont une **compétition**. Ils rencontrent les **équipes** d'une autre ville. Les **scores** sont affichés à la **fin** de la **journée**.

L'adjectif qualificatif

39 **Recopie les phrases et souligne les adjectifs.**

a. Le téléphone portable sonne souvent.
b. Une lampe bleue éclaire ma chambre.
c. Les enfants joyeux rient de leurs farces.
d. L'électricité a été une grande découverte.

40 **Recopie et complète avec des adjectifs de ton choix. Attention aux accords !**

a. Les … dents du loup effraient le Petit Chaperon rouge.
b. Une pluie … commence à tomber.
c. À la rentrée, maman m'achète des vêtements … .
d. La tour Eiffel est un monument … .

41 **Associe les mots de chaque liste pour former cinq groupes nominaux. Écris-les.**

a. un – des – son – ses – la
b. chien – oreilles – valises – monument – collection
c. nouvelle – gentil – ancien – longues – lourdes

Le complément du nom

42 Complète chaque groupe nominal avec un nom complément du nom introduit par *à* ou *de*.

a. le vase … – **b.** le fer … – **c.** une console … – **d.** une brosse … – **e.** une machine …

43 Recopie ce texte puis souligne chaque nom qui suit le nom en gras.

Steven est fier d'avoir un **vélo** de course.
Son père le lui a offert pour les **vacances** d'été.
Il est équipé de **sacoches** en cuir.
Steven montre le vélo à ses **camarades** de classe et à ses **amis** du quartier.
Il leur confie que c'est le **cadeau** de ses rêves.

44 Recopie les phrases en complétant chaque nom par un complément du nom. Entoure les prépositions.

a. La fée a transformé le carrosse … .
b. Je mange une tartine … .
c. Les pompiers ont éteint un incendie … .
d. Les façades … ont été restaurées.

45 Recopie les phrases en complétant chaque nom par un adjectif ou un complément du nom.

a. Dans la nuit, j'ai cru entendre un bruit … .
b. Sur l'autoroute …, les véhicules étaient tous arrêtés.
c. À l'entrée de cette grotte vivaient des hommes … .
d. Les armoires … renferment de nombreux trésors.

L'accord dans le groupe nominal

46 Récris les phrases en remplaçant les noms en gras au singulier par leur pluriel. Fais attention à tous les accords.

a. Un livreur a porté une **malle** très lourde.
b. Un petit **mulot** se cache dans la paille.
c. Maman m'a acheté un nouveau **pantalon**.

47 Récris chaque groupe nominal au pluriel. Fais les accords.

a. un petit chien – **b.** un commerçant content – **c.** un homme heureux et intelligent – **d.** un comédien amusant et connu – **e.** une superbe voiture – **f.** un grand navire

48 Indique la nature des mots en gras : *déterminant possessif – nom commun – verbe – article défini – adjectif qualificatif – pronom personnel*.

Sur la **plage**, j'ai ramassé des coquillages, des **vieux** papiers et une montre.
Mon frère dit que **je** dois porter **la** montre au commissariat de police.
Je **commencerai** par demander aux touristes sur la plage si elle leur appartient.

49 Décris chaque dessin en quelques phrases. Emploie au moins à chaque fois : *un pronom personnel – un nom propre – un nom commun – un adjectif qualificatif*.

50 Écris le mot qui correspond à chaque devinette.

a. Je qualifie le nom. Je suis … .
b. Je m'accorde avec le sujet. Je suis … .
c. Je complète le nom et je suis accompagné par *à* ou *de*. Je suis … .
d. Je réponds à la question « quoi ? ». On ne peut pas me déplacer. Je suis … .

CONJUGAISON

Unités 1 à 17, pp. 60-97

Exercices supplémentaires, pp. 98-102

Je comprends

Lis ces phrases et réponds aux questions.

Le passé, le présent, le futur

1 Hier, Léa a eu un jeu. En ce moment, elle y joue. Plus tard, elle le rangera.

– Que fait Léa en ce moment ? Que s'est-il passé avant ? Que se passera-t-il après ?

Dis les phrases dans l'ordre où les actions se déroulent.
Un prince viendra la réveiller. – Elle dort. – La princesse s'est piquée avec un fuseau.

Les indicateurs de temps

2 Hier, Tom est allé chez ses grands-parents. Aujourd'hui, il joue chez lui. Demain, il ira à l'école.

– Quels mots indiquent quand se déroulent les actions de Tom ?

Indique pour chaque action si elle se déroule dans le présent, le passé ou le futur.
Tout à l'heure, je regarderai un magazine. – Ce matin, nous partons au musée. – La nuit dernière, un orage a éclaté.

Les formes du verbe

3 Ils bavardent. – Ils ont bavardé. – Ils bavarderont.

– Quels mots indiquent si l'action se passe dans le passé, le présent ou le futur ?

Indique pour chaque verbe s'il est conjugué au passé, au présent ou au futur.
Vous apprendrez vos leçons. – Il a plu toute la journée. – Tu joues au basket.

J'apprends

– Les actions se déroulent dans le **passé**, le **présent** ou le **futur**.

– Les **indicateurs de temps** permettent de savoir si les actions se déroulent dans le passé, le présent ou le futur : *hier, aujourd'hui, maintenant, demain, plus tard...*

– Le **verbe conjugué** permet de savoir aussi si l'action se situe dans le passé, le présent ou le futur.

PASSÉ	PRÉSENT	FUTUR
Hier, *nous* ***avons joué***. indicateur – verbe conjugué	***Aujourd'hui***, *nous* ***jouons***. indicateur – verbe conjugué	***Bientôt***, *nous* ***jouerons***. indicateur – verbe conjugué

CONJUGAISON

Je m'entraîne

1 * Recopie les phrases dans l'ordre du déroulement des actions.

a. Hier, elle a vomi. Demain, elle ira à l'école. Aujourd'hui, elle reste au lit.
b. Nous arriverons en fin d'après-midi. Ce matin, nous partons tôt. Hier soir, nous avons mis les bagages dans la voiture.
c. Tout à l'heure, nous goûterons. Hier, j'ai invité mon cousin. Il vient aujourd'hui.

2 * Recopie uniquement les phrases qui sont au présent.

a. Aujourd'hui, il pleut.
b. Aux prochaines vacances, nous partirons à la mer.
c. En ce moment, c'est la fin de l'été.
d. Nous descendons maintenant dans la grotte.

3 * Recopie uniquement les phrases qui sont au futur.

a. Après-demain, vous prendrez le TGV.
b. Il y a deux ans, j'ai appris à lire.
c. Dans deux heures, le moniteur d'EPS viendra nous chercher.
d. Dans quelques années, des hommes iront sans doute sur Mars.

4 * Recopie uniquement les phrases qui sont au passé.

a. Autrefois, le roi habitait à Versailles.
b. L'année prochaine, je serai au CM1.
c. Il y a un an, la tempête a arraché un arbre.
d. En ce moment, il neige.
e. Il y a longtemps, on se déplaçait surtout à pied.

5 ** Recopie et complète chaque phrase avec un indicateur de temps :

Il y a longtemps – *Après l'hiver* – *En ce moment* – *Dans trois jours* ou *L'été dernier*.

a. ..., nous mangeons les fruits d'automne.
b. ..., les tulipes et les jonquilles fleuriront.
c. ..., un incendie a ravagé la pinède.
d. ..., le beau temps reviendra.
e. ..., on a découvert le feu.

6 * Écris des phrases commençant par ces indicateurs de temps.**

a. Autrefois, ...
b. En ce moment, ...
c. La semaine prochaine, ...

Je lis

7 Lis ce texte.

Nom d'une poule,
On a volé le soleil !

Rien ne va plus, au poulailler : Pitikok n'arrive pas à faire lever le soleil !

Comme tous les matins, le papa de Carmen et Carmelito a lancé son appel vers le ciel : « Cocorico ! » Mais rien ne se passe.

L'astre solaire a disparu. Qu'à cela ne tienne : Carmen, Carmelito et Bélino retrouveront le soleil !

Nom d'une poule !

Christian Jolibois et Christian Heinrich, *Nom d'une poule, on a volé le soleil !*, © Pocket Jeunesse, département Univers Poche.

Relève les trois phrases au passé et la phrase au futur.

J'écris

8 Écris l'histoire correspondant aux dessins en utilisant les indicateurs de temps : *hier* – *aujourd'hui* – *demain*.

Je comprends

Lis ces phrases et réponds aux questions.

La 1re personne

1 Tom parle à sa maman : « **Je** suis chez Léo. **Nous** finissons notre travail et **je** rentre au plus vite. »

- Qui parle ? Quel pronom personnel en gras désigne la personne qui parle ?
- Qui est désigné par le pronom *nous* ?

Complète les phrases avec *nous* ou *je (j')*.
Valentin était en retard, mais moi, ... étais à l'heure. – Julie, Antoine et moi, ... allons en classe de neige.

La 2e personne

2 Maman dit à Tom : « Est-ce que **vous** travaillez ? Quand rentres-**tu** ? »

- À qui Maman s'adresse-t-elle ? Qui est désigné par le pronom *tu* ? Par le pronom *vous* ?

Complète les phrases avec *tu* ou *vous*.
Camille demande : « Léa et Inès, ... venez avec moi ? Et toi, Chloé, ... viens aussi ? »

J'apprends

- **Je**, **tu**, **nous**, **vous** sont des **pronoms personnels**.
- **Je** et **nous** désignent les personnes qui parlent.

je, **j'** : 1re personne du singulier	**nous** : 1re personne du pluriel

- **Tu** et **vous** désignent les personnes à qui l'on parle.

tu : 2e personne du singulier	**vous** : 2e personne du pluriel

Je m'entraîne

1 * Récris les phrases en remplaçant les groupes de mots soulignés par les pronoms *nous* ou *vous*.

a. Au cinéma, mon cousin et moi étions serrés.
b. Ton frère et toi avez bu une limonade.
c. Mes parents et moi sommes prêts à partir.
d. Marine, Alexis et toi êtes toujours en forme.
e. Tom, Pierre et moi allons au stade à pied.

2 * Recopie les phrases en les classant en deux colonnes : *1re personne* et *2e personne*.

Je commence un exercice. – Vous allez au marché. – Tu es en avance. – Nous chantons juste. – Je suis prêt !

3 * Recopie les phrases en les classant en deux colonnes : *personne du singulier* et *personne du pluriel*.

a. Ce matin, vous mangez de bon appétit.
b. Je regarde ma série préférée.
c. Tu réfléchis au problème.
d. Nous mettons la table.

4 ** Recopie les pronoms soulignés. Écris le nom des personnes qu'ils désignent.

a. « Tu veux du chocolat ? » demande Maman à Mathis.
b. « Vous ne devez pas parler si fort », dit la maîtresse à ses élèves.
c. Mathilde dit : « J'aime beaucoup le lait. »
d. L'oncle de Clara lui dit : « Demain, tu déjeuneras à six heures et nous partirons. »

5 ** Recopie les phrases en ajoutant le pronom personnel qui convient : *je* – *tu* – *nous* ou *vous*.

a. Léo demande à son ami : « … as encore mal ? »
b. Ma tante demande à ses invités : « … reprendrez bien un peu de glace ? »
c. Océane raconte à sa mamie : « … suis allée chez le coiffeur. »
d. J'attends Alex et, ensemble, … rejoindrons nos camarades.

6 * Recopie les pronoms personnels. Indique à quelle personne ils correspondent et s'ils sont *au singulier* ou *au pluriel*.**

a. Tu regardes les bateaux rentrer au port.
b. Nous grimpons sur les falaises.
c. Vous lisez un roman.
d. J'ai trouvé la panne.

Je lis

7 Lis ce texte.

Plume rouge, un Indien Lakota, arrive au milieu du campement des Crows. Il rencontre Luciole, une jolie fille de son âge.

La fille quitte ses amis et s'approche :
« Tu veux jouer avec nous ? Nous commençons une partie de crosse.
Mais un jeune garçon s'interpose avec un regard plein de colère :
– Tu n'as pas vu ses habits ? Il ne peut pas jouer, il n'est pas des nôtres !
La fille le regarde avec malice :
– Et alors Loup-Renard, tu as peur d'un Lakota ? Je te croyais plus courageux ! »

Michel Piquemal, *Plume rouge*, coll. « Les Petits Romans des 7-8 ans », © Nathan.

Indique qui est désigné par chaque pronom souligné.

J'écris

8 Imagine un dialogue entre quatre enfants.

Manon dit ce qu'elle préfère regarder à la télévision ; elle demande aux jumeaux Alex et Théo ce qu'ils préfèrent. Les jumeaux répondent. Elle fait la même demande à Alicia qui lui répond.

Je comprends

Lis ces phrases et réponds aux questions.

La 3e personne du singulier

1 Louis a huit ans. **Il** a une bicyclette. **Elle** est neuve.

- De qui parle-t-on ? Quel pronom personnel désigne Louis ?
- Que possède Louis ? Quel pronom personnel désigne la bicyclette ?

Écris des groupes nominaux qui peuvent être remplacés par *il* **ou** *elle*.

La 3e personne du pluriel

2 **a.** Le matin, Tom et Alex viennent me chercher ; **ils** sont au CM1.
b. Le soir, Léa et Marion repartent avec moi ; **elles** sont au CM2.

- Quel pronom personnel remplace Tom et Alex ? Léa et Marion ?
- Pourquoi les pronoms *ils* et *elles* prennent-ils un *s* ?

Remplace les groupes nominaux soulignés par *ils* **ou** *elles*.
Les grues tournent. – Les bateaux rentrent au port. – Les voitures passent.

Le pronom personnel *on*

3 En général, **on** aime les vacances.

- Qui aime les vacances ? Quel pronom personnel l'indique ?

Écris des phrases dans lesquelles *on* **remplace** *tout le monde*.

J'apprends

— **Il**, **elle**, **on**, **ils**, **elles** sont des **pronoms personnels**.

il, **elle**, **on** : 3e personne du singulier		**ils**, **elles** : 3e personne du pluriel	
 *un garçon* ↓ ***Il** est blond.*	 *une maison* ↓ ***Elle** est grande.*	 *des garçons* ↓ ***Ils** sont blonds.*	 *des maisons* ↓ ***Elles** sont grandes.*

- **Il** et **elle** désignent **la** personne, **l'**animal ou **la** chose dont on parle.
- **Ils** et **elles** désignent **les** personnes, **les** animaux ou **les** choses dont on parle.
- **On** désigne tout le monde.
  ***On** se lave les dents le matin.*

⚠ **On**, pronom de la 3e personne du singulier, est parfois employé à la place de **nous**.
Léo et moi, nous jouons aux billes. – Léo et moi, on joue aux billes.

Je m'entraîne

1 * Recopie les phrases en les complétant avec les pronoms personnels *il* ou *elle*.

a. Le magnétoscope est neuf mais ... ne fonctionne pas.
b. Cette tarte est délicieuse surtout quand ... est tiède.
c. Ma valise est prête, ... est lourde.
d. Le petit âne tire la charrette, ... est fatigué.

2 * Récris les phrases en remplaçant les groupes nominaux soulignés par les pronoms personnels *il* ou *ils*.

a. Ce restaurant est réputé.
b. Les cinémas sont fermés aujourd'hui.
c. Tous les jours, l'entraîneur réunit ses joueurs.
d. L'été, les troupeaux gravissent la montagne.

3 * Recopie les phrases en les complétant avec les pronoms personnels *elle* ou *elles*.

a. Les abeilles sont malades, ... meurent.
b. La foule est nombreuse, ... encourage les candidats.
c. La lampe est puissante, ... a une pile neuve.
d. Les statues sont abîmées, ... sont en restauration.

4 ** Récris les phrases en remplaçant les groupes nominaux soulignés par un pronom à la 3e personne.

a. Des grosses pierres jaillissent du volcan.
b. Ton téléphone est dans ta poche.
c. Ta carte postale est arrivée hier.
d. Mes cheveux sont noirs.
e. Tout le monde aura des vacances.

5 ** Recopie chaque pronom souligné. Indique la personne ou la chose qu'il désigne.

L'avion atterrit. Il freine et s'arrête en bout de piste. Les passagers se lèvent. Ils enfilent leurs manteaux. Ils prennent leurs bagages. Les hôtesses passent dans les rangées. Elles vérifient qu'ils n'ont rien oublié. La passerelle est avancée. Elle est contre l'avion, on peut descendre.

6 * Recopie chaque pronom personnel. Indique à quelle personne il correspond et s'il est *au singulier* ou *au pluriel*.**

Le soir, quand je rentre, je vais dans la chambre de mon grand frère. Nous travaillons. Quand maman arrive, elle vérifie ce que j'ai fait. Puis, nous mangeons.

Je lis

7 Lis ce texte.

Tom saute du lit et court à la fenêtre. Dans la pâle lueur de l'aube, il voit un grand oiseau blanc qui tournoie au-dessus de la maison. C'est une mouette. Il n'y a rien de magique là-dedans. Tom est très déçu. Puis il réfléchit :

« Une mouette ? Qu'est-ce qu'elle fait ici, si loin de la mer ? »

Au même instant, [sa sœur] Léa entre dans la chambre. Elle est déjà tout habillée. Elle chuchote :

« Tom, tu as entendu la mouette ? C'est Morgane qui l'envoie, j'en suis sûre. Elle nous attend à la cabane. Partons vite. »

Mary Pope Osborne, *Sauvés par les dauphins*, coll. « La Cabane magique », © Bayard Poche.

Indique qui est désigné par chaque pronom souligné.

J'écris

8 Décris la scène en faisant deux phrases. La seconde doit contenir un pronom personnel, comme dans l'exemple : *Le marchand de glaces est installé sur la place. Il vend une glace à un petit garçon.*

Je comprends

Lis ces phrases et réponds aux questions.

Le verbe change avec le temps.

1 Léa écrit sur son cahier. – Léa a écrit sur son cahier. – Léa écrira sur son cahier.

- À quel temps sont les phrases ?
- Dans chaque phrase, quel mot change avec le temps ?

Trouve les verbes en changeant le temps dans chaque phrase.

Mon frère a saisi la balle. – Vous marquez un point. – Nous traçons un trait. – Tu vises le panier.

Le verbe change avec la personne.

2 Je conduis la voiture. – Nous conduisons la voiture. – Il conduit la voiture.

- Dans ces phrases, quels mots changent avec la personne ?

Trouve le verbe en changeant la personne.

Le chasseur attend le gibier. – Je cueille le raisin. – Mes frères rentrent à la maternelle.

Le verbe a un radical et une terminaison.

3 il **écoute** – nous **écoutons** – il **écoutait**

- Quelle partie du verbe est toujours la même dans ce verbe conjugué ?
- Quelles sont les terminaisons ?

Recopie puis sépare par un trait le radical et la terminaison de chaque verbe.

il coupe – nous coupons – j'ouvre – nous ouvrons.

J'apprends

- Le verbe **se conjugue** ; il change :

	avec **le temps**	avec **la personne**	
présent	je parl**e**	je parl**e**	nous parl**ons**
futur	je parl**erai**	tu parl**es**	vous parl**ez**
imparfait	je parl**ais**	il/elle/on parl**e**	ils/elles parl**ent**

- Le verbe **conjugué** se compose de deux parties :

le radical **la terminaison**

tu entend|**s**

nous entend|**ons**

Je m'entraîne

1 * Recopie les phrases. Souligne le verbe conjugué.

a. Le garagiste remontera le moteur.
b. Les températures remontent.
c. Tu as remonté la vitre.
d. Je remonterai dans ma chambre.

2 * Dans ces phrases, il y a trois verbes conjugués différents. Recopie-les dans trois colonnes : une pour chaque verbe.

a. Je plante un clou dans le mur.
b. Vous oublierez vos soucis.
c. Nous plantons des arbustes.
d. La cuisinière mélange le beurre et la farine.
e. Vous avez oublié vos soucis.
f. Tu mélangeais tous tes papiers.

3 ** Relève le verbe conjugué de chaque phrase.

a. Après la compétition, le journaliste interrogera l'athlète.
b. L'été, les parasols abritent du soleil.
c. Vous piloterez bientôt votre avion.
d. Tu réclamais le silence.
e. Elle a signé un chèque.

4 ** Recopie le verbe conjugué de chaque phrase. Sépare par un trait *le radical* et *la terminaison*.

a. Les billes roulent sous l'armoire.
– Les voitures roulaient trop vite.
b. Les sirènes attiraient les marins.
– L'aimant attire le fer.
c. Je finirai mon travail. – Léo finit le plat.
d. Le chien grognera.
– Le cochon et l'ours grognent.

5 ** Recopie et complète chaque phrase avec le verbe qui convient. Entoure la terminaison.

a. *(arrive – arrivons)* Nous … en retard.
– L'eau … à la première marche de la maison.
b. *(lisent – lisez)* Ces enfants … déjà bien.
– Vous … tous les jours.
c. *(dis – disent)* Ils … bonjour. – Je … merci.

6 * Recopie et complète chaque phrase avec le verbe qui convient. Souligne le radical du verbe.**

a. *(arrête – a arrêté)* Hier, la police … le coupable. – Aujourd'hui, le bébé n'… pas de pleurer.
b. *(découvrais – découvre)* La semaine dernière, je … la mer pour la première fois.
– Maintenant, je … le plaisir de lire tout seul.
c. *(a coulé – coule)* Le *Titanic* … il y a longtemps. – Le sang … dans nos veines.

Je lis

7 Lis ce texte.

Un génie propose à Joris de réaliser ses vœux. Mais ce que le génie fait apparaître ne correspond pas tout à fait au vœu de Joris !

Pour son quatrième vœu, Joris réfléchit : il demande un vélo.

« À la rentrée, j'irai à l'école sans me fatiguer ! explique-t-il au génie.

Soudain, on entend des bruits bizarres.

Vingt dromadaires attendent à la queue leu leu dans le jardin. Le génie annonce fièrement :

– Voilà une caravane digne de toi, Maître. Tu devras juste brosser et nourrir ces dromadaires chaque jour. »

Joris murmure : « Calamité ! » Mais il essaie de sourire quand même. Il ne veut pas fâcher le génie.

Christine Palluy, « Le Génie des vacances », *Mes premiers J'aime lire*, © Bayard Jeunesse.

Relève les verbes conjugués.

J'écris

8 Joris fait un autre vœu. Imagine-le et raconte comment le génie le réalise.

L'infinitif du verbe et les trois groupes

Je comprends

Lis ces phrases et réponds aux questions.

L'infinitif du verbe

1 Tom et moi, nous **dessinons** le château. – Pour **dessiner**, nous **utilisons** un crayon et un carnet.

- Dans ces phrases, quel verbe n'est pas conjugué ?
- Quels verbes sont conjugués ? Donne leur infinitif.

Trouve l'infinitif des verbes et cherche leur définition dans le dictionnaire.
Je coupe du pain. – Nous descendons à la cave. – Les Romains envahissent la Gaule.

Les trois groupes des verbes

2 **1er groupe :** danser → je danse, nous dansons – jouer → je joue, nous jouons
2e groupe : grandir → je grandis, nous grandissons – finir → je finis, nous finissons
3e groupe : partir → je pars, nous partons – prendre → je prends, nous prenons

- Comment se terminent les infinitifs des verbes du 1er groupe ? du 2e groupe ? du 3e groupe ?
- Comment sais-tu si un verbe dont l'infinitif se termine par *-ir* est du 2e ou du 3e groupe ?

Dis à quel groupe appartiennent ces verbes : obéir, mentir, trembler, pouvoir, dire.

Les verbes *avoir*, *être* et *aller*

3 J'**ai** chaud. – Nous **sommes** ici. – Je **vais** en classe.

- Quel est l'infinitif de chaque verbe conjugué ?

Trouve les verbes et donne leur infinitif.
Il va chez le médecin. – Tu as un nouvel anorak. – Vous êtes sages.

J'apprends

- Pour nommer un verbe, on utilise son infinitif. Dans le dictionnaire, on trouve le verbe à l'**infinitif**.
- On classe les verbes en **trois groupes** :
  - **1er groupe** : les verbes en **-er** : *jouer, chanter, grimper, sauter.*
  - **2e groupe** : les verbes en **-ir** qui se terminent par **-issons** à la 1re personne du pluriel au présent : *finir → je finis, nous finissons.*
  - **3e groupe** : les autres verbes : *venir, prendre, faire, dire, pouvoir, vouloir, voir...*

⚠ **aller** est un verbe du 3e groupe.

- Les verbes **être** et **avoir** n'appartiennent à aucun groupe.

CONJUGAISON

Je m'entraîne

1 * Recopie uniquement les verbes du 1er groupe.

parler – mettre – regarder – battre – serrer – annoncer – entendre – penser – attendre – gagner.

2 * Recopie le tableau et complète-le.

	1re pers. du pluriel	Groupe
partir	*nous partons*	*3e groupe*
finir	*nous finissons*	*2e groupe*
grandir		
mentir		
réussir		
sentir		

3 * Recopie les verbes du 3e groupe.

juger – boire – glisser – faire – dire – traîner – soutenir – obliger – aller – venir.

4 * Écris l'infinitif de chaque verbe conjugué.

a. Vous dirigez la chorale. – Je dirige le bateau.
b. Tu vois un oiseau. – Vous voyez mal.
c. Il veut un bonbon. – Nous voulons du pain.
d. Elle prend un pull. – Vous prenez le train.

5 * Recopie le verbe souligné. Indique son infinitif : *être* **ou** *avoir*.

a. Vous avez dix ans et vous êtes encore jeunes.
b. Tu es malade, tu as mal au cœur.
c. Il est habillé chaudement mais il a froid.
d. La plante est sèche, elle a besoin d'eau.

6 ** Écris pour chaque verbe s'il appartient au *2e* **ou au** *3e groupe*.

punir – dormir – atterrir – revenir – salir – souffrir – guérir – ouvrir – fleurir.

7 ** Trouve les verbes et écris leur infinitif.

a. L'ambulance arrive sur les lieux de l'accident.
b. Au loto, vous ne gagnez jamais.
c. Les maçons bâtissent un immeuble.
d. Je révise mes leçons.

8 * Classe les verbes soulignés en deux colonnes :** *1er groupe* **et** *2e groupe*.

a. Il veut des bottes pour marcher dans l'eau.
b. Vous aimez prendre une douche le soir.
c. Nous pouvons encore réussir l'examen.
d. Avant de rentrer, tu passeras à la boulangerie.

Je lis

9 Lis ce texte.

Petit Féroce, enfant de la préhistoire, raconte comment son père chasse le tigre.

Le tigre rugit, GRAOU, RRAOU ! Il secoue si fort sa queue qu'il déracine un buisson de chardons-croque. Mais mon papa lève sa massue et lui explique poliment qu'il a besoin de sa fourrure pour les murs de notre grotte et de ses grosses dents pour fabriquer des cuillères à soupe.

Il ajoute que j'adore les côtelettes de tigre bien grillées. Il est gentil, mon papa, il pense toujours à moi.

Paul Thiès, *Petit Féroce n'a peur de rien*, © Rageot.

a. Classe les verbes soulignés en trois colonnes : *verbes du 1er groupe*, *verbe du 2e groupe* **et** *être et avoir*.
b. Indique quel verbe n'est pas conjugué.

J'écris

10 Écris une définition pour chacun de ces verbes : *pêcher* – *payer* – *refermer* – *gratter* **à l'aide des dessins.**
Ta définition doit commencer par un verbe à l'infinitif.

Exemple : *gravir : monter avec effort une pente raide.*

Je comprends

Lis ces phrases et réponds aux questions.

Le présent pour raconter

1 À l'école, en ce moment, les élèves étudient la conjugaison.

- L'action racontée se passe-t-elle au présent, au passé ou au futur ? Quels mots l'indiquent ?
- À quel temps le verbe est-il conjugué ?

Continue les phrases avec des verbes conjugués au présent.
Aujourd'hui, mon père … . – Ce matin, tu … . – La maîtresse … . – Dans la rue, les voitures … .

Le présent dans le dialogue

2 Hier, Tom est tombé dans un trou. Roméo lui a dit : « Tu **prends** ma main et je **tire**. »

- Quand la scène s'est-elle passée ?
- Pourquoi les verbes en gras sont-ils conjugués au présent ?

Parmi les verbes en gras, indique ceux qui sont conjugués au présent.
Hier, Anaïs et Marine **bavardaient** : « Je **cherche** un livre de contes, j'**adore** les contes ! **disait** Anaïs.
– Moi, je **préfère** les livres sur les planètes. » Finalement, elles **ont choisi** des BD.

Le présent d'habitude

3 Chaque matin, Jules boit du chocolat et mange une tartine grillée.

- Que fait Jules chaque matin ? À quel temps les verbes sont-ils conjugués ?

Invente des phrases pour dire ce que tu fais chaque mercredi.

J'apprends

Le **présent de l'indicatif** est utilisé pour :

- exprimer des faits qui se passent **au moment où ils sont racontés.**
  *Aujourd'hui, nous **sommes** à l'école.*
- reprendre les paroles d'un personnage **au moment où il parle** dans un dialogue.
  *Maman a répondu : « Je **suis** dans mon bureau, je **travaille**. »*
- raconter **des faits habituels.**
  *Toutes les nuits, mon petit frère **pleure**.*

CONJUGAISON

Je m'entraîne

1 * Recopie uniquement les phrases qui sont au présent.

a. Aujourd'hui, les jardiniers ramassent les feuilles.
b. Nous avons fait une belle promenade.
c. Ce matin, le brouillard cache le paysage.
d. J'ai oublié mon anorak dans la cour.
e. Bientôt, nous fêterons Noël.
f. Mon père met un survêtement.

2 * Recopie uniquement les phrases qui sont au présent.

a. Aux vacances prochaines, nous irons en Angleterre. – À toutes les vacances, nous allons à la campagne.
b. Mamie mange de la soupe tous les soirs. – Hier, nous avons mangé de la pizza.
c. Chaque soir, je lis avant de m'endormir. – Dimanche, je lirai une BD.

3 * Écris toutes les phrases possibles avec un verbe au présent en associant les groupes de mots de chaque colonne.

• Aujourd'hui, nous … • Demain, vous … • Plus tard, Laura … • En ce moment, vous … • Maintenant, Tom … • Le mois prochain, nous …	• … visiterons un château fort. • … aura des cadeaux. • … irez au spectacle. • … avez des problèmes dans votre travail. • … participons à un tournoi de tennis. • … a faim.

4 ** Recopie les groupes de mots soulignés dont le verbe est au présent.

a. Hier, <u>maman a dit</u> à ses enfants : « <u>Je termine</u> mon travail. Toi, Julien, <u>tu ranges</u> ta chambre et toi, Ariane, <u>tu recopies</u> ta rédaction. Ensuite seulement, <u>vous regarderez</u> la télévision. »
b. La semaine dernière, <u>Enzo a parlé</u> de son chien avec Clara : « <u>Il joue</u> avec tout. Quand <u>je passe</u> près de lui, <u>il saute</u> sur mes pieds. <u>Il dort</u> au pied de mon lit. »

5 * Récris chaque phrase avec l'un des verbes proposés qui doit être conjugué au présent.**

a appris – souffleras – viendrons – ai parlé – quitteront – ont vendu – répondrai – ai allumé – avons joué – récitera.

Mes amis … leur maison. – Tu … tes bougies. – Nous … avec toi. – Je … au téléphone. – Ma sœur … sa leçon.

Je lis

6 Lis ce texte.

Comme chaque année pour les vacances, nous partons tous les trois à Montluçon où mes parents ont acheté une petite maison. Dans la voiture, l'ambiance est tendue. C'est à cause de moi, bien sûr, de mes notes. Un tel échec quand on a deux parents professeurs, c'est le comble ! […]

Nous arrivons enfin ! Dans les valises, je découvre une masse de livres et de cahiers. Pour moi, bien sûr ! Furieux, je pars dans ma chambre et claque la porte ! Les jours passent. À longueur d'après-midi, nous visitons des châteaux, des musées, des villages historiques et le soir, chacun son tour, papa et maman me font travailler.

Tiffany Tavernier, *Un ange pour Sacha*, coll. « Superscope », © Nathan.

Recopie les verbes conjugués au présent.

J'écris

7 Décris la scène illustrée. Écris quatre phrases au présent.

Je comprends

Lis ces phrases et réponds aux questions.

Les verbes du 1er groupe

1 Je coupe le kiwi, tu coupes la poire. Maman verse la pâte, les enfants versent les fruits.
Nous ajoutons des raisins secs. Vous ajoutez du sucre.

- À quelles personnes et à quel temps sont conjugués les verbes ?
- Quels sont l'infinitif, le groupe et le radical des verbes ?
- Quelles sont les terminaisons à chaque personne ? Que constates-tu à l'oral ? À l'écrit ?

Récris chaque phrase avec les sujets entre parenthèses.
Je marche (*tu, il, elles*) – Ils chantent (*les filles, je, tu*) – Il grimpe (*je, tu, les écureuils*).

Les verbes en *-cer* et en *-ger*

2 Je prépare la table. → Nous préparons la table.
Je place les invités. → Nous plaçons les invités.
Je mange une pomme. → Nous mangeons des pommes.

- Quels sont l'infinitif, le groupe et le radical des verbes ?
- Que remarques-tu pour les verbes *placer* et *manger* ?

Écris les verbes à la 1re puis à la 2e personne du pluriel.
tomber – lancer – nager.

J'apprends

— Au **présent** de l'indicatif, les **terminaisons** des verbes du 1er groupe sont :

je jou**e**	nous jou**ons**
tu jou**es**	vous jou**ez**
il/elle/on jou**e**	ils/elles jou**ent**

⚠ Les terminaisons ne s'entendent pas toujours à l'oral ; il ne faut pas les oublier à l'écrit.

— À la première personne du pluriel, certains verbes ont une particularité :
- dans les **verbes en -ger**, il y a un **e** entre **g** et **-ons** : *nous mangeons*.
- dans les **verbes en -cer**, le **c** prend **une cédille** devant **-ons** : *nous lançons*.

CONJUGAISON

Je m'entraîne

1 * Recopie chaque phrase. Souligne le verbe et entoure la terminaison.

a. Ils taillent les arbres.
b. Je surveille mon frère.
c. Tu prépares ta valise.
d. Nous posons notre sac.
e. Vous visitez le musée.
f. Il avale sa pâtée.

2 * Récris les verbes conjugués au présent avec la bonne terminaison : *e*, *es* **ou** *ent*.

Tu découp… bien. – Je boug… beaucoup. – Elles plant… des fleurs. – Il écout… de la musique. – Tu pleur… . – Elle oubli… son écharpe. – Je bavard… . – Ils démont… un jouet.

3 * Écris toutes les phrases possibles.

• Vous … • Elle … • Ils … • Je … • Nous … • Tu …	• … tourne le volant. • … ramassons des prunes. • … creusez un trou. • … organisent une course. • … aimes le chou.

4 * Récris les phrases au présent avec le sujet proposé.

Exemple : *Je range la chambre.*
→ *Nous rangeons la chambre.*

a. Les chevaux tirent le chariot. → Le cheval … .
b. Vous distribuez les cahiers. → Tu … .
c. La rose commence à s'ouvrir. → Les roses … .
d. Tu arrives sur la plage. → Vous … .
e. Nous plongeons dans la rivière. → Tu … .

5 ** Récris chaque phrase en conjuguant le verbe entre parenthèses au présent.

– Nous *(voyager)* souvent.
– Dans ce film, les acteurs *(jouer)* bien.
– La maîtresse *(raconter)* une belle histoire.
– Tu *(laver)* tes chaussettes.
– Dans cette neige, nous *(avancer)* lentement.
– Je *(remuer)* la tête pour dire oui.
– Vous *(entrer)* sur le terrain.

6 * Récris le texte en commençant par** *tu*, **puis par** *nous* **et enfin par** *ils*.

J'entre chez le marchand de journaux. Je salue le vendeur. Je cherche le journal télé. Je le trouve et je regarde rapidement quelques pages. Je donne la somme exacte au vendeur. Je quitte le magasin en disant au revoir.

Je lis

7 Lis ce texte.

Je me dirige donc vers la troisième benne, celle qu'on n'utilise jamais, je soulève le couvercle, qui n'était pas entièrement fermé, et là, stupeur ! J'entends un grognement et, dans la pénombre, j'aperçois quelque chose qui bouge.

Panique ! Je remonte en courant chez moi, sans lâcher ma poubelle, et me fichant pas mal de patauger dans les détritus.

– Papa, maman, je crie en arrivant dans l'appartement, il y a une bête dans la benne à ordures !

– Benjamin, grogne papa, ça suffit tes histoires à dormir debout !

Bernard Friot, *Encore des histoires pressées*.

Relève quatre verbes du premier groupe conjugués au présent.

J'écris

8 Raconte ce que font ces enfants pour décorer leur classe. Écris ton texte au présent ; utilise les verbes : *décorer* – *découper* – *fabriquer* – *fixer* – *accrocher*.

Je comprends

Lis ces phrases et réponds aux questions.

Les verbes du 2e groupe

1
a. Je **remplis** mon panier. Nous **remplissons** notre panier.
b. Tu **remplis** ton panier. Vous **remplissez** votre panier.
c. Elle **remplit** son panier. Ils **remplissent** leur panier.

- Quel est l'infinitif du verbe conjugué ? Comment se termine son radical à chaque fois ?
- Quelles sont les terminaisons à chaque personne ?
Que constates-tu à l'oral pour les trois personnes du singulier ? Et à l'écrit ?

Conjugue chaque verbe avec le sujet proposé.
ralentir : elle … – *obéir* : j'… – *maigrir* : ils … – *bondir* : nous … – *agir* : vous … .

Les verbes du 3e groupe

2
a. Je **pars** tôt, je **viens** chez toi et je **vois** ton frère.
b. Vous **partez** tôt, vous **venez** chez moi et vous **voyez** mon frère.

- Quel est l'infinitif de chaque verbe conjugué ? Que constates-tu pour le radical de chaque verbe ?

Écris les verbes *pouvoir* et *vouloir* à la 1re et à la 2e personne du singulier, le verbe *prendre* à la 3e personne du singulier et les verbes *faire* et *dire* à la 2e personne du pluriel. Aide-toi des tableaux de conjugaison pp. 202-203.

J'apprends

- Au **présent de l'indicatif**, les terminaisons des verbes du **2e groupe** sont :

je finis	nous finissons
tu finis	vous finissez
il/elle/on finit	ils/elles finissent

- Au **présent de l'indicatif**, les terminaisons de la plupart des verbes du **3e groupe** sont :

je vois	nous voyons
tu vois	vous voyez
il/elle/on voit	ils/elles voient

⚠ Les terminaisons ne s'entendent pas toujours à l'oral ; il ne faut pas les oublier à l'écrit.

- Les verbes du 2e groupe et du 3e groupe ont un **radical qui varie** :
*je **finis** → nous **finiss**ons ; je **prends** → nous **pren**ons ; je **vois** → nous **voy**ons.*

- Les verbes *vouloir, pouvoir, prendre, faire* et *dire* ont une conjugaison particulière : reporte-toi aux tableaux de conjugaison pp. 202-203.

Je m'entraîne

1 * Recopie les phrases qui contiennent un verbe du 2e groupe conjugué au présent.

Vous saisissez sa main. – Nous occupons notre nouveau logement. – Mon frère guérit vite. – Vous remplissez le vase. – Les ouvriers démolissent la maison. – Tu tapes du pied.

2 * Recopie les phrases qui contiennent un verbe du 3e groupe conjugué au présent. Écris l'infinitif de ces verbes.

Nous disons bonjour. – Vous prenez le train. – Elles embrassent le bébé. – Je fais ma toilette. – Tu peux courir plus vite. – Il brosse ses dents. – Vous voyez un panache de fumée dans le ciel. – Il vient avec toi.

3 * Écris toutes les phrases possibles.

• Elle …	• … veux un chapeau.
• Je …	• … prend ma main.
• Tu …	• … faites vos devoirs.
• L'enfant …	• … part à la montagne.
• Nous …	• … voyons le mont Blanc.
• Vous …	

4 * Récris les phrases au présent avec le sujet proposé.

Exemple : *L'avion atterrit.*
→ *Les avions atterrissent.*

a. Tu dis la bonne réponse. → Vous … .
b. Les fleurs jaunissent. → La fleur … .
c. Je peux sortir. → Il … .
d. Il voit mal. → Nous … .

5 ** Récris les phrases en conjuguant les verbes entre parenthèses au présent.

Nous *(applaudir)* les clowns. – Je *(partir)* à Lyon. – Vous *(faire)* un gros effort. – Elle *(désobéir)* souvent. – Cette grosse valise *(prendre)* beaucoup de place. – Mes deux chats *(venir)* souvent vers moi. – Tu *(pouvoir)* te lever tôt. – Je *(vouloir)* un glaçon dans mon verre. – Vous *(dire)* la bonne aventure.

6 * Récris le texte en commençant par *vous* puis par *je*.**

Nous arrivons au restaurant vers midi. Nous choisissons une table près de la fenêtre. Nous voyons ainsi les vagues frapper les rochers. Nous prenons un plateau de fruits de mer. Nous repartons deux heures après et nous faisons une promenade dans les rochers.

Je lis

7 Lis ce texte.

Tom désigne des tonneaux alignés sous le porche de l'hôtel. Les enfants grimpent chacun dans un tonneau et s'accroupissent au fond. Il était temps !

Les chevaux surgissent dans un fracas de tonnerre. À travers une fente, Tom voit un tourbillon de sabots et de poussière.

« Ya ! Ya ! » crient les cavaliers.

La troupe ralentit puis s'arrête. La poussière qui retombe chatouille le nez de Tom. Il se pince les narines pour ne pas éternuer.

Mary Pope Osborne, *Les Chevaux de la ville fantôme*, coll. « La cabane magique », © Bayard Poche.

Relève les trois verbes du 2e groupe et le verbe du 3e groupe conjugués au présent.

J'écris

8 Raconte comment tu fabriques une tarte aux prunes. Dans ton texte, utilise les verbes suivants conjugués au présent : *mélanger (la farine, le beurre et les œufs)* – *pétrir (la pâte)* – *aplatir (la pâte)* – *prendre (de belles prunes)* – *garnir (la pâte)*.

CONJUGAISON

Je comprends

Lis ces phrases et réponds aux questions.

Le verbe *être*

1 Nous **sommes** à l'école ; je **suis** au deuxième rang ; toi, Dylan, tu **es** devant moi ; Émilie **est** à côté de moi ; vous, Lise et Inès, vous **êtes** derrière ; Paul et Tom **sont** au dernier rang.

- Que constates-tu à la 2e et à la 3e personne du singulier à l'oral ? À l'écrit ?

Complète les phrases avec le verbe *être* conjugué au présent.
Tu … sage. – Le renard … rusé. – Les chats … endormis. – Vous … dans le bateau.

Le verbe *avoir*

2 L'hiver, nous **avons** des vêtements en laine polaire : moi, j'**ai** des gants ; toi, tu **as** un bonnet ; lui, il **a** une écharpe ; vous, vous **avez** des pull-overs et eux, ils **ont** une veste.

- Que constates-tu à la 2e et à la 3e personne du singulier à l'oral ? À l'écrit ?

Complète les phrases avec le verbe *avoir* conjugué au présent.
Les animaux … peur. – Vous … froid. – Tu … un frère. – Yanis … une sœur.

Le verbe *aller*

3 « Mon oncle **va** en Grèce, nous **allons** avec lui ;
et vous, où **allez**-vous cet été ?
– Moi, je **vais** chez ma mamie, mes frères **vont** à Paris.
Tu **vas** en Grèce en avion ? »

- Que constates-tu à la 2e et à la 3e personne du singulier à l'oral ? À l'écrit ?

Complète les phrases avec le verbe *aller* conjugué au présent.
Je … sous un arbre. – Les moutons … dans la bergerie. – Tu … chez le coiffeur.

J'apprends

- Au présent de l'indicatif, les verbes **être**, **avoir** et **aller** ont une conjugaison particulière.

être		avoir		aller (3e groupe)	
je **suis**	nous **sommes**	j'**ai**	nous **avons**	je **vais**	nous **allons**
tu **es**	vous **êtes**	tu **as**	vous **avez**	tu **vas**	vous **allez**
il/elle/on **est**	ils/elles **sont**	il/elle/on **a**	ils/elles **ont**	il/elle/on **va**	ils/elles **vont**

Je m'entraîne

1 * Recopie les verbes conjugués en trois colonnes : *verbe avoir*, *verbe être* **et** *verbe aller*.

J'ai une console de jeux. – Ils vont à l'école. – Ils ont soif. – Ma sœur a peur du noir. – Ils sont en colère. – Nous avons tous un crayon vert. – Vous avez une nouvelle maîtresse. – Tu vas au supermarché.

2 * Recopie et complète les phrases avec le verbe *avoir* conjugué au présent.

a. Tu … envie de manger une glace.
b. Vous … faim.
c. Nous … une maison à la campagne.
d. J'… une nouvelle robe.
e. Les coccinelles … des points noirs.
f. Le corbeau … un gros bec.

3 * Recopie et complète les phrases avec le verbe *être* conjugué au présent.

a. Nous … là depuis une heure.
b. Tu … grand pour ton âge.
c. Je … pressée.
d. Le chien … dans sa niche.
e. Les oiseaux … dans les arbres.
f. Vous … dans votre fauteuil.

4 * Recopie et complète les phrases avec le verbe *aller* conjugué au présent.

a. Le chat … dehors.
b. Nous … en forêt.
c. Tu … au cirque.
d. Mes parents … en Afrique.
e. Je … très bien.
f. Mamie … au restaurant.

5 ** Recopie et complète les phrases avec *sont*, *ont* ou *vont*.

a. Ils … les joues rouges, ils … malades, ils … chez le médecin.
b. Elles … à la piscine, elles … contentes, elles … le sourire aux lèvres.
c. Les hirondelles … chaque année vers le sud, elles … de retour, elles … leur nid au garage.
d. Ils … en classe de mer, ils … de la chance, ils … tout excités.

6 * Récris chaque phrase en conjuguant le verbe entre parenthèses au présent.**

a. Les trains *(avoir)* souvent du retard.
b. Vous *(être)* des adultes.
c. Les élèves *(aller)* en récréation.
d. J'*(avoir)* l'intention de passer la nuit ici.
e. Les deux voitures *(être)* au garage.
f. Tu *(aller)* dans le fond du jardin.

Je lis

7 Lis ce texte.

Le béluga : cette baleine blanche est une farceuse qui joue à imiter les sons les plus farfelus. Elle reproduit aussi bien les chants d'oiseaux, le bruit d'une machine à laver ou la respiration des scaphandriers.

Le nasique : oh ! là, là, quelle figure ! Ce singe a le nez qui s'allonge avec l'âge. Cette sorte d'aubergine pend devant sa bouche et peut atteindre 10 cm de long.

La tortue-luth : elle va jusqu'à la plage pour pondre ses œufs dans un trou qu'elle creuse péniblement dans le sable. Puis elle repart en mer. Une fois nés, ses petits sans aide se dirigent d'instinct vers la mer.

Lucette Brossard, *Drôles d'animaux*, coll. « Superscope », © Nathan.

Relève le verbe *avoir*, le verbe *être* et le verbe *aller* conjugués au présent.

J'écris

8 Décris chaque personnage. Emploie les verbes *avoir* et *être* conjugués au présent.

Le futur de l'indicatif (1)

Je comprends

Lis ces phrases et réponds aux questions.

Quand emploie-t-on le futur ?

1 En ce moment, Alex **mange** du fromage. Après, il **croquera** un fruit.

- Que fait Alex ? Que fera-t-il ?
- À quel temps est conjugué le verbe *croquer* ?

Continue les phrases en employant des verbes au futur.
Je suis à l'école, demain je … . – Sarah s'habille, tout à l'heure elle … .

Les verbes du 1er groupe

2 **a.** Je **verserai** la farine, tu **casseras** les œufs, il **mélangera**.
b. Nous **verserons** la farine, vous **casserez** les œufs, ils **mélangeront**.

- Quel est l'infinitif de chaque verbe conjugué ? Leur groupe ?
- Quelles sont les terminaisons des verbes ? Par quelle lettre commencent-elles ?
- Que constates-tu à l'écrit pour les terminaisons qui se prononcent de la même façon ?

Conjugue le verbe *chanter* au futur à toutes les personnes.

***e* à la fin du radical des verbes**

3 Roméo **remuera** beaucoup et il **tombera** du lit.

- Par quelle lettre se termine le radical des verbes (la partie qui ne change pas) ?
- Cette lettre se prononce-t-elle toujours ?

Écris ces phrases au futur.
Tu cries. – Vous jouez. – Nous fermons. – Elle oublie.

J'apprends

- Le **futur de l'indicatif** exprime des actions qui se dérouleront **plus tard**.
- Au futur de l'indicatif, les **terminaisons** des verbes du 1er groupe sont :

je dans**erai**	nous dans**erons**
tu dans**eras**	vous dans**erez**
il/elle/on dans**era**	ils/elles dans**eront**

- Au futur de l'indicatif, le **radical** des verbes du 1er groupe se termine par un **e** qui ne se prononce pas toujours.

*je **plie**rai – vous **loue**rez – ils/elles **termine**ront.*
(radical – radical – radical)

Je m'entraîne

1 * Recopie uniquement les phrases qui sont au futur. Écris l'infinitif du verbe.

a. Tout à l'heure, tu réciteras un poème.
b. Tous les soirs, papa rentre sa voiture au garage.
c. Demain, la pluie arrivera par l'ouest.
d. Dimanche prochain, je préparerai un pique-nique.
e. Pendant les vacances, vous rangerez votre chambre.
f. La nuit prochaine, un orage éclatera.

2 * Recopie et complète les verbes conjugués au futur avec la terminaison entre parenthèses qui convient.

a. (*rai/rez*) : Vous termine… votre exercice.
– Je termine… mon exercice.
b. (*ras/ra*) : Le pêcheur prépare… son matériel.
– Tu prépare… ton matériel.
c. (*rons/ront*) : Nous habille… la poupée.
– Les fillettes habille… la poupée.

3 * Récris les phrases au futur. Tu peux les commencer par : *« Plus tard,… »*

a. Tu montes sur ton vélo.
b. Vous coupez les orties.
c. Les soldats défilent.
d. J'entre dans le tunnel.
e. Ma petite sœur saute de joie.
f. Nous observons les oiseaux.

4 ** Récris chaque phrase avec le verbe entre parenthèses conjugué au futur.

a. Je *(voyager)* dans le monde entier.
b. Ce soir, les footballeurs *(jouer)* en Espagne.
c. Tu *(saluer)* ton oncle de ma part.
d. La maîtresse nous *(raconter)* l'histoire du Petit Poucet.
e. Vous *(secouer)* l'arbre.
f. Nous *(arriver)* les premiers.

5 * Récris chaque phrase avec le verbe entre parenthèses conjugué au futur. Puis souligne le *e* qui est à la fin du radical.**

a. *(recopier)* Les élèves … les phrases.
b. *(continuer)* Vous … jusqu'au croisement.
c. *(colorier)* Je … les triangles.
d. *(distribuer)* L'élève de service … les cahiers.
e. *(étudier)* Nous … le Moyen Âge.
f. *(éternuer)* Tu … à cause du pollen.

Je lis

6 Lis ce texte.

Résolu, Amak prépare le chargement de son traîneau et attelle ses chiens. Sa femme lui jette un regard inquiet.

« Il est temps qu'Inouk devienne un homme, dit-il. Sois sans crainte, je veillerai sur lui. »

Inouk s'installe dans le traîneau. […]

Le fouet claque. Les voilà partis !

Alain Surget,
« La Première Chasse d'Inouk », *Vivre dans le Grand Nord*,
coll. « Superscope », © Nathan.

a. Relève le verbe conjugué au futur.
b. Écris l'infinitif de ce verbe.

J'écris

7 En t'aidant des dessins, écris la recette du quatre-quarts. Utilise les verbes suivants conjugués au futur, à la 2e personne du singulier : *verser – casser – ajouter – mélanger – placer dans le moule – mettre au four*.

Tu verseras de la farine dans un saladier…

Je comprends

Lis ces phrases et réponds aux questions.

Les verbes du 2e groupe

1 **a.** Je **remplirai** un seau de sable et tu **bâtiras** un château.
b. Le lion **rugira**. Les sauterelles **envahiront** les champs.
c. Nous **choisirons** nos places. Vous **applaudirez** les acteurs.

- Quels sont l'infinitif et le groupe de chaque verbe ?
- Compare les terminaisons avec celles des verbes du 1er groupe, p. 78. Comment se termine le radical des verbes à l'oral et à l'écrit ?

Conjugue le verbe *franchir* à toutes les personnes du futur.

Des verbes du 3e groupe, *être* et *avoir*

2 **a.** Tom et Nina **voudront** une glace, tu leur **diras** non, alors Tom **fera** une colère et **partira**.
b. Je **viendrai**, vous **verrez** mon vélo, nous **prendrons** un goûter et nous **pourrons** aller au parc.
c. En avril, mes parents **iront** en Afrique, je **serai** avec eux, nous **aurons** très chaud.

- Quel est l'infinitif de chaque verbe ? Quelle est leur terminaison au futur ?
- Conjugue chaque verbe à toutes les personnes. Que constates-tu pour le radical ?

Écris chaque phrase au futur.
Nous venons. – Tu vois mal. – Je dis merci. – Elle part. – Je veux bien. – Vous faites du pain. – Elles peuvent nager. – Elle va à l'école. – Il est gentil. – Tu as peur.

J'apprends

- Au futur de l'indicatif, les **terminaisons** des verbes du 2e et du 3e groupe sont les mêmes que celles du 1er groupe. Elles commencent toutes par **r**.

2e groupe		3e groupe	
je fini**rai**	nous fini**rons**	je viend**rai**	nous viend**rons**
tu fini**ras**	vous fini**rez**	tu viend**ras**	vous viend**rez**
il/elle/on fini**ra**	ils/elles fini**ront**	il/elle/on viend**ra**	ils/elles viend**ront**

- Le **radical** du verbe est le même à toutes les personnes.

Reporte-toi aux tableaux p. 200 pour la conjugaison des verbes *être* et *avoir*.

Je m'entraîne

1 * Récris les phrases avec le sujet proposé. Pense bien aux accords.

Exemple : *Tu auras de bonnes idées.*
→ *Ma sœur aura de bonnes idées.*

a. Vous ferez une randonnée. → Je … .
b. Elle viendra à pied. → Nous … .
c. Je serai enrhumé. → Tu … .
d. Nous verrons des étoiles. → Le promeneur … .
e. Les enfants prendront un ticket. → Vous … .

2 * Récris chaque phrase avec un pronom personnel qui convient.

a. … pourront dormir sous la tente.
b. … sera pompier plus tard.
c. … irons un jour sur Mars.
d. … voudrai un livre de contes.
e. … aurez un bateau.
f. … rougiras de honte.

3 * Récris les phrases au futur.

a. La voiture ralentit.
b. Tous les enfants sont dans la cour.
c. Nous voyons mal dans l'obscurité.
d. Mamie fait de la confiture.
e. Vous venez en avion.
f. Je dis au revoir à tout le monde.

4 * Récris chaque phrase en conjuguant le verbe entre parenthèses au futur.

a. À dix-huit ans, tu *(pouvoir)* passer ton permis de conduire.
b. Les roses *(fleurir)* bientôt.
c. En rentrant de promenade, nous *(avoir)* soif.
d. Ce soir, vous *(prendre)* un bain.
e. Demain, Léo ne *(vouloir)* pas aller au centre de loisirs.
f. Dans une semaine, je *(partir)* en Espagne.

5 ** Récris la phrase en conjuguant les verbes au futur, à toutes les personnes.

Je vais dans la grande roue, je suis entre Lina et Yann, je n'ai pas peur.

6 * Récris le texte au futur en commençant par : « *Quand j'aurai mon permis…* »**

J'ai mon permis, je suis prudent. Je respecte le code de la route. Je ralentis à chaque carrefour et je fais attention aux passages pour piétons. Je ne dépasse pas les limites de vitesse. Je double si aucune voiture ne vient en face.

Je lis

7 Lis ce texte.

Le père d'Alice, journaliste à la télévision, commente le match de rugby Angleterre-France.

Dans la cabine de commentateur réservée aux journalistes français, Papa s'époumonait avec enthousiasme :

« Cette année, l'équipe de France a une défense exceptionnelle. Pas un Anglais ne passera. Nous nous attendons ici, à Twickenham, à un véritable feu d'artifice bleu-blanc-rouge. Avec Galthié, Magne et Tony Marsh entre autres !

Nos joueurs hors du commun ne laisseront pas un centimètre ni une seconde à Jonny Wilkinson. Ce sera quitte ou double. Ou nous sombrerons ou nous serons des héros. Nous mourrons ou nous vaincrons. »

Shaïne Cassim, *Le Quinze de la Rose*, © Pocket Jeunesse.

a. Relève les verbes conjugués au futur.
b. Écris leur infinitif.

J'écris

8 Raconte tout ce que tu feras en rentrant chez toi après l'école. Utilise des verbes au futur : *goûter – apprendre (mes leçons) – jouer…*

CONJUGAISON

Je me souviens

— Le verbe se compose d'un **radical** et d'une **terminaison**.

je **chant**e

— Le verbe change :

avec le **temps**	je chant**ais**	je chant**e**	je chante**rai**
avec la **personne**	je chant**e**	nous chant**ons**	vous chant**ez**

— Les verbes sont classés en **trois groupes** selon leur **infinitif** :

- **1er groupe** : infinitif en **-er** : *jou**er*** ;
- **2e groupe** : infinitif en **-ir**, radical avec **-iss** aux 3 personnes du pluriel au présent : *bond**ir** → nous bond**iss**ons* ;
- **3e groupe** : tous les autres verbes : *partir, venir, faire, aller, prendre, vouloir, pouvoir, voir...*
- **Être** et **avoir** n'appartiennent à aucun groupe.

— Le **présent de l'indicatif** exprime un fait qui se passe **au moment où il est raconté**.

Verbes du 1er groupe				Verbes du 2e et du 3e groupe			
je	-e	nous	-ons	je	-s	nous	-ons
tu	-es	vous	-ez	tu	-s	vous	-ez
il/elle/on	-e	ils/elles	-ent	il/elle/on	-t ou -d	ils/elles	-ent

- Certains verbes du 3e groupe (*faire, aller, prendre, vouloir, pouvoir, dire*) ainsi que les verbes *être* et *avoir* ont une conjugaison particulière : reporte-toi aux **tableaux de conjugaison** pp. 200-203.

— Le **futur de l'indicatif** exprime des faits qui se dérouleront **plus tard**.

Tous les groupes			
je	-rai	nous	-rons
tu	-ras	vous	-rez
il/elle/on	-ra	ils/elles	-ront

- Pour les verbes du **1er groupe**, il ne faut pas oublier le **e** à la fin du radical.

Je m'exerce

1 * Dans chaque phrase, trouve le verbe conjugué. Écris son infinitif et son groupe.

a. Tu choisis une bonne place.
b. Elle part en avance.
c. Les feuilles tremblent sous le vent.
d. Je viens en voiture.
e. Nous voyons le bus au loin.

2 * Recopie les verbes soulignés. Classe-les en trois colonnes : *être*, *avoir* et *aller*.

a. Les animaux vont vers le point d'eau.
b. Je suis très fatigué.
c. Vous avez mal à la tête.
d. Les singes sont dans une grande cage.
e. Les randonneurs ont besoin de se reposer.

CONJUGAISON

3 * **Classe les verbes en deux colonnes :** *verbe conjugué au présent* **et** *verbe conjugué au futur*.

a. Tu prépareras le petit-déjeuner.
b. Je cherche mon trousseau de clés.
c. Vous prendrez un bain chaud.
d. Yann trouve un chien abandonné.
e. Nous marquerons des buts.

4 * **Récris chaque phrase en conjuguant le verbe entre parenthèses au présent, puis au futur.**

a. Tu *(aller)* dans le jardin.
b. Vous *(grossir)* trop.
c. Nous *(avancer)* en rampant.
d. Je *(vouloir)* encore de la viande.
e. Les oiseaux *(voir)* le chat.

5 ** **Récris chaque phrase au présent.**

a. Les voitures reculeront.
b. La souris mangera le fromage.
c. Tu renverseras ton plateau.
d. Nous annoncerons une bonne nouvelle.
e. Vous étudierez un texte difficile.

6 ** **Récris les phrases avec le sujet qui convient. Entoure la terminaison du verbe.**

Je – Tu – Nous – Vous – Ils.

a. ... jouons au foot.
b. ... portes un pantalon original.
c. ... pêcheront un énorme poisson.
d. ... poussez un cri.
e. ... resterai au chaud.

7 ** **Recopie chaque pronom personnel souligné. Écris le nom de la personne qu'il désigne.**

Noémie est allée en sortie scolaire. Elle raconte : « Hier, avec les élèves de la classe, nous avons visité un château fort. J'ai bien aimé la visite. Le guide a dit : " Vous savez, ce château est relié à un autre château par un grand souterrain." Paul a dit à mon oreille : " Tu veux aller dans ce souterrain ? Moi, j'ai trop peur ! " Le guide nous a entendus et il a dit : " Vous n'avez pas à avoir peur, je ne fais pas visiter le souterrain."

8 ** **Récris le texte deux fois : d'abord en remplaçant le premier sujet par** *Tom*, **puis en le remplaçant par** *Tom et Lino*.

Vous allez à l'école et vous êtes à l'heure. Vous montez dans le bus avec vos amis. Vous discutez pendant tout le trajet. Vous arrivez à l'école sans avoir vu le temps passé. Vous saluez la maîtresse et vous avez encore du temps pour jouer.

9 ** **Récris le texte deux fois : d'abord en remplaçant le premier sujet par** *les lapins*, **puis en faisant parler le lapin à la 1re personne.**

Le jeune lapin aura envie de sortir du terrier. Il pointera le museau à l'extérieur. Il quittera le trou et avancera dans le pré. Au passage, il grignotera des brins d'herbe et jouera avec des feuilles. Souvent, il lèvera les oreilles et écoutera. Au moindre bruit, il détalera et ira dans son terrier. Il aura peur.

10 *** **Cherche le verbe souligné dans le dictionnaire. Recopie son infinitif et sa définition.**

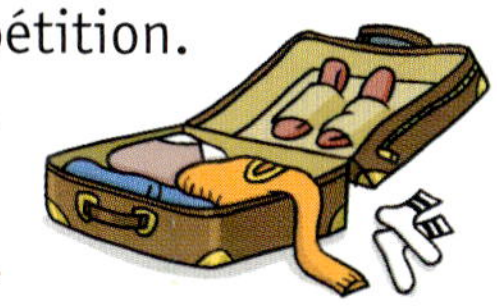

a. Ils reviennent de leur compétition.
b. Nous défaisons nos valises.
c. Je surprends un voleur.
e. Il parvient à sortir de l'eau.

11 *** **Relève les verbes. Écris leur infinitif. Puis recopie les phrases en complétant les verbes au présent avec** *-ie* **ou** *-it*.

a. Le maître pun... l'élève désobéissant.
b. Elle conf... son sac à sa sœur.
c. Alan recop... sa dictée.
d. Un éclair jaill... à l'horizon.
e. Le bébé vom... .

12 *** **Récris les phrases au futur. N'oublie pas le** *e* **muet à la fin du radical des verbes du 1er groupe.**

a. Nous partons en vacances.
b. Vous criez trop fort.
c. Elle oublie son parapluie.
d. Je grandis encore.
e. Les lionnes nourrissent leurs petits.
f. Tu déplies ta serviette.

Je comprends

Lis ces phrases et réponds aux questions.

Le rôle de l'imparfait

1 L'an dernier, le matin, Tom courait sur la plage et sautait dans les vagues.

- Quand se passe ce qui est raconté ? Qu'avait l'habitude de faire Tom ?

Dis ce que Tom pouvait faire d'autre à la mer en employant l'imparfait.

Les verbes du 1er groupe

2 **a.** Je **ramassais** les pommes, tu les **triais** et il les **lavait**.
b. Nous **ramassions** les pommes, vous les **triiez** et ils les **lavaient**.

- Quelle est la terminaison à chaque personne pour ces verbes du 1er groupe ?
- Que constates-tu pour le radical ?

Écris à l'imparfait.
Tu regardes le jeu. – Ils crient. – Vous cassez une tasse. – Nous copions.

Les verbes en *-cer* et *-ger*

3 Autrefois, on **rinçait** le linge au lavoir, on **plongeait** les draps dans l'eau glacée.

- Recherche les verbes. Quel est leur infinitif ?
- Quelle particularité remarques-tu pour le radical ?

Conjugue les verbes *voyager* et *lancer* à l'imparfait.

J'apprends

- L'**imparfait de l'indicatif** exprime des **faits passés** et des **habitudes**.
  *Autrefois, les hommes de la préhistoire **chassaient** et **pêchaient**.*
- À l'imparfait, **le radical** du verbe est le même à toutes les personnes.
- Les **terminaisons** des verbes du 1er groupe sont :

je chant**ais**	nous chant**ions**
tu chant**ais**	vous chant**iez**
il/elle/on chant**ait**	ils/elles chant**aient**

⚠ *nous cri**ions** – vous oubli**iez***

- Certains verbes du 1er groupe ont une particularité :
verbe en **-cer** : *je pla**ç**ais* ; verbe en **-ger** : *il nag**e**ait.*

CONJUGAISON

Je m'entraîne

1 * Recopie les phrases dont les verbes sont à l'imparfait.

a. Souvent, je mangeais à la cantine.
b. Les habitants racontaient des histoires.
c. On montera dans la grande roue.
d. Tu préfères la couleur bleue.
e. Notre chatte n'attrapait jamais d'oiseaux.
f. Ses cheveux tombaient sur ses épaules.

2 * Souligne le verbe de chaque phrase. Écris son infinitif. Entoure la terminaison de l'imparfait.

a. En vacances, nous aidions toujours maman.
b. J'écoutais le bruit des vagues.
c. Vous possédiez de belles billes colorées.
d. Tu observais les oiseaux avec des jumelles.
e. Ses yeux brillaient de colère.
f. Autrefois, on déménageait rarement.

3 * Récris les phrases à l'imparfait avec le sujet proposé.

a. Nous mangions du poulet au déjeuner. Tu … .
b. Les chevaux tiraient la diligence. Le cheval … .
c. Mon oncle habitait près d'une gare. Mes cousins … .
d. Vous commenciez le travail tôt. Je … .
e. Tu n'aimais pas l'orage. Nous … .
f. Je skiais bien. Vous … .

4 ** Écris chaque phrase avec le verbe entre parenthèses à l'imparfait.

a. *(ramasser)* Les enfants … des coquillages.
b. *(protéger)* Je … toujours mon petit frère.
c. *(photographier)* Nous … beaucoup les gens.
d. *(placer)* La maîtresse ne … pas Léo à côté de moi.
e. *(quitter)* Les bateaux … le port.
f. *(calculer)* On … vite.

5 ** Récris les phrases à l'imparfait.

a. Vous cherchez un trésor.
b. Elle a chanté faux.
c. Je lance la balle toujours trop haut.
d. Elle pleurera souvent.
e. Tu nages bien.

6 * Récris le texte en parlant d'Alain et de ses amis.**

Autrefois, le mercredi, Alain jouait dans les bois. Il grimpait dans les arbres et sautait à terre en tenant une liane.
Quand il rentrait, il dégustait un grand verre de lait et mangeait une tartine de confiture.

Je lis

7 Lis ce texte.

Deux petites fées récoltaient les friandises dans de grands paniers dorés. Plus loin, Rachel en aperçut d'autres qui pratiquaient l'escalade avec des fils de réglisse. […]

Une autre fée roulait des bonbons dans un énorme bocal de sucre glace rose. Des fleurs en barbe à papa poussaient à ses pieds, et des souris en sucre couraient dans l'herbe en lançant des cris.

Manon remplit sa bourse de paillettes enchantées près d'une fontaine qui débordait de sorbet à l'orange, puis elle emmena les deux fillettes dans sa propre réserve de sucreries. Des bocaux de friandises enchantées grimpaient jusqu'au plafond.

Daysie Meadows, *Manon, la fée des bonbons*,

Écris l'infinitif des verbes soulignés conjugués à l'imparfait.

J'écris

8 Décris la vie des hommes de la préhistoire en utilisant l'imparfait. Utilise les verbes : *habiter – chasser – pêcher – ramasser – allumer…*

Je comprends

Lis ces phrases et réponds aux questions.

Les verbes du 2e groupe

1 Je choisissais un endroit plat. Ensemble, nous bâtissions une cabane avec des branches.

- Quel est l'infinitif de chaque verbe conjugué ?
- Quelle est la terminaison à chaque personne ?
- Comment se termine le radical ?

Conjugue les verbes *grandir* **et** *rougir* **à l'imparfait avec les pronoms** *tu* **et** *nous*.

Les verbes du 3e groupe, *avoir* et *être*

2 **a.** S'il **était** énervé, il **prenait** sa canne, **allait** et **venait** dans la maison puis **partait**.
b. J'**avais** trois ans, je **disais** non, je **faisais** des colères.
c. Nous **voulions** avancer mais nous ne **pouvions** pas, nous ne **voyions** rien.

- Quel est l'infinitif de chaque verbe en gras ? Quelle est leur terminaison ?
- Que remarques-tu à l'oral et à l'écrit pour le radical du verbe *faire* ?
- Quelle lettre ne faut-il pas oublier dans la terminaison du verbe *voir* à la 1re personne du pluriel ?

Écris à l'imparfait.
Il voit mal. – Nous faisons attention. – Nous partons. – Il a peur. – Je suis en colère.

J'apprends

- À l'**imparfait de l'indicatif**, les terminaisons sont les mêmes pour tous les verbes : *je pren**ais** – tu voul**ais** – il pouv**ait** – elle av**ait** – nous voy**ions** – vous ét**iez** – ils dis**aient** – elles ven**aient**.*
- Les **verbes du 2e groupe** ont leur **radical en -iss-** à toutes les personnes : *finir → je **finiss**ais, vous **finiss**iez.*
- **Le radical des verbes du 3e groupe ne change pas :**
  *pouvoir → je pouv**ais**, nous pouv**ions***
  *venir → je ven**ais**, nous ven**ions**.*

⚠ Le radical du verbe **faire** ne s'écrit pas comme il se prononce : *tu f**ai**sais.*

CONJUGAISON

Je m'entraîne

1 * Recopie chaque phrase. Souligne le verbe et écris son infinitif.

a. Les photographes agrandissaient les photos.
b. Tous les soirs, nous prenions un peu l'air.
c. Tout le monde allait dans le même sens.
d. Vous veniez de partir.
e. Je voyais les voiliers au loin.

2 * Forme cinq phrases en associant un élément de la *liste 1* à un élément de la *liste 2*.

1. Mon frère – Je – Nous – Les gens – Vous.
2. emplissiez le réservoir. – avions soif. – prenait la route de bonne heure. – étaient dans le salon. – faisais du bruit.

3 * Récris les phrases à l'imparfait avec le sujet proposé. Entoure les terminaisons des verbes.

a. Les chameaux allaient dans le désert. J'... .
b. Tu voyais les côtes de l'Angleterre. Nous ... .
c. Le sanglier faisait des dégâts. Les sangliers ... .
d. Je venais en courant. Vous ... .
e. Vous pouviez prendre le bus facilement. Il ... .

4 ** Écris chaque phrase avec le verbe entre parenthèses à l'imparfait.

a. Je *(remplir)* mon sac de caramels mous.
b. Elle *(avoir)* de la fièvre.
c. Vous *(être)* impatients de rentrer.
d. Les ouvriers *(bâtir)* un barrage.
e. De la rue, nous *(voir)* le spectacle.

5 ** Récris ces phrases en conjuguant les verbes à la personne du singulier ou du pluriel qui correspond.

a. Je pouvais sortir quand je voulais.
b. Il disait toujours qu'il avait de la chance.
c. Tu venais et tu repartais en courant.
d. Elles comprenaient tout et finissaient avant tout le monde.
e. Nous allions à la pêche le matin et nous revenions vers midi.
f. Vous voyiez vos cousins souvent et vous étiez heureux ensemble.

6 * Écris des phrases à l'imparfait avec chacun des verbes proposés. Varie les personnes.**

faire – venir – voir – aller – être – avoir.

Je lis

7 Lis ce texte.

Louis Braille est devenu aveugle à l'âge de trois ans à la suite d'un accident.

Il savait qu'il était près de la boulangerie en sentant la chaleur du four et les odeurs appétissantes du pain. Il pouvait désigner toutes sortes de choses par leur forme et par le toucher. Mais le plus important restait les sons.

Le tintement que faisait la cloche de la vieille église, l'aboiement du chien des voisins, le chant du merle sur un arbre proche, le gargouillis du ruisseau. Cet univers de bruits lui racontait tout ce qu'il ne pouvait voir.

Louis aimait tout particulièrement rester assis sur les marches devant la maison et appeler par leur nom les passants.

Margareth Davidson, André Dahan,
Louis Braille, l'enfant de la nuit,

Relève les verbes conjugués à l'imparfait.

J'écris

8 Raconte comment les récréations se déroulaient autrefois. Écris tes verbes à l'imparfait.

Le passé composé de l'indicatif (1)

Je comprends

Lis ces phrases et réponds aux questions.

Le rôle du passé composé

1 Hier, Théo avait chaud, il a mangé une glace.

- Quelle action Théo a-t-il faite ? Quand ? À quel temps est-elle exprimée ?

Retrouve les actions passées exprimées au passé composé.
Il marche. – Il a voyagé. – Il parlait. – Il a dansé. – Il mange.

Un temps composé : auxiliaire et participe passé

2 Nina **a poussé** la porte, elle **est entrée**, elle **a posé** son sac.

- Recopie la phrase. Écris l'infinitif des verbes conjugués.
- Quels sont les deux mots qui forment le passé composé du verbe ? Quel est l'auxiliaire ?

Donne l'infinitif du verbe conjugué. Entoure l'auxiliaire, souligne le participe passé.
Elle a mangé. – Tu es resté. – Vous avez escaladé le mur. – J'ai parlé.

Le passé composé des verbes du 1er groupe et du verbe *être*

3 Il a été malade, il a toussé, il a consulté le médecin.

- Quel est l'infinitif de chaque verbe conjugué ?
- Quel auxiliaire est utilisé pour former le passé composé ? À quel temps est conjugué l'auxiliaire ? Comment se terminent les participes passés ?

Conjugue le verbe *jouer* et le verbe *être* au passé composé à toutes les personnes.

J'apprends

- Le **passé composé** présente des **actions passées**.
  *Hier, elle **a dessiné**, elle **a colorié** et elle **a découpé**.*
- Le passé composé est formé de l'**auxiliaire avoir** ou **être** au présent et du **participe passé** du verbe.
  voir : *il **a vu*** crier : *j'**ai crié*** venir : *tu **es venu***
- Le passé composé de la plupart des verbes du 1er groupe et du verbe *être* se forme avec l'auxiliaire **avoir**.
- Le participe passé des verbes du 1er groupe se termine toujours en **é**.

*j'**ai** gagné*	*nous **avons** gagné*
*tu **as** gagné*	*vous **avez** gagné*
*il/elle/on **a** gagné*	*ils/elles **ont** gagné*

- Le participe passé de **être** est **été**. *J'ai **été**, nous avons **été**.*

CONJUGAISON

Je m'entraîne

1 * Recopie les phrases dont les verbes sont conjugués au passé composé.

a. Tu as enveloppé le paquet.
b. Je partage la tablette de chocolat.
c. Elle a cassé un vase.
d. Je récoltais de beaux fruits.
e. Nous avons dépensé trop d'argent.

2 * Recopie chaque verbe. Indique s'il est conjugué avec l'auxiliaire *être* ou *avoir*.

a. J'ai voyagé longtemps.
b. La tortue a gagné la course.
c. Le chat est retombé sur ses pattes.
d. Vous avez regardé l'heure souvent.
e. Tu es monté à la tour Eiffel.
f. Je suis allé en Angleterre.

3 * Récris au passé composé. Indique l'infinitif du verbe conjugué.

a. Yann est en colère.
b. Tu travailles pour réussir.
c. On range nos affaires.
d. Elles découpent du tissu.
e. Je marche dans l'eau.
f. Nous pensons à toi.

4 * Récris les phrases avec les pronoms sujets proposés.

a. Jim a pêché dans le lac. J'... .
b. Il a été de bonne humeur toute la journée. Elles ... .
c. Nous avons allumé le feu. Tu ... .
d. J'ai branché le grille-pain. Vous ... .
e. On a mélangé la peinture. Nous ... .
f. Vous avez acheté un bouquet. Il ... .

5 ** Récris les phrases en conjuguant les verbes entre parenthèses au passé composé.

a. Les touristes *(quitter)* la ville.
b. Le chat *(être)* agile.
c. Vous *(arracher)* les pommes de terre.
d. Nous *(donner)* à boire au chien.
e. Tu *(organiser)* un goûter.
f. Je *(être)* malade.

6 * Récris le texte au passé composé.**

Avant de partir, tu ranges ton bureau avec soin. Tu fermes les cahiers, tu poses les livres sur l'étagère, tu places les stylos dans le porte-crayon. Tu vides la poubelle et tu débranches ton ordinateur.

Je lis

7 Lis ce texte.

Il y a très longtemps, la Terre n'avait pas de pôles. Un jour, les savants décident de lui en offrir une paire.

Les savants ont réfléchi, en tournant tout autour d'un gros globe terrestre. Bon, pour commencer, où mettre le premier pôle ? Où planter son petit drapeau ?

L'un d'eux a proposé :

– Posons-le ici !

Et ping ! Il a planté un drapeau au sommet du Vésuve.

Un autre a répondu :

– Ou bien plutôt là ?

Et chtounk ! Il a laissé tomber son fanion au milieu du Sahara.

Un troisième a dit :

– Non, c'est nul ! Mettons-le en haut !

Marie-Sabine Roger, *Pantoufleuses et nounourseries*, coll. « Superscope », © Nathan.

Relève les verbes conjugués au passé composé.

J'écris

8 Imagine les aventures de ce chien. Écris ton texte au passé composé. Utilise des verbes du 1er groupe comme : *sauter – marcher – rencontrer – fouiller*...

CONJUGAISON

Je comprends

Lis ces phrases et réponds aux questions.

Le passé composé des verbes du 1er groupe et du verbe *aller* avec l'auxiliaire *être*

1 Il **est allé** au stade, je **suis resté** à la maison.

- Quel est l'infinitif de chaque verbe ?
- Avec quel auxiliaire le passé composé est-il formé ?

Écris au passé composé.
Tu passes par-dessus la barrière. – Il arrive tard. – J'entre ici. – Il va loin.

L'accord du participe passé

2 **a.** « Je **suis allée** au théâtre, tu **es allé** au cinéma », dit Lise à Léo.
b. Les garçons **sont retournés** chez eux. Les filles **sont rentrées** après eux.

- Relève les verbes dans les phrases **a** et **b**. À quel temps sont-ils conjugués ? Quel auxiliaire est employé ?
- Dans la phrase **a**, qui est désigné par *je*, par *tu* ?
Quelle est la terminaison du participe passé ?
- Relève les terminaisons du participe passé dans la phrase **b**.

Conjugue les verbes au passé composé.
Elle *(rester)* là.
« Vous *(tomber)* ? » demande Léo à Laure et Lina.

J'apprends

– Certains verbes du **1er groupe** et le verbe **aller** se conjuguent au passé composé avec l'**auxiliaire être**.
*Je **suis** resté debout. – Il **est** allé à Londres.*

– Quand le passé composé est formé avec l'auxiliaire **être,** le participe passé **s'accorde avec le sujet**.
Il faut alors chercher le **genre** et le **nombre** du sujet :
*Tu es resté. – Tu es resté**e**.*
(Tu = Léo ; Tu = Anna)
*Ils sont allé**s** au cinéma. – Elles sont allé**es** au cinéma.*

CONJUGAISON

Je m'entraîne

1 * Recopie les phrases dont le verbe est conjugué avec l'auxiliaire *être*.

a. Elle est arrivée en courant.
b. Nous sommes passés devant.
c. Le chat a miaulé.
d. Je suis resté en pyjama.

2 * Récris les phrases en complétant le participe passé avec : *é – ée – és* ou *ées*.

a. « Je suis all… sur le port », dit Julia.
b. Elles sont retourn… pour le voir.
c. Il est pass… à l'hôpital.
d. Elle est mont… trop haut.
e. « Nous sommes all… en mer », disent Damien et Lucas.

3 * Complète avec le pronom sujet qui convient : *Il – Elle – Ils* ou *Elles*.

a. … est entrée par le jardin.
b. … sont montées dans le grenier.
c. … sont rentrés tôt.
d. … est allé à la poste.

4 * Récris les phrases en conjuguant les verbes entre parenthèses au passé composé.

a. Il *(remonter)* dans sa chambre.
b. Elle *(retourner)* chez elle.
c. Ils *(rentrer)* en bus.
d. « Tu *(aller)* au supermarché ? » demande Tom à Norah.
e. « Vous *(passer)* par l'autoroute ? » demande Papa à ses deux sœurs.

5 ** Recopie les phrases en complétant les verbes au passé composé avec l'auxiliaire *avoir* ou *être*.

a. Ils … soigné le malade.
b. Ils … tombés sur les genoux.
c. Ils … participé à un tournoi.
d. Ils … sonné à la porte.
e. Ils … passés trois fois au rond-point.

6 * Complète avec les groupes nominaux sujets qui conviennent : *La foudre – Des arbres – Le pylone* ou *De grosses gouttes*.**

a. … sont tombées.
b. … est tombé.
c. … est tombée.
d. … sont tombés.

Je lis

7 Lis ce texte.

La sorcière est en prison. Elle reçoit un gâteau avec deux plumes collées en dessous dont elle pourra faire une paire d'ailes pour s'envoler.

Mais les gardiens sont futés : ils ont pris le gâteau, puis ils l'ont retourné. Ils ont enlevé les plumes et les ont mises à leur chapeau pour sortir le dimanche… La sorcière a mangé le gâteau, elle m'a même écrit pour me dire merci et qu'il était très bon, mais elle est restée en prison !

Alors, j'ai pensé, repensé, et cette fois j'ai trouvé : j'ai envoyé à la sorcière un simple morceau de gruyère.

Les gardiens l'ont examiné, considéré, tourné, retourné, pesé, soupesé, sondé, scruté, flairé, coupé en long, en large et en travers et pour finir, ils l'ont passé à la sorcière.

Pierre Gripari, « La sorcière et le commissaire », *Les Contes de la Folie Méricourt*, © Grasset et Fasquelle, 1982.

a. Recopie les verbes du 1er groupe conjugués au passé composé.
b. Entoure le verbe conjugué avec l'auxiliaire *être*.

J'écris

8 Écris l'itinéraire emprunté hier par Sarah pour se rendre chez son ami Julien. Emploie les verbes suivants au passé composé : *partir – passer – traverser – longer – tourner*.

Je comprends

Lis ces phrases et réponds aux questions.

Les verbes du 2e groupe

1 Les framboises **ont mûri**, nous **avons garni** une tarte avec ces fruits.

- Quel est l'infinitif de chaque verbe ? Leur groupe ?
- Avec quel auxiliaire le passé composé de ces verbes est-il formé ?
- Comment se terminent les participes passés ?

Conjugue les verbes *finir* et *réfléchir* au passé composé.

Des verbes du 3e groupe : *partir, dire* et *prendre*

2 **a.** Alex **a pris** des friandises, il **a dit** merci, puis il **est parti**.
b. Aline **a pris** des friandises, elle **a dit** merci, puis elle **est partie**.

- Quel est l'infinitif de chaque verbe ? Leur groupe ?
- Avec quel auxiliaire le passé composé des verbes *prendre* et *dire* est-il formé ?
- Avec quel auxiliaire le passé composé du verbe *partir* est-il formé ?
- Dans la phrase **a**, comment se terminent les participes passés à l'oral ? À l'écrit ?
- Dans la phrase **b**, explique la présence de la lettre *e* à la fin de *partie*.
- Avec quel auxiliaire le passé composé du verbe *partir* est-il formé ?

Écris au passé composé.
Vous dites oui. – Je dis non. – Ils partent. – Elle part. –
Nous prenons l'avion. – Tu prends le train.

J'apprends

— Au **passé composé**, la plupart des verbes du **2e groupe** se conjuguent avec l'**auxiliaire avoir**.
Leur **participe passé** se termine par **i** : *j'ai grossi, le pull a rétréci.*

— Au passé composé, la terminaison des participes passés des verbes du 3e groupe **partir, dire, prendre** se prononce de la même façon mais s'écrit différemment :
je suis parti – j'ai pris – j'ai dit.

⚠ Le passé composé du verbe **partir** se forme avec l'**auxiliaire être**.
Le participe passé s'accorde en genre et en nombre avec le sujet.
Il est parti. – Ils sont partis. – Elle est partie. – Elles sont parties.

Je m'entraîne

1 * **Recopie ces phrases. Souligne les verbes. Écris leur infinitif et leur groupe.**

a. J'ai choisi le lieu de mes prochaines vacances.
b. Les feuilles ont jauni.
c. Vous avez pris le mauvais train.
d. Ils ont élargi la rue.
e. Les animaux sont partis vers la mare.

2 * **Récris ces phrases au passé composé.**

a. On bâtit des forteresses.
b. Tu finis ton travail.
c. Nous prenons un parapluie.
d. Vous dites des méchancetés.
e. Le maître punit le jeune garçon.

3 * **Recopie ces phrases. Complète le participe passé avec : *i* – *is* ou *it*.**

a. Le taxi a pr… la première rue à gauche.
b. Tu as pr… ton cartable.
c. Le médecin est déjà repart… .
d. J'ai d… au revoir à tout le monde.
e. Les nuages ont envah… le ciel.

4 * **Récris ces phrases avec les pronoms proposés.**

a. Il est parti vers le château. Elles … .
b. Elle est repartie aussitôt. Il … .
c. Elles sont parties en vacances. Ils … .
d. Ils sont partis en Espagne. Elle … .

5 ** **Récris ces phrases avec les sujets proposés.**

a. Les enfants ont appris leur leçon. L'enfant … .
b. Mon père est parti à la pêche. Mes frères … .
c. L'abricot a mûri. Les fruits … .
d. L'avion a atterri. Les avions … .
e. Ma sœur a dit des bêtises. Mes cousins … .

6 ** **Récris au passé composé à toutes les personnes.**

Elle prend son élan, bondit et franchit l'obstacle.

7 *** **Écris une phrase au passé composé avec chacun des verbes suivants :**
prendre – *obéir* – *dire* – *choisir* – *partir*.

Je lis

8 **Lis ce texte.**

Amédée Petitpotage est venu rendre visite à son ami Clodo à l'hôpital. Peu de temps après son arrivée, l'infirmière lui dit de repartir.

J'ai embrassé Clodo. J'en avais gros sur la patate. Il m'a fait un petit signe. Je suis sorti à reculons en agitant la main comme pour un train qui part. Je n'aime pas les trains qui partent avec les gens que j'aime. J'ai toujours peur de ne pas les revoir. Surtout les grands-parents.

« À bientôt », a dit Clodo.

Il souriait.

J'étais tout chose. Papa l'a vu. Il m'a pris par l'épaule. J'ai gardé le silence pour ne pas effacer l'image de mon ami dans ma tête.

Nous avons rejoint la voiture avec ma sœur et maman qui patientaient. […]

« Alors, a demandé maman, dans l'ensemble, tu as plutôt passé une bonne journée ? »

Jean-Loup Craipeau et Jean-François Martin,
Gare au carnage, Amédée Petitpotage !,
© Nathan, 1988.

a. Relève les verbes conjugués au passé composé.
b. Donne leur infinitif.

J'écris

9 **Raconte le numéro du clown. Utilise le passé composé et les verbes suivants :**
monter – *tomber* – *prendre* – *jouer* – *applaudir*.

Je comprends

Lis ces phrases et réponds aux questions.

Des verbes du 3e groupe : *vouloir, pouvoir, voir* et *venir*, et le verbe *avoir*

1 **a.** Vous **avez eu** une lunette, vous **avez pu** regarder le ciel et vous **avez vu** Mars.
b. J'**ai voulu** un vélo, mon frère **est venu** l'acheter avec moi.
c. J'**ai voulu** un vélo, mes frères **sont venus** l'acheter avec moi.

- Avec quel auxiliaire est formé le passé composé des verbes *avoir, pouvoir, voir* et *vouloir* ?
- Avec quel auxiliaire est formé le passé composé du verbe *venir* ?
- Comment se terminent les participes passés ?

Explique la présence du *s* à la fin de *venus*.

Récris au passé composé.
Tu as soif. – Ils veulent de la glace. – Je peux jouer. – Elle vient. – Nous voyons la mer.

Un verbe du 3e groupe : *faire*

2 Tu **as fait** des crêpes ; moi, j'**ai fait** des gaufres.

- Quel est l'infinitif du verbe ?
- Par quelle lettre que l'on ne prononce pas se termine le participe passé ?

Conjugue le verbe *faire* au passé composé à toutes les personnes.

J'apprends

— Au **passé composé**, les verbes **avoir**, **vouloir**, **pouvoir**, **voir**, **venir** ont leur participe passé qui se termine par **u** : *j'ai e**u** – il a voul**u** – tu as p**u** – nous avons v**u** – tu es ven**u**.*
⚠ Le passé composé du verbe **venir** se forme avec l'**auxiliaire être**.
*Il est venu. – Ils sont venu**s**. – Elle est venu**e**. – Elles sont venu**es**.*

— Au passé composé, le participe passé du verbe **faire** se termine par la lettre **t** qui ne se prononce pas : *j'ai fai**t**, il a fai**t**.*

CONJUGAISON

Je m'entraîne

1 * Recopie les phrases. Souligne les verbes conjugués. Écris leur infinitif.

a. Vous avez fait le tour du parc.
b. J'ai eu beaucoup d'ennuis.
c. Maman a pu aller travailler.
d. Nous avons vu beaucoup d'animaux.
e. Les musiciens ont voulu jouer à l'extérieur.
f. Elles sont venues au concert avec moi.

2 * Récris ces phrases au passé composé.

a. Le coiffeur veut friser mes cheveux.
b. Les clients peuvent goûter au fromage.
c. Nous faisons un métier difficile.
d. Tu vois les montagnes.
e. J'ai une bonne équipe.
f. On fait un gâteau.

3 * Recopie et complète chaque verbe au passé composé avec l'auxiliaire *avoir* ou *être*.

a. Léa et Tania ... revenues sur leurs pas.
b. Vous ... eu un petit frère.
c. Nous ... pu dégager la route.
d. Les pompiers ... intervenus immédiatement.
e. J'... fait une belle roulade.
f. La plante ... devenue très belle.

4 * Recopie et complète avec les pronoms : *Il – Elle – Ils* ou *Elles*.

a. ... est venue hier soir.
b. ... sont venus pour la première séance.
c. ... est venu juste après toi.
d. ... sont venues du Canada.
e. ... sont venus en bus.

5 ** Récris les phrases avec le verbe entre parenthèses conjugué au passé composé.

a. Tu *(voir)* des animaux sauvages.
b. Les oiseaux *(avoir)* peur.
c. On *(faire)* de la soupe.
d. Ce personnage *(dire)* la vérité.
e. J' *(vouloir)* aller dans le tunnel.
f. Anna *(pouvoir)* démêler ses cheveux.

6 * Récris ce texte en mettant au pluriel les groupes nominaux et les pronoms soulignés. Fais les transformations nécessaires.**

Dans le pré, l'enfant a vu une couleuvre. Elle est partie rapidement vers la rivière. Un peu plus loin, le jeune garçon est revenu sur ses pas pour suivre une sauterelle. Un papillon a pris son envol juste devant lui. Il a voulu l'attraper mais il n'a pas eu le temps.

Je lis

7 Lis ce texte.

C'est vraiment une terrible, horrible, affreuse, mauvaise journée.

On a eu des haricots rouges au dîner, et j'ai horreur de ça. Il y avait des gens qui s'embrassaient à la télé et j'ai horreur de ça. Mon bain était trop chaud, et je me suis mis du savon dans les yeux. J'ai oublié une bille dans la baignoire, et elle est partie dans le tuyau quand on a vidé l'eau. Il a fallu que je mette mon pyjama à petits trains, et j'ai horreur de ce pyjama à petits trains.

J. Viorst,
La terrible, horrible, affreuse, mauvaise journée d'Alexandre,
Astrapi n° 73, novembre 1981, © Bayard Presse.

a. Recopie les verbes conjugués au passé composé.
b. Indique si le passé composé est formé avec l'auxiliaire *être* ou *avoir*.

J'écris

8 Observe les dessins. Raconte cette mauvaise journée. Écris ton texte au passé composé à la 1re ou à la 3e personne.

L'imparfait et le passé composé

Je me souviens

— L'**imparfait de l'indicatif** et le **passé composé** sont des temps du **passé**.
*Hier, le soleil **était** chaud ; nous **avons mangé** des glaces.*

— À l'**imparfait**, le radical du verbe est le même à toutes les personnes.
Les **terminaisons** sont les mêmes pour tous les verbes :

je	-**ais**	nous	-**ions**
tu	-**ais**	vous	-**iez**
il/elle/on	-**ait**	ils/elles	-**aient**

— Le **passé composé** est formé de l'**auxiliaire avoir** ou **être** au présent et du **participe passé** du verbe conjugué :
*j'ai chant**é** – il a bond**i** – elle est part**ie** – nous avons pr**is** – vous avez v**u** – ils ont d**it**.*

⚠ Quand le passé composé est formé avec l'**auxiliaire être**, le **participe passé s'accorde** avec le sujet :
*elle **est** rest**ée** – elles **sont** all**ées** – ils sont ven**us**.*

Je m'exerce

1 * Trouve l'infinitif de chaque verbe. Indique à quel temps du passé il est conjugué.

a. Nous avons désigné un vainqueur.
b. Vous preniez souvent une douche.
c. Le soleil brillait.
d. Ses parents voulaient un autre enfant.
e. J'ai rêvé d'une promenade en mer.
f. Ils ont pris le chemin le plus court.

2 * Recopie et complète avec le groupe nominal sujet qui convient. Entoure la terminaison du verbe. Écris son infinitif.

Adrien et Corentin – Adrien – Le mécanicien – Les mécaniciens – Les deux joueurs – Le joueur

a. … réparaient la voiture.
b. … réparait la voiture.
c. … lançait adroitement le ballon.
d. … lançaient adroitement le ballon.
e. … finissaient un travail.
f. … finissait un travail.

3 * Indique si le verbe souligné est conjugué à l'imparfait ou au présent.

a. Vous annoncez une bonne nouvelle.
b. Nous voulions rester au lit plus longtemps.
c. Vous caressiez souvent le chat.
d. Vous pouvez sortir.
e. Nous avions du travail en retard.
f. Vous criez trop fort.

4 * Recopie le tableau. Puis classe les verbes dans la colonne qui convient.

Verbe conjugué avec :	
l'auxiliaire *être*	l'auxiliaire *avoir*

a. Ils ont compté les points.
b. Tu es arrivée bien avant les autres.
c. Tu as franchi la ligne d'arrivée.
d. Les avions sont restés dans le hangar.
e. Elles sont parties ensemble.

5 ** **Recopie et complète chaque verbe au passé composé avec l'auxiliaire *être* ou *avoir*.**

a. Les élèves … été à l'heure pour la visite.
b. Tu … eu dix ans il y a trois jours.
c. Ils … allés au Portugal.
d. Elles … fait de beaux bouquets.
e. J'… obéi à la maîtresse.
f. Nous … rentrés en voiture.

6 ** **Écris le verbe à l'imparfait puis au passé composé avec le sujet proposé.**

a. *(fleurir)* Elle …
b. *(revenir)* Les hirondelles …
c. *(voir)* Je (J') …
d. *(être)* Nous …
e. *(avancer)* Tu …
f. *(plonger)* L'homme …

7 ** **Récris chaque phrase à l'imparfait.**

a. Les voitures ont reculé.
b. La souris mangera le fromage.
c. Tu as rempli ton arrosoir.
d. Nous annonçons une bonne nouvelle.
e. Vous avez acheté du saucisson.
f. Je bouge sans arrêt.
g. Tu traces bien tes lettres.

8 ** **Récris la phrase avec le verbe entre parenthèses conjugué au temps proposé.**

a. *imparfait* – Il *(avoir)* cinq ans.
b. *passé composé* – Nous *(être)* malades.
c. *passé composé* – Les femmes *(aller)* au lavoir.
d. *imparfait* – On *(faire)* de la luge.
e. *imparfait* – Tu *(inventer)* de nouveaux jeux.
f. *passé composé* – La taupe *(creuser)* des trous dans le jardin.

9 *** **Récris le texte en utilisant l'imparfait. Commence ton texte par :** *Au 19e siècle,…*

Les paysans n'utilisent pas de machines, ils font le travail à la main. Ils coupent le blé à la faux. Ils partent tôt le matin dans les champs et reviennent tard le soir. Ils emportent un panier avec leur repas et ils mangent sur place. Ils ont des chevaux pour tirer les charrettes de blé.

10 *** **Recopie les phrases et complète les participes passés.**

a. Les enfants ont coup… le gâteau.
b. Tu as appr… tes leçons.
c. Les glaçons ont refroid… le jus d'orange.
d. Vous avez v… une méduse.
e. Les loups sont part… dans la forêt.

11 *** **Recopie le tableau. Puis complète chaque colonne avec un verbe conjugué qui convient.**

participe passé en ***-é***	participe passé en ***-i***	participe passé en ***-is***

participe passé en ***-it***	participe passé en ***-u***	participe passé en ***-t***

12 *** **Recopie et complète chaque phrase avec un ou des verbes de ton choix au passé composé ou à l'imparfait.**

a. Le soir, les bateaux … .
b. Un jour, une princesse … .
c. L'an passé, tu … .
d. Avant, mon frère … .
e. Hier, on … .

13 *** **Récris le texte en utilisant le passé composé.**

En 2001, le Norvégien Borge Ousland part seul en Russie. Il traverse la région polaire jusqu'au Canada. Il voyage à pied, à ski et parfois à la nage. Il fait presque 2 000 kilomètres par un froid intense.
En 2003, Jean-Louis Étienne va au Pôle Nord, il pose des sondes pour mesurer la température sur la glace.

14 *** **Récris le texte en utilisant l'imparfait et le passé composé. Commence le texte par :** *Hier,…*

Je vais au stade. Le temps est beau. Mes camarades arrivent en même temps que moi. Nous faisons des exercices d'échauffement. Ensuite, nous prenons la perche et nous sautons de nombreuses fois. Le soir, nous sommes fatigués.

Le verbe, l'infinitif, les groupes

1 **Recopie les verbes. Écris s'ils sont conjugués au présent, au passé ou au futur.**

a. Le garçon trouvera des escargots.
b. Ma grand-mère imaginait de belles histoires.
c. L'écrivain a terminé son livre.
d. Je possède une console.
e. Tu diras la vérité.
f. Vous aimez les voyages.

2 **Recopie chaque phrase en la complétant avec le pronom personnel qui convient :** *tu*, *nous*, *vous*, *il*, *elle*, *ils* **ou** *elles*.

a. Mes deux frères ont un problème à résoudre ; ... cherchent la solution.
b. Ma sœur et moi, ... avons peur du noir.
c. Alexia cueille des roses ; ... sont à peine ouvertes.
d. Je demande à Samia : « As-... regardé la télévision, hier ? »
e. Le renard repère une proie ; ... fonce sur elle.
f. Tu es avec tes copains ; ensemble, ... jouez à un jeu vidéo.
g. Lise a un bébé ; ... lui apprend à marcher.

3 **Remplace chaque groupe de mots souligné par le pronom qui convient :** *il*, *ils*, *elle* **ou** *elles*.

a. <u>Nos nouveaux voisins</u> viennent de Bretagne.
b. <u>La baguette de pain</u> est trop cuite.
c. <u>Sarah et sa sœur</u> voyagent ensemble.
d. <u>Les pompiers</u> maîtrisent l'incendie.
e. <u>L'hélicoptère</u> décolle.
f. <u>Les étoiles</u> brillent dans la nuit.

4 **Recopie le tableau. Écris le verbe conjugué de chaque phrase dans la colonne qui convient.**

	1re personne	2e personne	3e personne
singulier			
pluriel			

a. Tu adores les histoires fantastiques.
b. Je mange un fruit.
c. Les nuages cachent le soleil.
d. Ma tante revient de Russie.
e. Nous prenons le train.
f. Vous écrivez trop vite.

5 **Recopie les verbes et écris leur infinitif.**

a. Tu reviens de la piscine.
b. Vous faites des acrobaties.
c. Les promeneurs flânent sur le port.
d. Nous sommes juste derrière vous.
e. Alex a un stylo plume.
f. Les incendies sont fréquents en été.

6 **Recopie le tableau. Écris le verbe conjugué de chaque phrase dans la colonne qui convient.**

verbe du 1er groupe	verbe du 2e groupe	verbe du 3e groupe	verbe *être*

a. L'eau devient rare dans ce pays désertique.
b. Le petit train à vapeur traverse plusieurs villages.
c. Les crocus fleurissent à la fin de l'hiver.
d. Le vent est glacial.
e. Les bateaux rentrent au port.
f. Nous partons avec regret.

7 **Indique quel verbe est conjugué :** *être*, *avoir* **ou** *aller*.

a. Elles sont gentilles.
b. Ils ont des rollers tout neufs.
c. Ils vont au judo.
d. Tu as envie d'une glace.
e. Tu es sportive.
f. Tu vas chez ton cousin.

8 **Recopie la grille. Complète-la avec les verbes conjugués que tu mettras à l'infinitif.**

Pierre fait des bêtises.
Je vais dans un refuge de montagne.
Tu racontes une histoire.
Le dessin animé est très drôle.
Nous avançons dans le brouillard.
Vous entrez dans la banque.

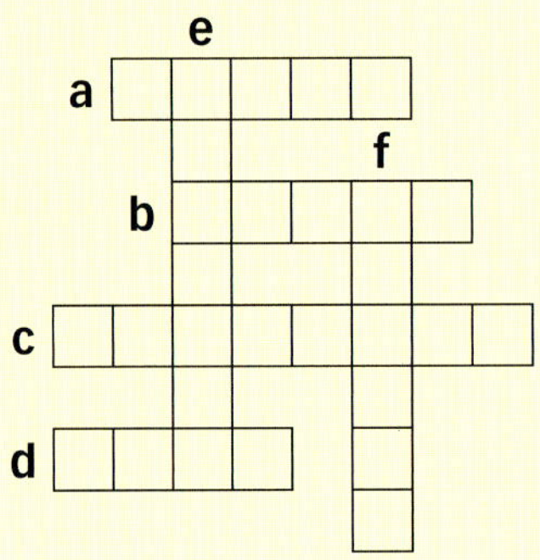

Le présent

9 **Recopie les phrases qui sont au présent. Souligne les verbes et écris leur infinitif.**

a. Nous partirons la semaine prochaine.
b. Le chauffeur de taxi a une voiture grise.
c. L'animal est prisonnier.
d. L'automne approchait.
e. Le carburant est devenu plus cher.
f. Vous rangez les valises au grenier.

10 **Récris les phrases au présent.**

a. Je prendrai des médicaments.
b. Le médecin a soigné ma sœur.
c. Nous avons changé de direction.
d. Tu admirais les sculptures.
e. Nous enfoncerons un clou dans le mur.
f. Emelyne a brossé ses longs cheveux.

11 **Recopie et complète chaque phrase avec *vont*, *sont* ou *ont*.**

a. Tous les ans, ils … faire du ski.
b. Elles … contentes d'aller au collège.
c. Elles … souvent raison !
d. Elles … à l'école en tramway.
e. Ils … heureux.
f. Ils … un vélo neuf.

12 **Complète chaque phrase avec un groupe nominal sujet qui convient.**

a. … peut détruire la forêt.
b. … disent toujours bonjour.
c. … oublient leurs clés.
d. … taille un rosier.
e. … ont un long cou.
f. … poussent dans les pays chauds.

13 **Écris les phrases avec le verbe entre parenthèses au présent.**

a. Le gagnant … la coupe. *(prendre)*
b. Nous … les piles du poste de radio. *(remplacer)*
c. Tu … une cravate à pois. *(vouloir)*
d. Je … mon examen. *(réussir)*
e. Vous … peureux. *(être)*
f. Les spectateurs … les chevaux s'entraîner. *(voir)*

14 **Récris chaque phrase au présent avec le sujet proposé.**

a. Ma sœur traverse la route avec prudence. Mes sœurs … .
b. Ces fruits sont trop mûrs. Ce fruit … .
c. Les cyclistes partent à l'heure. Le cycliste … .
d. Je vois le feu d'artifice de ma fenêtre. Nous … .
e. Vous allez au parc. Tu … .
f. Tu manges la moitié de la pomme. Vous … .

15 **Écris une phrase au présent avec chaque verbe.**

remplir – devenir – réfléchir – partir – aller – habiter.

16 **Réponds aux questions en utilisant le verbe *être*, *avoir* ou *aller*.**

Où vas-tu ce soir ? – Les cerises sont-elles mûres ? – Avez-vous un vélo ? – Sommes-nous en retard ? – Quel âge as-tu ? – Es-tu contente de me voir ?

17 **Recopie le tableau. Complète-le avec les verbes suivants que tu conjugueras au présent :**

grandir – sonner – plonger – comprendre.

	1re personne	2e personne	3e personne
singulier			
pluriel			

18 **Écris chaque phrase avec un verbe conjugué au présent.**

a. Elles … le hamster. *(verbe du 2e groupe)*
b. Nous … les œufs avec la farine. *(verbe du 1er groupe)*
c. J' … un poème par cœur. *(verbe du 3e groupe)*
d. Vous … de peur. *(verbe du 1er groupe)*
e. Nous … vers l'arrivée. *(verbe du 1er groupe)*
f. On … un verre d'eau. *(verbe du 3e groupe)*

19 **Récris le texte en remplaçant *je (j')* par *nous*.**

J'arrive dans ma nouvelle école. Je suis dans la classe de la directrice. Je vais à ma place en silence et je déballe mes affaires. J'ai des crayons et des cahiers mais je n'ai pas encore mes livres.

20 **Récris le texte en remplaçant** *les deux enfants* **par** *tu* **puis par** *l'enfant*.

C'est la nuit. Les deux enfants sont dans leur lit. Brusquement, un coup de tonnerre retentit. Ils poussent un cri. Ils ont peur. Vite, ils vont dans la chambre de leurs parents.

Le futur

21 **Recopie les phrases qui sont au futur. Souligne les verbes et écris leur infinitif.**

a. La voiture klaxonnera devant le portail.
b. L'avion est passé derrière un nuage.
c. Le chien bondira sur la balle.
d. Le château domine la vallée.
e. La plage sera déserte en hiver.
f. Tu gagneras la partie.

22 **Recopie le verbe de chaque phrase. Souligne le radical, entoure la terminaison.**

a. Il chantera encore faux.
b. Vous rougirez jusqu'aux oreilles.
c. Nous sauterons de joie.
d. La voiture ralentira.
e. De gros nuages noirciront le ciel.
f. Je pratiquerai un sport non violent.

23 **Récris chaque phrase à la personne du pluriel correspondante.**

a. Il arrachera l'herbe dans le jardin.
b. J'aurai soif.
c. Tu seras au concert dimanche soir.
d. Elle saisira le ballon.
e. Je ferai des travaux dans la maison.
f. Il prendra l'avion demain.

24 **Récris chaque phrase à la personne du singulier correspondante.**

a. Les voyageurs feront les cent pas sur le quai.
b. Vous collectionnerez les boîtes de fromage.
c. Nous froncerons les sourcils.
d. Nous pourrons entrer en classe.
e. Les papillons viendront sur les fleurs.
f. Vous gênerez tout le monde.

25 **Écris les phrases avec le verbe entre parenthèses au futur.**

a. Sa nouvelle voiture … rapide. *(être)*
b. Vous … l'avion décoller. *(voir)*
c. Je … lire ce petit roman samedi. *(pouvoir)*
d. Tu … merci à tout le monde. *(dire)*
e. Les médecins … l'enfant blessé. *(sauver)*
f. Nous n'… pas ton anniversaire. *(oublier)*

26 **Récris chaque phrase au futur avec le pronom proposé.**

a. Vous abandonnerez la partie. J' … .
b. Ils auront de la chance. Nous … .
c. Lise jouera du piano. Tu … .
d. Je serai dans le fond de la salle. Vous … .
e. Nous partirons rapidement. Ils … .
f. Tu iras bientôt mieux. Elle … .

27 **Récris cette phrase au futur à toutes les personnes.**

Je joue sur la pelouse mouillée, je ne fais pas attention et je salis mon pantalon.

28 **Recopie le tableau et complète-le.**

infinitif	personne	présent	futur
dire	2e personne du pluriel		
faire	2e personne du pluriel		
être	2e personne du pluriel		
voir	2e personne du pluriel		

29 **Récris les phrases en remplaçant chaque verbe par un verbe de même sens choisi parmi ceux proposés** : *adorer – faire – égarer – avaler – continuer – aller*.

a. Elles poursuivront leur travail.
b. Vous perdrez encore vos clés.
c. Nous nous rendrons au commissariat.
d. J'aimerai faire du cheval.
e. On boira un grand verre d'eau.
f. Tu fabriqueras un pantin.

30 **Récris le texte au futur.**

Le soleil brille sur toute la France. Les températures sont élevées. Un vent léger rafraîchit le nord du pays dans la soirée. Quelques gouttes de pluie tombent même dans la nuit. Dans le sud, le temps chaud continue.

L'imparfait

31 Recopie les phrases qui sont à l'imparfait. Souligne les verbes et écris leur infinitif.

a. Le clown finissait de se maquiller.
b. Nous irons jusqu'à la frontière.
c. La coiffeuse coupait toujours mes cheveux trop courts.
d. Vous irez au marché.
e. Vous cassiez souvent quelque chose.
f. La chèvre sautait par-dessus les ruisseaux.

32 Récris les phrases à l'imparfait.

a. Tu vois la voiture arriver sur toi.
b. Je range ma chambre.
c. Nous habitons un immeuble en banlieue.
d. Vous maigrissez beaucoup.
e. Louis fera de la peinture.
f. Tu es reparti sans ton chien.

33 Écris chaque phrase avec un verbe du 2e groupe conjugué à l'imparfait.

a. Les fruits … sous le soleil.
b. Tu … ton seau avec de l'eau de mer.
c. Les maçons … un immeuble.
d. Elles … la poire plutôt que la pomme.
e. Je … le château de sable.
f. Vous … toujours votre travail avant les autres.

34 Recopie et complète chaque phrase avec le pronom qui convient : *je – tu – on – il – elles – nous* **ou** *vous*.
Tu dois changer de pronom à chaque fois.

a. … allait à Paris pour travailler.
b. … réconfortais le blessé.
c. … faisaient de belles aquarelles.
d. … coupais la viande en fines tranches.
e. … avait toujours trop chaud.
f. … voulions faire l'ascension du mont Blanc.
g. … disiez la vérité.

35 Écris les phrases avec le verbe entre parenthèses à l'imparfait.

a. La fillette … en tête de la course. *(être)*
b. Vous … la date sur le cahier tous les jours. *(copier)*
c. Tu … un costume noir. *(avoir)*
d. Tu … toujours des exploits. *(accomplir)*
e. Mes sœurs … au cinéma toutes les semaines. *(aller)*
f. Nous … l'école de notre jardin. *(voir)*

36 Récris chaque phrase à l'imparfait avec le sujet proposé.

a. Elles faisaient le voyage avec nous. Elle … .
b. On pouvait faire de l'escalade. Je … .
c. Ce jour-là, je partais en avance. Vous … .
d. Avec le brouillard, tu voyais à peine l'église. Nous … .
e. À l'école, nous préparions un spectacle. Tu … .
f. Les enfants prenaient froid en attendant le bus. Vous … .

37 Écris une phrase avec chacun des verbes suivants conjugués à l'imparfait.

marcher – protéger – venir – recommencer – bondir

38 Recopie le tableau. Écris chaque verbe conjugué avec son sujet dans la colonne qui convient. Écris ensuite l'infinitif de chaque verbe.

verbe *avoir*	verbe du 1er groupe	verbe du 2e groupe	verbe du 3e groupe

a. J'aimais beaucoup les caramels mous.
b. Nous voulions un gros camion de pompiers rouge.
c. Vous rouliez beaucoup trop vite.
d. Tu avais horreur des bananes.
e. J'allais souvent voir les chatons dans la grange.
f. Il désobéissait à ses parents.

39 Écris chaque phrase avec les verbes proposés conjugués à l'imparfait.

a. ***être – pleurer.*** Quand j'… petit, je … dans le noir.
b. ***avoir – vouloir.*** Quand nous … un an, nous ne … pas rester au parc.
c. ***aller – prendre.*** Quand vous … à l'école maternelle, vous … un doudou pour la sieste.

40 Récris le texte à l'imparfait en commençant par : *Autrefrois,...*

Nous faisons nos devoirs, nous apprenons nos leçons. Puis nous pouvons jouer un peu dehors. Ensuite, nous lavons nos mains et nous mangeons. Après le repas, nous allons tout de suite dans notre chambre, il n'y a pas de télévision.

41 Récris le texte à l'imparfait.

Quand tu fais le grand nettoyage, tu vides toute la pièce. Tu prends les fauteuils et tu vas les mettre dehors. Tu as besoin de moi pour soulever la table. Ensuite, tu passes l'aspirateur. Tu remplis un seau d'eau chaude et tu laves le carrelage. Souvent, tu n'es pas de bonne humeur.

Le passé composé

42 Recopie chaque verbe avec son sujet dans la colonne du tableau qui convient.

présent	futur	passé composé	imparfait

a. L'homme est tombé de l'échelle.
b. Le renard guette les poules.
c. Le chat a miaulé.
d. J'expédierai cette lettre plus tard.
e. Vous allez au même endroit que nous.
f. Tu demandais de l'aide à ton voisin.

43 Recopie chaque phrase. Souligne le verbe conjugué et écris son infinitif.

a. Nous sommes arrivés au début du match de tennis.
b. J'ai observé longuement le ciel.
c. Tu es allée à la garderie.
d. La maîtresse a puni les enfants impolis.
e. Ce coureur a été le dernier de la course.
f. Vous avez vu ma nouvelle robe ?

44 Recopie le verbe au passé composé. Souligne l'auxiliaire et donne l'infinitif de l'auxiliaire.

a. J'ai pris rendez-vous chez le dentiste.
b. Vous avez vu votre artiste préférée en concert.
c. Tu es resté trop longtemps auprès du malade.
d. Mon cousin a fait ses premiers pas ce matin.
e. Ils sont revenus tout sales.
f. Ils ont enchanté le public.

45 Recopie les phrases en complétant le participe passé avec *é*, *ée*, *és* ou *ées*.

a. Ma chienne est rest... toute seule à la maison.
b. Ces deux femmes sont all... dans l'espace.
c. Les singes sont tomb... dans un piège.
d. La fillette a oubli... ses lunettes.
e. Les hommes ont chass... le sanglier.

46 Écris les phrases avec le verbe entre parenthèses au passé composé.

a. Tu ... la maison pour ton anniversaire. *(fleurir)*
b. J' ... un bain. *(prendre)*
c. Vous ... plusieurs mensonges. *(dire)*
d. Le cheval ... la course d'obstacles. *(réussir)*
e. Elles ... dans un pays froid. *(partir)*
f. Nous ... à la fin du spectacle. *(applaudir)*

47 Récris chaque phrase au passé composé avec le pronom proposé.

a. Vous avez fait un puzzle. Nous ... .
b. Il est arrivé sur le lieu de l'accident. Elles ... .
c. Les touristes ont eu très peur. Nous ... .
d. Ce garagiste a réparé notre voiture. Vous ... .
e. Les oiseaux sont tombés du nid. L'hirondelle ... .
f. J'ai préparé du chocolat chaud. Elle ... .

48 Écris chaque phrase avec le premier verbe à l'imparfait et le deuxième au passé composé.

a. ***briller – envahir.*** Le soleil ... quand, tout à coup, des nuages ... le ciel.
b. ***marcher – passer.*** Je ... tranquillement dans le bois quand, tout à coup, une biche ... devant moi.
c. ***rouler – tomber.*** Le camion ... sur l'autoroute quand, brusquement, des plaques de plâtre ... de la remorque.

49 Récris le texte en parlant seulement de Vanessa.

Élise et Vanessa sont allées à la foire. Elles sont montées dans les avions. Elles ont eu un peu mal au cœur. Elles ont pris le train fantôme et sont passées parmi des monstres et des sorcières. Elles sont revenues chez elle pour le goûter.

ORTHOGRAPHE

Je comprends

 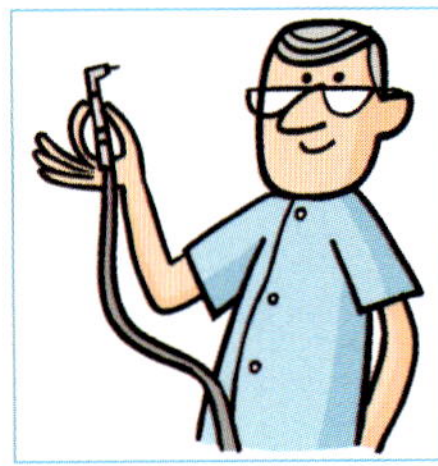  

Trouve le mot correspondant à chaque dessin.
Quel est le son commun à tous les mots ?

Lis ces mots et réponds aux questions.

Quelle aide apporte la partie commune ?

1 **a.** une plante – un plantoir – planter – une plantation – un planteur
b. une dent – un dentiste – la dentelle – le dentifrice – édenté

- Repère la partie commune aux mots de la même famille dans la liste **a** et dans la liste **b**.
- Que remarques-tu pour l'écriture de ces mots ?

Complète les mots suivants qui appartiennent à la famille de *vendre*.
un v…deur – une v…te – une v…deuse – c'est inv…dable.

Quelle aide pour choisir l'écriture d'un son ?

2 **a.** du l**ai**t – l**ai**teux – un l**ai**tage – un l**ai**tier – all**ai**ter – un all**ai**tement
b. la n**ei**ge – n**ei**geux – n**ei**ger – enn**ei**ger – un enn**ei**gement

- Pourquoi le son [ɛ] s'écrit-il de la même façon dans tous les mots de la liste **a** ? De la liste **b** ?

Complète les mots suivants qui appartiennent à la famille de *maigrir*.
il est m…gre – la m…greur – un am…grissement.

Quelle lettre muette à la fin d'un mot ?

3 un plateau → un plat – une grosseur → gros – un sportif → un sport

- Relève les lettres qui ne se prononcent pas à la fin de certains mots.
- Quelle aide a-t-on pour trouver la lettre finale qui ne se prononce pas ?

Cherche un mot de la même famille que les mots proposés.
Complète les mots avec la lettre finale muette qui convient.
un écla… – un tapi… – lour… .

J'apprends

- Dans une famille de mots, **la partie commune** à tous les mots **ne change pas**.

chant	**vent**
chanter	é**vent**ail
chanteur	é**vent**er
chantonner	**vent**ilateur

- **Un son s'écrit toujours de la même façon** dans les mots d'une même famille : *du l**ai**t → un l**ai**tier, un l**ai**tage ; la n**ei**ge → enn**ei**ger, n**ei**geux.*
- On peut souvent trouver la **lettre finale muette** d'un mot en cherchant un mot de la même famille : *le repo**s** → repo**s**er.*

Je m'entraîne

1 * **Recopie chaque liste. Entoure la partie commune à tous les mots de la même famille.**

a. peindre – un peintre – la peinture – repeindre
b. en haut – une hauteur – haute – rehausser
c. blanc – blanche – blanchir – un blanchisseur

2 * **Recopie l'intrus qui s'est glissé dans chaque famille de mots.**

a. chanter – un chant – un chanteur – un champ
b. un trot – un trotteur – trop – trotter
c. le potier – le pot – la peau – la poterie

3 ** **Observe l'orthographe du premier mot de chaque liste. Recopie et complète les mots de la même famille.**

a. **un sauteur** → un s...t – un s...toir – un ass...t
b. **la laideur** → il est l...d – enl...dir – un l...deron
c. **une terre** → un te...ier – déte...er – une te...asse

4 ** **Recopie et complète les phrases.**

a. La personne qui dompte les animaux est un ... .
b. Un villageois habite dans un ... .
c. Le ... est un produit qui sert à nettoyer les dents.

5 *** **Trouve les lettres muettes à la fin des mots. Aide-toi en cherchant des mots de la même famille. Recopie les groupes nominaux.**

le pay... de mon enfance – le trico... de mamie – le marchan... de légumes – le sapin ver... .

6 **Recopie et complète chaque liste de mots. Quelle liste peux-tu écrire sans te tromper si tu connais les mots :** *maîtresse – blanc – chaud* **? Qu'est-ce qui t'aide à écrire les mots de l'autre liste ?**

a. m...triser – la bl...cheur – ch...dement.
b. un frui... – un bra... – un toi... – le nor... .

J'écris

7 **Écris des phrases complètes en reconstituant chacun de ces mots.**

t r e o i a s u f
s q q e u e u f l o i

a. ..., on s'éclairait avec des bougies.
b. Il faut ... demander des explications.

Choisis un de ces mots et invente une phrase.

ORTHOGRAPHE

Je comprends

A 

B 

Nomme les dessins du cadre **a** et du cadre **b**. Que remarques-tu ?

Lis ces mots et réponds aux questions.

Qu'est-ce que des homophones ?

1 **a.** La femelle du sanglier s'appelle la **laie**. – Les vaches donnent du bon **lait**.
b. Je joue un **do** sur ma guitare. – Mon frère a mal au **dos**.

- Comment se prononcent les mots en gras dans le groupe de phrases **a** ? Comment s'écrivent-ils ? Ont-ils le même sens ?
- Comment se prononcent les mots en gras dans le groupe de phrases **b** ? Comment s'écrivent-ils ? Ont-ils le même sens ?

Complète les phrases avec *do* ou *dos*.
Il ne faut pas porter de choses trop lourdes car le … est fragile.
Le … est une note de musique.

Les noms homophones sont-ils toujours de la même nature : nom, verbe, déterminant, adjectif… ?

2 **a.** Le **coin** de la table est pointu. – Le **coing** est un fruit jaune.
b. Le **pouce** est un doigt de la main. – Luc **pousse** le landau de sa sœur.

- Quelle est la nature des mots en gras dans le groupe de phrases **a** ? Dans le groupe de phrases **b** ?
- Les mots en gras des phrases **a**, puis des phrases **b** ont-ils la même écriture ?

Complète les phrases avec les mots en gras de la liste *b*.
Le passager … la voiture en panne. – Je me suis pincé le … dans la porte.

Les noms homophones sont-ils toujours du même genre ?

3 **a.** La **date** de Noël ne change jamais. – La **datte** est un fruit délicieux.
b. Le **bout** de la corde a brûlé. – Le jardinier retire la **boue** sur ses bottes.

- Quel est le genre des mots en gras dans le groupe de phrases **a** ? Ont-ils la même écriture ?
- Quel est le genre des mots en gras dans le groupe de phrases **b** ? Ont-ils la même écriture ?

Complète les phrases avec *Le père* ou *La paire*.
… de chaussettes du bébé est toute petite. – … de ma mère est mon grand-père.

ORTHOGRAPHE

J'apprends

— Les **homophones** sont des mots :

un **pin** 

- qui se **prononcent** de la même façon ;
- qui ont des **sens différents** ;
- qui ne **s'écrivent** pas toujours de la même façon.

 *un* **pain**

— Les mots homophones peuvent être :

de **même nature** : *un port/le porc*
nom nom

ou de **nature différente** : *un pouce/il pousse.*
nom verbe

du **même genre** : ***un** pain/**un** pin*
masculin masculin

ou de **genre différent** : ***un** bal/**une** balle*
masculin féminin

Je m'entraîne

1 * **Recopie chaque phrase en faisant précéder le nom en gras de l'article *un* ou *une*.**

a. On joue au cricket avec ... **balle**.
... **bal** a lieu chaque année au château.

b. Les cyclistes passent ... **col** en haute montagne.
Il faut ... **colle** forte pour fixer deux morceaux de bois.

2 * **Recopie ensemble chaque définition et le nom qui correspond. Écris en vert l'homophone du nom et indique son sens.**

définitions	
a. une boisson faite à partir du raisin	**1.** le verre/le ver
b. un petit animal qui vit dans la terre	**2.** vingt/le vin
c. un animal de la ferme	**3.** le poing/le point
d. la main fermée	**4.** le port/le porc

3 * **Écris les homophones correspondant aux dessins. Aide-toi du dictionnaire.**

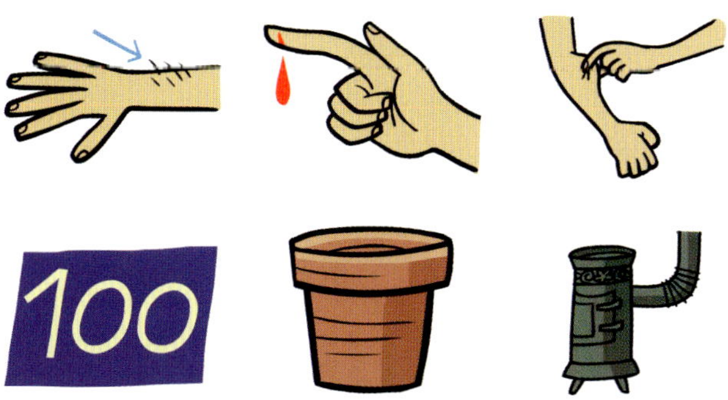

4 ** **Recopie et complète chaque phrase avec l'homophone qui convient. Aide-toi des phrases exemples :**
*Le **maire** de la ville est élu. – La **mère** couche ses enfants. – Nous irons au bord de la **mer**.*

a. En bateau, certaines personnes ont le mal de ... .

b. Chaque ville a un ... .

c. Ma ... nous racontait des histoires quand nous étions petits.

5 *** **Trouve les homophones correspondant aux définitions. Aide-toi du dictionnaire.**

a. C'est le contraire de bien : ... .
Chez les animaux, on parle de la femelle et du ... .

b. C'est un aliment fait avec de la farine : le ... .
Ce que fait un peintre : il ... .

6 *** **Écris chaque homophone avec un déterminant ou un pronom qui convient.**

... pin / ... peint – ... filet / ... filait –
... loup / ... loue – ... riz / ... rit –
... rang / ... rend – ... pli / ... plie.

J'écris

7 **Écris une phrase avec chaque homophone.**

un coq – une coque.

Les sons [o] de *vélo* et [ɔ] de *bol*

Je comprends

Observe les dessins. Trouve les mots contenant le son [o] et le son [ɔ].

Lis ces mots et réponds aux questions.

Comment écrit-on le son [o] ?

1 un mot – trop – sauvage – un numéro – un tableau – un vélo – aussi – une faute – un cadeau – grossir

- Relève les différentes écritures du son [o].
- Y a-t-il une écriture plus fréquente ?

Recopie les mots suivants et entoure les lettres qui forment le son [o].
un chameau – un lavabo – un vautour – le chauffage.

Comment écrit-on le son [ɔ] ?

2 **a.** une bordure – porter – une corde – une école – un soldat – voltiger – un postier – un costume
b. une sonnette – un bonnet – un pommier – la colle – une culotte

- Quel est le son commun aux mots des listes **a** et **b** ? Comment s'écrit-il ?
- Dans chaque mot de la liste **a**, relève la lettre qui suit le son [ɔ] dans la même syllabe. De quelle sorte de lettre s'agit-il à chaque fois ?
- Dans chaque mot de la liste **b**, relève les deux lettres qui suivent le son [ɔ]. Que remarques-tu ?

Classe les mots suivants en deux colonnes : *son [o] et son [ɔ].*
un bibelot – un torchon – un col – un ruisseau – une sortie – un vélo.

Comment écrit-on le son [o] en fin de mot ?

3 **a.** un manteau – un gâteau – un rouleau – un panneau – un chameau
b. un galop (galoper) – un trot (trotter) – un repos (se reposer) – haut (la hauteur)

- Comment s'écrit le son [o] à la fin des mots dans la liste **a** ? Dans la liste **b** ?
- Quelle aide apporte un mot de la même famille pour trouver la lettre muette finale dans la liste **b**?

Complète ces mots avec la lettre muette qui convient après le son [o] à la fin des mots. un po… – un rabo… – il est gr… .

J'apprends

– Le son [o] s'écrit :

o	au	eau
un vélo	*une épaule*	*un marteau*

⚠ *un côté – un rôti – un hôtel.*

– Le son [ɔ] s'écrit toujours **o**.

Il est suivi d'une consonne dans la même syllabe ou d'une consonne double.

o → r : *une porte* ; l : *un col* ; s : *un os*

o → mm : *une somme* ; ll : *une colle*

– Le son [o] s'écrit souvent **eau** à la fin des noms : *un bateau* – *un couteau*.

– Certains mots qui se terminent par le son [o] s'écrivent avec une lettre finale muette. Un mot de la même famille peut aider à la trouver.

*un galo**p**/galo**p**er – chau**d**/chau**d**e.*

Je m'entraîne

1 * Recopie les mots dans lesquels tu entends [o] ou [ɔ]. Entoure la ou les lettres qui forment le son.

des chevaux – douze – un moteur – une ronde – le métro – une poire – un manteau – pointu – un dossier – un rocher – un mouton – un docteur.

2 * Trouve l'intrus de chaque liste. Écris-le.

a. un bureau – un carreau – un numéro – un veau
b. une autruche – autrefois – une otarie
c. un rosier – un rocher – un rôle – un robinet

3 ** Associe les mots de la même famille des deux listes. Entoure la lettre finale muette qui suit le son [o].

a. un galop – chaud – un saut – un lot
b. la loterie – sauter – galoper – une chaudière

4 * Recopie les phrases en complétant les mots avec *au* ou *eau*.**

a. Mes nouvelles ch...ssures me font mal.
b. Le cuisinier utilise plusieurs cout...x.
c. Samira écrit de la main g...che.

5 Recopie et complète chaque liste de mots. Lesquelles peux-tu écrire sans te tromper ? Pourquoi ? Apprends l'autre par cœur.

a. un f...teuil – une ch...ssure – un ch...ffage – un v...leur.
b. une s...rtie – le s...lfège – un c...stume.
c. c'est hau... – il est gro... – c'est chau... .

J'écris

6 Écris des phrases en reconstituant chacun de ces mots.

l r s a o
a u o b u p e c
r o p t

a. À la montagne, il y a ... de neige en hiver.
b. Il fait chaud, ... nous irons à la piscine.
c. Marie s'est réveillée ... tôt ce matin.

Choisis un de ces mots et invente une phrase.

ORTHOGRAPHE

Je comprends

Observe le dessin. Trouve des mots contenant le son [k].

Lis ces mots et réponds aux questions.

Comment écrit-on le son [k] ?

1 un coude – un calcul – fabriquer – une chorale – un képi – accourir – une remarque – une dictée – une écurie – une barque – un chacal – risquer – un avocat – un liquide – un chèque – une plaque

- Relève les différentes écritures du son [k].
- Quelles écritures sont les plus fréquentes ?

Classe les mots de la première ligne de l'encadré bleu en cinq colonnes selon l'écriture du son [k].

***c* ou *qu* ?**

2 **a.** une cloche – un acrobate – calculer – une caisse – une cantine – raconter – écouter – un coin
b. une queue – fréquent – lorsque – une flaque – une marque – quitter – un bouquin

- Recopie les mots de la liste **a**. Entoure la lettre qui suit la lettre *c* prononcée [k].
- Recopie les mots de la liste **b**.

Entoure la lettre qui suit les lettres *qu* prononcées [k].

Complète chaque mot avec *c* ou *qu*.
une bouti…e – un é…ran – un …ostume – du ma…illage.

Les verbes en *-quer*

3 **a.** marquer → nous marquons – tu marquais
b. pratiquer → nous pratiquons – je pratiquais

- Quel est l'infinitif de ces deux verbes ?
- Pourquoi garde-t-on *qu* même devant *o* ou *a* dans ces verbes conjugués ?

Conjugue les verbes *remarquer* et *expliquer* avec *je* et *nous* au présent de l'indicatif.

J'apprends

- Le son **[k]** s'écrit le plus souvent :

  c →
  - **a** : *une **ca**ntine*
  - **o** : *un **co**uloir*
  - **u** : *un **cu**be*
  - **r** : *un **cr**abe*
  - **l** : *une **cl**oche*

  qu →
  - **e** : *une **que**ue*
  - **i** : *un re**qui**n*

  ⚠ *quand – quatre – quartier – quoi – pourquoi…*

- Le son **[k]** s'écrit très rarement **ch**, **k** ou **cc** : *une **ch**orale – un **k**imono – un a**cc**ordéon.*
- Les verbes en **-quer** s'écrivent toujours avec **-qu-** : *man**qu**er → nous man**qu**ons, il man**qu**ait.*

Je m'entraîne

1 * **Recopie les noms qui contiennent le son [k]. Entoure les lettres qui servent à écrire ce son.**

a. une casserole – un cirque – un kiwi – une chorale – un banquet.
b. la recette – un café – le cinéma – un quartier – un orchestre – un clown.
c. un kilogramme – du caramel – un bocal – une racine – une cascade.

2 ** **Recopie et complète les mots avec *c* ou *qu*.**

la dire…trice – une … arafe – la …ave – un dis…e – une ra…lette – un …rabe – une …iche – une …oiffure – un …anot.

3 ** **Recopie ensemble les différentes formes d'un même verbe.**

ils risquaient – ils pratiquaient – tu choquais – ils fabriquaient – tu risquais – nous fabriquons – tu pratiquais – choquer – il fabriquait – pratiquer – nous risquons – ils choquaient – tu fabriquais – il risquait – nous pratiquons – risquer – nous choquons – fabriquer.

4 *** **Écris les mots qui correspondent aux dessins.**

5 **Recopie et complète chaque liste de mots. Quelle liste peux-tu écrire sans te tromper ? Pourquoi ? Apprends les autres par cœur.**

a. une …alité – …atre – un …ai – …oi.
b. une fla…e – un cas…e – une …ille – une …erelle.
c. un …oala – un a…ordéon – un é…o – le …araté.

J'écris

6 **Écris des phrases complètes en reconstituant chacun de ces mots.**

e m m n t o c
a q u d n

a. … s'appelle ton chien ?
b. … il fait froid, il faut s'habiller chaudement.

Choisis un de ces mots et invente une phrase.

ORTHOGRAPHE

Je comprends

Observe le dessin. Trouve des mots contenant le son [e].

Lis ces mots et réponds aux questions.

Comment écrit-on le son [e] ?

1 la météo – un clocher – la vérité – une écharpe – une épine – un papier – vous visitez – un été – couper – un réveil – un médecin – la mémoire

- Relève les différentes écritures du son [e]. Quelle est l'écriture la plus fréquente ?

Complète les noms suivants avec l'écriture du son [e] la plus fréquente.
un ...chantillon – un ...clair – un ...change – un m...lange – un t...l...phone.

Le son [e] au début du mot, dans le mot, à la fin du mot

2

au début du mot	dans le mot	à la fin du mot	
• une **é**paisseur • une **é**tagère • un **é**change	• un s**é**jour • une r**é**cr**é**ation • une t**él**évision	• la beaut**é** • un th**é** • un prun**ier**	• mont**er** • vous mont**ez** • il a mont**é**

- Comment s'écrit le son [e] suivant sa place dans le mot ?
- Quelle aide as-tu pour savoir quand écrire *-ez* à la fin des verbes ?

Complète les mots suivants. Classe-les en fonction de la place du son [e].
un ...lève – un k...pi – une d...pense – un ...tudiant – le d...part – vous cherch... .

Quelle aide pour trouver l'infinitif des verbes en *-er* ?

3 **a.** Il sait nager. → Il sait <u>faire quoi</u> ? → nager (verbe à l'infinitif).
b. Il sait nager. → Il sait <u>écrire</u> (verbe du 3e groupe à l'infinitif).

- Dans la phrase **a**, quelle question peux-tu poser pour t'aider à trouver que le verbe *nager* est un verbe du 1er groupe à l'infinitif ?
- Dans la phrase **b**, pourquoi est-ce une aide de remplacer un verbe du 1er groupe par un verbe du 3e groupe ?

Complète en utilisant les deux aides possibles.
Pierre aime march... dans les bois.

J'apprends

- le son [e] s'écrit :

au début des mots	à l'intérieur des mots	à la fin des mots
[é]— : *un **é**tage*	—[é]— : *une com**é**die*	—[é] : *la fermet**é** – il a aim**é*** —[er] : *un pani**er** – aim**er*** —[ez] : vous *aim**ez***

⚠ *les – des – mes – tes – ses* ⚠ *chez – un nez – assez – un pied*

- **Les verbes du 1er groupe** → s'écrivent **-er** à l'infinitif : *chant**er** – dans**er***
  → s'écrivent toujours **-ez** avec *vous* : *vous nag**ez** – vous parl**ez**.*

- Pour savoir si un verbe du 1er groupe est à l'infinitif, on peut :
  - poser la question « faire quoi ? » : *elle sait dessiner* → *elle sait faire quoi ? **dessiner**.*
  - remplacer le verbe par un verbe du 3e groupe : *il peut **sauter** – il peut **dormir**.*

Je m'entraîne

1 * **Recopie les mots dans lesquels tu entends le son [e].**

un mélange – merci – une comédie – la rivière – un écran – du papier – une personne – regarder.

2 * **Recopie les mots. Ajoute l'accent aigu sur le *e* quand c'est nécessaire.**

une equipe – il a regarde – manger – la rentree – un nez – une etoile – la verite – vous ecrivez – la television – eteindre.

3 ** **Choisis un des mots pour compléter chaque phrase et écris-la.**

a. Léo peut *(un invité – invitez – inviter)* des amis.
b. Nous savons *(calculé – calculez – calculer)*.
c. Il aime *(nagé – nagez – nager)* à la piscine.

4 ** **Recopie chaque mot avec la bonne écriture du son [e].**

des m...dicaments – vous nag... – une ...chelle – d...courager – vous regard... – une pr...paration – un r...frig...rateur – un ...chec – vous dorm... .

5 *** **Récris les phrases en complétant les verbes avec la terminaison qui convient.**

a. Émilie apprend à jou... du piano.
b. Vous pouv... all... au cinéma ce soir.
c. Le pâtissier commence à prépar... les gâteaux.
d. L'oiseau essaie de vol... tout seul.

6 **Recopie et complète chaque liste de mots. Quelles listes peux-tu écrire sans te tromper ? Pourquoi ? Apprends l'autre par cœur.**

a. une ...glise – une ...table – un ...clat.
b. un n... – ch... – ass... – un pi... .
c. vous vérifi... – vous déménag... – vous charg... – vous port... .

J'écris

7 **Écris des phrases complètes en reconstituant chacun de ces mots.**

[é] [d] [à] [j] [z] [c] [e] [h]

a. Il y a du pain ... le boulanger.
b. En hiver, il fait ... nuit à 18 heures.

Choisis un de ces mots et invente une phrase.

Je comprends

Observe les dessins. Trouve les mots contenant le son [g].

Lis ces mots et réponds aux questions.

Comment écrit-on le son [g] ?

1 la fatigue – un chagrin – un gant – une guêpe – un gouvernement – un aveugle – le singulier – une langue – un guidon

- Relève les différentes écritures du son [g].

Classe les mots de l'encadré bleu en deux colonnes selon l'écriture du son [g].

***g* ou *gu* ?**

2 **a.** une gomme – organiser – une figure – une gaufre – une goutte – une grenouille – une glace
b. une guerre – une marguerite – une guitare – une figue

- Dans les mots de la liste **a**, relève la lettre qui suit la ou les lettres *g* prononcées [g].
- Dans les mots de la liste **b**, relève la lettre qui suit les lettres *gu* prononcées [g].

Recopie et complète les mots avec *g* ou *gu*. Pour t'aider, observe la lettre qui suit le son [g].
une lon…eur – une é…alité – un escar…ot – une …irlande.

Les verbes en *-guer*

2 dialoguer → nous dialoguons – je dialoguais
conjuguer → nous conjuguons – tu conjuguais

- Quel est l'infinitif de ces verbes ?
- Pourquoi garde-t-on *gu* dans ces verbes conjugués même avant un *o* ou un *a* ?

Conjugue les verbes *naviguer* et *distinguer* avec *je* et *nous* au présent de l'indicatif.

J'apprends

— Le son **[g]** s'écrit le plus souvent :

g → **a** an ai au ain — *un gaucher*
g → **o** on ou oi oin — *une gomme*
g → **u** — *une figure*
g → **r** — *une grotte*
g → **l** — *le globe*

gu → **e** eu — *une gueule*
gu → **i** in ier — *une guitare*

— Les verbes en **-guer** s'écrivent toujours avec **-gu-** : *naviguer* → *je navigue, nous naviguons.*

Je m'entraîne

1 * Recopie les mots dans lesquels tu entends le son [g]. Entoure la lettre qui se prononce [g].

un triangle – une gaufre – une girafe – gros – mignon – une graine – une gondole – agiter – gourmand – un plongeur – une grille – magnifique – ranger – une galette.

2 * Recopie et complète les mots avec *g* ou *gu*.

un lé...ume – une fi...e – une ba...arre – un ...orille – une ai...ille – la mai...reur – un ...lacier – une ba...ette – une pa...aille – un ...ignol – une ...orge.

3 ** Récris les phrases en complétant les mots avec *g* ou *gu*.

a. Un car...o est un gros bateau qui transporte des marchandises.
b. Les ...irlandes décorent les arbres de Noël.
c. La ...rippe donne de la fièvre.
d. Les femmes aiment bien porter une ba...e.
e. Le cavalier fait avancer son cheval au ...alop.
f. Les petits enfants font des ...ribouillages.

4 ** Recopie ensemble les mots d'une même famille. Complète-les avec *g* ou *gu*.

un ...ouvernement – ...ider – un or...anisateur – une ...érison – or...aniser – ...ouverner – un ...idon – une or...anisation – ...érir – ...ouvernable – un ...érisseur – un ...ide.

5 * Écris les mots qui correspondent aux dessins.**

6 Recopie et complète chaque liste de mots. Quelles listes peux-tu écrire sans te tromper ? Que remarques-tu ?

a. une ...érison – un ...idage – l'é...alité.
b. un ...roupe – a...randir – la ...loire.
c. il navi...ait – tu navi...es – nous navi...ons.

J'écris

7 Écris des phrases complètes en reconstituant chacun de ces mots.

s l p o m n e g t
é m r a g l

a. ... le froid, nous allons à la piscine.
b. Il ya bien ... qu'il n'y a plus de dinosaures.

Choisis un de ces mots et invente une phrase.

Je comprends

Observe le dessin. Trouve des mots contenant le son [ɛ].

Lis ces mots et réponds aux questions.

Comment écrit-on le son [ɛ] ?

1 une personne – un espion – maigre – un directeur – un frère – une peine – un renne – un bec – un volet – une maison – un rêve – faible

- Relève les différentes écritures du son [ɛ].
- Y a-t-il une écriture plus fréquente ? Laquelle ?

Classe les mots de l'encadré bleu en six colonnes selon l'écriture du son [ɛ].

Quand le son [ɛ] s'écrit-il *e* ?

2 **a.** une veste – un spectateur – une caverne – un terminus
b. une tresse – une violette – une échelle – une antenne

- Dans les mots des listes **a** et **b**, relève les deux lettres qui suivent la lettre *e* prononcée [ɛ]. De quelle sorte de lettre s'agit-il ?

Complète les mots suivants. Pour t'aider, observe les deux lettres qui suivent le son [ɛ].
un sp...ctacle – un s...rvice – une p...lle – m...rci.

Comment écrit-on le son [ɛ] au début et à la fin des mots ?

3 **a.** un aigle – aimable – une aide – un escalier – un esclave – un esprit – effrayer – essuyer
b. un balai – il parlait – il est gai – un ballet – un sifflet – un bouquet

- Comment s'écrit le son [ɛ] au début des mots dans la liste **a** ?
- Comment s'écrit le son [ɛ] à la fin des mots dans la liste **b** ?

Complète les mots avec l'écriture du son [ɛ] qui convient.
...der – ...stimer – ...scalader – ...mablement – ...spionnage.

J'apprends

— Le son [ɛ] s'écrit **e..** **ai** **è** **ê** **et** **ei**

une échelle — *la semaine* — *un frère* — *un rêve* — *un volet* — *la neige*

Au début des mots		À la fin des mots	
ai — *une aide*	**e..** — *un espoir*	— **ai** *un balai*	— **et** *un ballet*

— Quand le son [ɛ] s'écrit **e**, il est suivi de **deux consonnes** différentes ou identiques : *un espoir – une tresse.*

⚠ *du sel – un bec – du fer – la mer (l'eau) – le ciel – le miel…*

Je m'entraîne

1 * **Classe ces mots en deux colonnes selon que tu entends :** *le son [ɛ] (bec),* **ou** *le son [ə] (melon).*

un fouet – un Breton – un compère – un Allemand – une lecture – un balancement – un caneton – un merle – une permission – un frelon – un objet – le succès.

2 * **Recopie chaque liste de mots sans l'intrus.**

Liste a. un insecte – un aimant – un mélange – une aide – un projet

Liste b. une tresse – un étudiant – une prairie – une mère – une paire

3 * **Recopie et complète les mots avec** *è*, *e* **ou** *et*.

un archit…cte – un mod…le – une f…rme – un prov…rbe – un siffl… – de l'h…rbe – une fic…lle – un si…ge – un bonn… – un pi…ge – un insp…cteur – une cr…me – un robin… .

4 ** **Recopie les mots en les regroupant par famille.**

un rêve – un caissier – parfait – spectaculaire – un spectateur – un rêveur – encaisser – rêver – parfaire – un encaissement – parfaitement – un spectacle – une caisse.

5 *** **Recopie et complète les mots du texte qui contiennent le son [ɛ] écrit** *e* **ou** *ai*.

Cl…re a des amis. Ils vi…nnent dîner dans sa nouv…lle m…son. Cl…re a mis le couv…rt. Elle a préparé des assi…ttes, des v…rres et des fourch…ttes. Les amis apportent de b…lles viol…ttes, des …les de poulet et des fr…ses.

6 **Recopie et complète chaque liste de mots. Quelles listes peux-tu écrire sans te tromper ? Pourquoi ? Apprends l'autre par cœur.**

a. …xpliquer – p…rdre – t…rminer.
b. une p…lle – une tabl…tte – une tr…sse.
c. une l…ne – une gr…ne – une p…ne.

J'écris

7 **Écris des phrases complètes en reconstituant chacun de ces mots.**

r e v s
t v n r e a m i
a p è s r

a. … le déjeuner, nous irons nous promener.
b. La dame se tourne … moi.
c. À la montagne, les chalets sont … bien isolés.

Choisis un de ces mots et invente une phrase.

Je comprends

Observe les dessins. Trouve les mots contenant le son [s].

Lis ces mots et réponds aux questions.

Comment écrit-on le son [s] ?

1 une chaussure – une personne – un souvenir – une boisson – une espèce – du sang – une citrouille – une balançoire – une direction – un poisson

- Relève les différentes écritures du son [s]. Quelles sont les écritures les plus fréquentes ?
- Quelles sont les écritures que l'on ne rencontre jamais au début d'un mot ?

Classe les mots de l'encadré bleu en cinq colonnes selon l'écriture du son [s].

***s* ou *ss* ?**

2 **a.** une question – ensemble – un espace – une sonnette
b. passer – une brosse – un ruisseau – un classeur – un Russe – une caisse

- Dans chaque mot de la liste **a**, relève la lettre qui précède (quand il y en a une) et celle qui suit le son [s] écrit *s*. De quelles sortes de lettres s'agit-il ?
- Dans chaque mot de la liste **b**, relève la lettre qui précède et celle qui suit le son [s] écrit *ss*. De quelles sortes de lettres s'agit-il ?

Complète les mots avec *s* ou *ss*.
une mi...ion – un pan...ement – un pa...age – une mou...tache – s'a...eoir – un co...tume.

***c* ou *ç* ?**

3 **a.** un cercle – un centimètre – un tricycle – ancien
b. un glaçon – un rinçage – un reçu – un poinçon – un colimaçon
c. avancer → nous avançons – tu avançais

- Dans chaque mot de la liste **a**, relève la lettre qui suit la lettre *c* prononcée [s].
- Dans chaque mot de la liste **b**, relève la lettre qui suit la lettre *ç* prononcée [s].
- Dans la liste **c**, comment s'écrit le son [s] dans les verbes conjugués ? Pourquoi ?

Complète ces mots avec *c* ou *ç*.
une pla...e – une fa...on – un ...irque – il pla...ait.

J'apprends

- Le son **[s]** s'écrit :

s	ss	c	ç
un costume	*une assiette*	*un berceau*	*une leçon*

s → **au début du mot** : *une sardine*
→ **entre une consonne et une voyelle** : *un pansement*
→ **entre une voyelle et une consonne** : *un espace*

ss **entre deux voyelles** : *un coussin*

c → **e** : *un lacet*
→ **i** : *un citron*
→ **y** : *un cygne*

ç → **a** : *il lançait*
→ **o** : *nous lançons*
→ **u** : *un reçu*

- Le son **[s]** s'écrit rarement **t** : *une opération* – *une récréation*.

⚠ *une piscine, une scène*

Je m'entraîne

1 * Recopie le tableau. Classe les mots selon l'écriture du son [s].

s	ss	c	ç	t

merci – un singe – une passion – une citrouille – une leçon – une tradition – le soleil – un maçon.

2 ** Complète les mots avec *s* ou *ss*.

une ...andale – une pa...erelle – un di...que – une gli...ade – une dan...e – il rama...e – de...us – le po...tier – la vite...e – une ...urprise – de...ous.

3 ** Complète les mots avec *c* ou *ç*.

un gla...on – le con...ierge – un hame...on – une fi...elle – un rempla...ant – un soup...on – il est dé...u – un Fran...ais – un fian...é – une pin...ée – il pla...ait – un pla...ement.

4 *** Les mots des *phrases a* et *b* sont mélangés. Récris les phrases en mettant les mots dans le bon ordre.

a. Le soleil – circulent – dans – toute – ciel.
b. Les voitures – brille – à – le – vitesse.

5 *** Complète les phrases avec un mot de la même famille que le mot en gras.

a. ***passer***. Le ... à niveau va fermer.
b. ***cirer***. On met du ... sur les chaussures.
c. ***ramasser***. Le ... des ordures est bien organisé.
d. ***placer***. Nous avons pris des ... de théâtre.

6 Recopie et complète chaque liste de mots. Quelles listes peux-tu écrire sans te tromper ? Pourquoi ? Apprends l'autre par cœur.

a. un ...ouvenir – le ...ud – un ...tade – un ...ac.
b. un déli...e – un ...ercle – une espè...e.
c. un a...pirateur – un co...tume – une ve...te.

J'écris

7 Complète les phrases en reconstituant chacun de ces mots.

u s a s i   s s o u s e d

a. Il faut manger des fruits mais ... des légumes.
b. Au-... de chez nous habite une famille nombreuse.

Choisis un de ces mots et invente une phrase.

Je comprends

Observe les dessins. Trouve les mots contenant le son [ã].

Lis ces mots et réponds aux questions.

Comment écrit-on le son [ã] ?

1 une orange – une planche – une boulangerie – un marchand – un ruban – un parent – un mensonge – un vendeur – un mouvement – un centre

- Relève les différentes écritures du son [ã]. Y a-t-il une écriture plus fréquente ?

Classe ces mots en deux colonnes selon l'écriture du son [ã].
un enfant – des vacances – un calendrier – une naissance – gentil – une absence.

***am* ou *em* ?**

2 un champignon – du bambou – décembre – emporter – emmener – une ambulance

- Comment s'écrit le son [ã] dans ces mots ?
- Dans chaque mot, relève la lettre qui suit les lettres prononcées [ã].

Complète les verbes suivants avec *en* ou *em* : …brasser – pr…dre – f…dre – …porter.

en* ou *an

3 **a.** v**en**dre → une v**en**te – un v**en**deur – rev**en**dre
b. ch**an**ger → un éch**an**ge – un ch**an**ge – éch**an**ger

- Que remarques-tu pour l'écriture du son [ã] dans les mots d'une même famille ?

Complète les mots suivants. Ils appartiennent à la famille de *chanson* et *apprenti*.
un ch…teur – un appr…tissage – ch…ter – appr…dre.

Quand écrit-on *-ment* à la fin des noms ?

4 charger → un charge**ment** – enchanter → un enchante**ment** – rouler → un roule**ment**

- Indique la nature de chaque mot : nom ou verbe. Qu'ajoute-t-on au verbe pour former un nom de la même famille ?

Écris des noms se terminant par *-ment* avec : *déguiser* – *classer*.

J'apprends

— Le son [ɑ̃] s'écrit :
- **an** *un chanteur*
- **en** *une pendule*

em ou **am** devant :
- **m** ***emm**ener*
- **p** ***emp**orter*
- **b** ***amb**ulance*

— Tous les mots d'une même famille s'écrivent avec la même écriture du son [ɑ̃].
vendre → *un vendeur – une vente… ; changer* → *un échange – échanger…*

— On peut parfois construire un nom à partir d'un verbe en ajoutant **ment**.
Il roule + **ment** → *un roulement.*

Je m'entraîne

1 * **Recopie les mots qui contiennent le son [ɑ̃].**

un menton – ils finissent – un pantin – un amusement – une chemise – un moment – une enveloppe – une remarque – une panthère – un encouragement – ils regardent – un logement – une planète – une panique.

2 * **Recopie le texte en complétant les mots avec *an* ou *am*.**

a. Antoine c…pe dans un ch…p tout près d'un …cien ch…tier de construction.
b. Chantal allume la l…pe dans sa ch…bre.

3 ** **Deux phrases sont mélangées. Retrouve-les et écris-les.**

Mon bébé marchent maladroitement la hier
Les touristes marche dans depuis montagne

Même exercice.

Mon frère revient de du de mathématiques
Mes parents reviennent tard son cours bureau

4 ** **Observe l'orthographe de ces mots :** *blanc – plante – vendre – mentir.*
Recopie et complète les mots de la même famille :

un pl…toir – une v…te – un m…songe – une bl…chisserie – pl…ter – bl…chir – un v…deur – une pl…tation – rev…dre – dépl…ter.

5 *** **Écris le nom formé à partir du verbe entre parenthèses.**

Exemple : *le … du camion* (charger)
→ *le chargement du camion*

le … d'une histoire *(commencer)* – le … d'une fusée *(lancer)* – le … des livres *(ranger)* – l' … des travaux *(avancer)* – l' … des arbres *(aligner)*

6 **Recopie et complète chaque liste de mots. Quelle liste peux-tu écrire sans te tromper ? Pourquoi ? Apprends les autres par cœur.**

a. un débordem…t – un campem…t – un étalem…t – un soulagem…t.
b. une b…que – une dem…de – une p…dule – un v…deur.
c. une …bulance – un t…bour – un m…bre – une t…pérature.

J'écris

7 **Complète les phrases en reconstituant chacun de ces mots.**

m e m c t o n   n e p d t n a   o t n v u s e

a. Je ne vais pas … voir mon cousin.
b. Je sais … faire des crêpes.
c. Léa a attendu le métro … quinze minutes.

Choisis un de ces mots et invente une phrase.

Je comprends

Observe le dessin. Trouve des mots contenant le son [ʒ].

Lis ces mots et réponds aux questions.

Comment écrit-on le son [ʒ] ?

1 un jardin – un jouet – un fromage – un gitan – un genou – jeudi – des gens – un plongeon – un jeton – une jupe

- Relève les différentes écritures du son [ʒ]. Y a-t-il une écriture plus fréquente ?
- Relève les voyelles qui suivent la lettre *j* et celles qui suivent la lettre *g*.

Classe les mots de l'encadré bleu en deux colonnes selon l'écriture du son [ʒ].

ge* à la fin d'un mot et *gi

2 **a.** un plumage – un siège – un ouvrage – un mariage – du courage
b. fragile – du gibier – l'agilité – une girafe – une bougie

- Comment s'écrit le son [ʒ] à la fin des mots dans la liste **a** ?
- Comment s'écrit le son [ʒi] dans les mots de la liste **b** ?

Complète les mots suivants :
un pluma... – un ...ilet – un nua... – un voya... – une ...itane – un ouvra... – a...ile – une ...ifle.

Les verbes en *-ger*

3 plonger → nous plongeons – il plongeait
nager → nous nageons – il nageait

- Quelles lettres suivent *ge* dans ces verbes conjugués ?

Conjugue les verbes *bouger* et *diriger* au présent et à l'imparfait de l'indicatif avec *il* et *nous*.

ORTHOGRAPHE

J'apprends

- le son [ʒ] s'écrit **j** ou **g**.

j	a	au an am	*un jardin*
	e	eu	*un jeu*
	o	ou on oi oin	*un jour*
	u		*une jupe*
g	e	en ein	*un genou*
	i	in ier	*un gitan*
	y		*le gymnaste*
ge	a		*il nageait*
	o		*nous plongeons*

- Le son [ʒi] s'écrit **toujours gi** : *une **gi**rafe – une **gi**fle – a**gi**ter.*
- Le son [ʒ] s'écrit **toujours ge en fin de mot** : *une ima**ge** – un nua**ge** – il ran**ge**.*
- Dans les **verbes se terminant par ger**, **g** devient **-ge** devant **a** et **o** : *nager → nous nageons.*

Je m'entraîne

1 * **Recopie les mots où tu entends le son [ʒ].**

une page – une cagoule – un jugement – un groupe – un étranger – un gant – un régime – une vague – une jambe – une giroflée.

2 * **Complète les mots avec *g* ou *ge*.**

une a...itation – une na...oire – un passa...e – un plon...oir – une pla...e – c'est ma...ique – il man...ait – un ima...ier – un ca...ot.

3 ** **Récris les phrases en complétant les mots avec *j* ou *g*.**

a. Le ma...icien a réussi tous ses tours.
b. Il ne faut ...amais s'approcher du feu.
c. Je lis un article intéressant dans le ...ournal.
d. Parfois, le ...ivre empêche les voitures de démarrer.

4 ** **Recopie les mots en les regroupant par famille.**

jeune – rejeter – un plongeoir – rajeunir – un pigeon – un plongeon– plonger – une pigeonne – jeter – une jeunesse – un pigeonnier – jetable.

5 ** **Continue comme dans l'exemple :**
ranger → nous rangeons, il rangeait.

changer → nous chan..., il ... – plonger → ... – voyager → ... – manger → ... – vendanger → ... – mélanger → ...

6 **Recopie et complète chaque liste de mots. Quelles listes peux-tu écrire sans te tromper ? Pourquoi ? Apprends l'autre par cœur.**

a. un ...itan – une ...ifle – un ma...icien.
b. un ..upon – la ...alousie – un ...ournaliste.
c. ...entille – ...eter – le ma...eur.

J'écris

7 **Complète les phrases en reconstituant chacun de ces mots.**

d r u u i j a h o u '
i s m a j a
s r u u o j o t

a. Il faut ... se laver les mains avant les repas.
b. ..., c'est mon anniversaire
c. Jules n'est ... malade.

Choisis un de ces mots et invente une phrase.

Je comprends

Observe les dessins. Trouve les mots contenant le son [ɛ̃].

Lis ces mots et réponds aux questions.

Comment écrit-on le son [ɛ̃] ?

1 du linge – le singulier – un écrivain – une invitation – important – une plainte – un poulain – aucun – un teinturier – un refrain – un moulin – un médecin

- Relève les différentes écritures du son [ɛ̃]. Quelles sont les écritures les plus fréquentes ?

Classe les mots de l'encadré bleu en cinq colonnes selon l'écriture du son [ɛ̃].

Quand le son [ɛ̃] s'écrit-il *im* ?

2 imprudent – imbuvable – une timbale – un chimpanzé – une imprécision – immangeable

- Comment s'écrit le son [ɛ̃] dans ces mots ?
- Quelle lettre suit le son [ɛ̃] dans chaque mot ?

Complète les mots suivants avec *in* ou *im* :
un t...bre – ...telligent – ...visible – un gr...peur – p...cer.

Comment écrit-on le son [ɛ̃] en début de mot ?

3 important – insupportable – une invitation – un instituteur – un inspecteur

- Comment s'écrit le son [ɛ̃] dans ces mots ?
- Quelle lettre suit le son [ɛ̃] dans chaque mot ?

Complète les mots avec le son [ɛ̃].
un ...strument – ...parfait – une ...vention.

Comment écrit-on le son [jɛ̃] ?

4 un chien – un gardien – ancien – le mien

- Y a-t-il plusieurs écritures possibles pour le son [jɛ̃] ?

Complète les mots avec *ein* ou *ien*.
un t...turier – b...tôt – il v...t – il p...t.

J'apprends

- Le son [ɛ̃] s'écrit :

in	ain	ein	un
un matin	*un bain*	*une peinture*	*chacun*

⚠ **Le son [jɛ̃]** s'écrit toujours **ien** : *un chien – bientôt – rien – il tient.*

- Le son [ɛ̃] s'écrit **im** devant
  - **m** : *immangeable*
  - **p** : *un grimpeur*
  - **b** : *une timbale*
- En début de mot, on a toujours **in** ou **im** : ***in**sensible, **im**portant.*
- Rappelle-toi : un mot de la **même famille** peut aider à savoir comment écrire le son [ɛ̃].
*un lap**in** → une lap**ine**.*

Je m'entraîne

1 * **Récris les listes de mots sans l'intrus.**

a. un lien – un frein – un chien – un Égyptien
b. rien – un peintre – un plein – une ceinture
c. le mien – le tien – le teint – le sien

2 * **Recopie les mots du texte qui contiennent le son [ɛ̃]. Entoure les lettres qui font le son [ɛ̃].**

Lundi matin, Damien passe un concours de musique.
« Inutile de t'inquiéter, lui dit Inès sa cousine, tout va bien se passer.
Demain, tout sera fini ; tu pourras enfin jouer avec tes copains sur le terrain de tennis. »

3 ** **Recopie les mots avec *in* ou *im*.**

un t…bre – un s…ge – c'est s…ple – le l…ge – gr…per – r…cer – ép…gler – …venter – la m…ceur – un gr…peur.

4 ** **Continue comme dans l'exemple :**
satisfait → insatisfait.

- supportable → …
- perméable → …
- sensible → …
- juste → …
- poli → …
- correct → …
- pur → …
- parfait → …

5 *** **Observe l'orthographe des mots donnés :**
pince – crainte – peindre – linge – sincère.
Recopie et complète les mots de la même famille :

une p…ture – une cr…te – la l…gerie – p…cer – s…cèrement – cr…tif – la s…cérité – une l…gère – un p…tre – des p…cettes.

6 **Recopie et complète chaque liste de mots. Quelles listes peux-tu écrire sans te tromper ? Pourquoi ? Apprends l'autre par cœur.**

a. un mar… – un bass… – un vois… .
b. un p…tre – dem… – une cr…te.
c. …portant – …perméable – une …jure.

J'écris

7 **Complète les phrases en reconstituant chacun de ces mots.**

d a n s o i u
f n e n i

a. …, le ciel s'est assombri à cause de l'orage.
b. Après deux essais, j'ai … réussi mon pain.

Choisis un de ces mots et invente une phrase.

Je comprends

Observe le dessin. Trouve des mots contenant les sons [ø] et [œ].

Lis ces mots et réponds aux questions.

Comment écrit-on le son [ø] ?

1 silencieux – creuser – un cheveu – peureux – des œufs – le feu

- Relève les différentes écritures du son [ø].
- Y a-t-il une écriture plus fréquente ?

Recopie les mots suivants et entoure les lettres qui forment le son [ø].
un jeu – un pieu – un vœu – malheureux.

Comment écrit-on le son [œ] ?

2 un directeur – une odeur – neuf – la peur – une sœur – un bœuf – un seul

- Relève les différentes écritures du son [œ].
- Y a-t-il une écriture plus fréquente ?

Recopie les mots suivants et entoure les lettres qui forment le son [œ].
un tracteur – une couleur – un cultivateur – un œuf – un moteur.

Comment écrit-on le son [œʀ] à la fin des noms ?

3 **a.** une hauteur – une couleur – une vapeur – une blancheur
b. un baladeur – un menteur – un promeneur – un navigateur

- Quelle est le genre des noms de la liste **a** ? De la liste **b** ?
- Que remarques-tu pour l'écriture du son [œʀ] à la fin des noms dans les listes **a** et **b** ?

Complète les noms avec la bonne écriture du son [œʀ].
une val.... – un tract... – une chal... – un cherch...

Comment écrit-on les adjectifs qui se terminent par le son [ø]?

4 Il est **curieux**. – Il est **vieux**. – Il est **chaleureux**.

- Les adjectifs sont-ils masculins ou féminins ? Quelle est leur terminaison à chaque fois ?

Complète les mots avec *eu* ou *eux*.
Il est courag... – elle est séri...se – il est furi... – elle est heur...se.

J'apprends

— Le son [ø] s'écrit :
eu : *du **feu***
⚠ *des **œu**fs – des b**œu**fs*

— **Les adjectifs masculins** qui se terminent par le son [ø] s'écrivent toujours avec **eux** :
*il est courag**eux**.*

— Le son [œ] s'écrit :
eu Il est souvent suivi de la lettre **r** : *un fact**eur**.*
⚠ *une s**œu**r – un c**œu**r – une **œu**vre...*

— **Les noms masculins et féminins** qui se terminent par le son [œʀ] s'écrivent avec **eur** :
*une coul**eur** – un mot**eur**.*
⚠ *du beurre – une demeure – une heure...*

Je m'entraîne

1 * Recopie les listes de mots sans l'intrus.

a. une épreuve – un veuf – un fleuve – un cœur
b. un milieu – un porteur – un pneu – un pieu
c. une peur – une sueur – un cheveu – un malheur

2 * Recopie les mots en les regroupant par famille.

un aveugle – un meuble – sérieux – un ameublement – sérieusement – meubler – un creusement – sérieuse – aveugler – un creux – aveuglement – creuser.

3 * Classe les mots suivants en deux colonnes : *noms au masculin* et *noms au féminin*.

animateur – odeur – vapeur – créateur – tiédeur – bonheur – chercheur – saveur – aspirateur.

4 ** Recopie les phrases en complétant les mots avec *eux* ou *eu*.

a. Nous ferons un j... de cartes tout à l'heure.
b. Il ya des gens h...r... et des gens malh...r... .
c. Le f... brûle dans la cheminée.
d. Arthur n'est pas très courag... pour plonger.

5 *** Complète les phrases avec l'homophone qui convient. Aide-toi des exemples :
– *Un **compteur** d'électricité vient d'être posé chez moi. Un **conteur** d'histoires est venu à l'école.*
– *Les battements du **cœur** sont réguliers. Il y a plusieurs chanteurs dans un **chœur**.*

a. Le ... de l'immeuble est en panne.
b. Les petits enfants écoutent le ... .
c. Le ... fait circuler le sang dans le corps.
d. Le... chante ce soir à l'opéra.

6 Recopie et complète ces listes de mots. Quelle liste peux-tu écrire sans te tromper ? Pourquoi ? Apprends les autres par cœur.

a. une dem...re – du b...rre – une h...re.
b. la chal...r – une coul...r – une fl...r.
c. un c...r – un b...f – une s...r.

J'écris

7 Complète les phrases en reconstituant chacun de ces mots.

e s n e u e m l t
m u i x e

a. Nous sommes ... deux spectateurs.
b. J'aime ... jouer aux cartes qu'aux dominos.

Choisis un de ces mots et invente une phrase.

ORTHOGRAPHE

Je comprends

Observe les dessins. Trouve les mots contenant le son [j].

Lis ces mots et réponds aux questions.

Comment écrit-on le son [j] ?

1
a. un violon – un pompier – un lieu – rien – un pion – un mariage
b. une bataille – un écureuil – de la rouille – un réveil – une quille
c. un tuyau – un foyer – un rayon

- Quelles sont les différentes écritures du son [j] dans les mots des listes **a**, **b** et **c** ?
- Quelle est l'écriture la plus fréquente ?

Recopie ces mots. Entoure les lettres qui forment le son [j].
un papier – un crayon – un travail – une médaille – une solution – un aviateur.

Quand la lettre *i* se prononce-t-elle [i] ou [j] ?

2
a. un animal – un pirate – un citron – une minute – une prison
b. un soutien – une attention – un sorcier – un vieux – un pliage

- Comment se prononce la lettre *i* dans les mots de la liste **a** ? De la liste **b** ?
- Relève la lettre qui suit la lettre *i* dans les listes **a** et **b**.

De quelle sorte de lettre s'agit-il à chaque fois ?

Recopie ces mots. Complète-les avec la lettre qui manque. Entoure-la en bleu si c'est une consonne et en rouge si c'est une voyelle :
un cerisi…r – un ci…ron – un papi…r – une fi…ure – un bi…n – une chemi…e.

Quand écrit-on le son [j] avec un *y* ?

3
a. un royaume – une noyade – un loyer
b. un rayonnage – un paysage – une frayeur
c. c'est bruyant – ennuyer – essuyer

- Quelle sorte de lettres y a-t-il avant et après le *y* qui se dit [j] ?
- Comment se prononcent les voyelles qui précèdent le *y* qui se dit [j] ?

Complète les mots avec *i* ou *y* :
pa…er – une c…trouille – un vo…age – une pisc…ne – une v…tre – appu…er.

J'apprends

– Le son [j] s'écrit :

i	il ill ille	y
un avion	*un réveil – un billet – une bille*	*un noyau*

– Très souvent, le son [j] s'écrit **i** avant **une voyelle** :
un piano, un violon, la moitié, de la viande, un avion, curieux.

– Rarement, le son [j] s'écrit **y** qui correspond alors à deux i.

a, o, u ↔ y ↔ a, i, o	*un noyau*	→ **noi + iau**
	un crayon	→ **crai + ion**
	un tuyau	→ **tui + iau**

⚠ y se prononce parfois [i] : *une bicyclette – un stylo.*

Je m'entraîne

1 * **Recopie ces listes de mots sans l'intrus.**

a. un plombier – un espion – une ligne – un dictionnaire
b. un royaume – une bicyclette – une voyelle – un noyau
c. un peigne – un papier – un tablier – du miel

2 * **Recopie ces mots en les regroupant par famille.**

un broyeur – nettoyer – une tuyauterie – un nettoyage – payer – un camionneur – un nettoyeur – broyer – un broyage – un tuyau – un payeur – un camion – payant.

3 ** **Écris les verbes au présent aux personnes indiquées.**

– balayer : nous … – aboyer : vous …
– payer : nous … – appuyer : nous …
– rayer : vous … – croire : nous …

4 ** **Complète les mots avec *i* ou *y*.**

un pan…er – bala…er – un cam…on – nous fu…ons – un fo…er – du pap…er – un mil…eu – il est jo…eux – un tr…angle – c'est pa…ant.

5 ** **Recopie les phrases en complétant les mots avec *ay*, *oy* ou *uy*.**

a. Il a fallu nett…er la maison après les dégâts des eaux.
b. Le t…au d'arrosage est percé.
c. Les enfants aiment dessiner avec des cr…ons de couleur.

6 **Recopie et complète ces listes de mots. Quelles listes peux-tu écrire sans te tromper ? Pourquoi ? Apprends l'autre par cœur.**

a. m…stérieux – une bic…clette – un st…le.
b. un banan…er – un cocot…er – un coutur…er.
c. un av…ateur – le m…el – un v…olon.

J'écris

7 **Complète les phrases en reconstituant chacun de ces mots.**

t e t i n b ô   e h r i

a. Je serai … aussi grande que ma sœur.
b. …, je suis allé au restaurant pour fêter mon anniversaire.

Choisis un de ces mots et invente une phrase.

ORTHOGRAPHE

Je comprends

Observe les dessins. Trouve les mots contenant le son [j] et le son [ij].

Lis ces mots et réponds aux questions.

Le son [ij] : *ill* ou *ille* ?

1 **a.** une quille – une torpille – une anguille – une béquille
b. un billet – briller – un échantillon – une gentillesse

- Dans les mots de la liste **a**, où se trouve le son [ij] ? Comment s'écrit-il ?
- Dans les mots de la liste **b**, où se trouve le son [ij] ? Comment s'écrit-il ?

Complète les mots avec *ill* ou *ille* :
un gr...age – une b... – une f... – un pap...on – une fam... .

Le son [j] : *il* ou *ille* à la fin des mots

2 **a.** un portail – un seuil – un réveil – le fenouil
b. une taille – une rouille – une feuille – une abeille
c. il surveille – je travaille – il fouille

- Dans les mots des listes **a**, **b** et **c**, quelle sorte de lettres précède *il* ou *ill* qui se prononcent [j] ?
- Quel est le genre des noms des listes **a** et **b** ? Comment s'écrit le son [j] dans les noms de la liste **a** ? Dans les noms de la liste **b** ?
- De quelle nature sont les mots de la liste **c** qui contiennent le son [j] ?
- Comment s'écrit le son [j] dans ces mots ?

Complète les mots avec *il* ou *ille* :
il trava... – une abe... – un réve... – un trava... .

Le son [j] : *ill* à l'intérieur des mots

3 conseiller – réveiller – travailler – mouiller – bouillir – batailler
un feuillage – un brouillard – un réveillon – ailleurs – un brouillon

- Quelle sorte de lettres y a-t-il avant et après *ill* dans ces mots ?

Complète chaque mot :
c'est merve...eux – un bou...on – nous nous réve...ons
bata...er – un déra...eur – un brou...on – chatou...eux.

J'apprends

- Le son [ij] s'écrit : • à l'intérieur des mots —**ill**— : *un habi**ll**age.*
  • à la fin des mots —**ille** : *une fi**lle**.*
- Le son [j] s'écrit aussi :

il à la fin des noms masculins		ille à la fin des noms féminins et des verbes		ill à l'intérieur des mots	
—ail	*un travail*	—aille	*une bataille – il travaille*	—aill—	*un travailleur*
—eil	*un réveil*	—eille	*une abeille – il réveille*	—eill—	*le réveillon*
—euil	*un fauteuil*	—euille	*une feuille*	—euill—	*feuillu*
—ouil	*un fenouil*	—ouille	*une nouille – il rouille*	—ouill—	*un fouillis*

⚠ *un accueil – un recueil – il cueille – la cueillette…*

Je m'entraîne

1 * Classe les mots en deux colonnes.

On entend [ij]	On entend [j]

une fouille – une fille – un tailleur – un maillot – un travailleur – une famille – fouiller – le soleil – une quille – une corbeille.

2 * Classe les mots en trois colonnes.

-il : noms masculins	-ille : noms féminins	-ille : verbes

seuil – maille – sommeil – merveille – elle taille – elle rouille – feuille – rail – elle réveille.

3 ** Ajoute *un*, *une* ou *il* devant chaque mot. Attention, il y a parfois plusieurs possibilités.

… taille – … grenouille – … corbeille – … conseille – … réveille – … réveil – … abeille – … bétail – … seuil – … fouille – … s'éveille – … bataille.

4 * Recopie les phrases en complétant les mots avec *-ail* ou *-aille*.**

a. Le fermier donne des dét…s intéressants sur la vie du bét… .
b. Le jardinier t… les rosiers. C'est beaucoup de trav… .
c. Les m…s de mon tricot sont très grosses.

5 * Complète chaque mot avec *-eille* ou *-elle*.**

une corb… – une ab… – une poub… – une merv… – une éch… – elle somm… – une p… – une bout… – elle rév… .

6 Recopie et complète chaque liste de mots. Quelles listes peux-tu écrire sans te tromper ? Pourquoi ? Que remarques-tu ?

a. une ab… – une bout… – une merv… .
b. une coqu… – une b… – une fam… .
c. nous trava…ons – nous ta…ons – nous fou…ons.

J'écris

7 Reconstitue ce mot. Emploie-le dans une phrase.

s l a i l u r e

ORTHOGRAPHE

Je comprends

Observe le dessin.
Trouve des mots contenant les sons [ks] et [gz].

Lis ces mots et réponds aux questions.

Comment écrit-on le son [ks] ?

1 un taxi – la boxe – luxueux – un accident – un extrait – fixer – taxer – un accès – une explosion – un externe – un accent

- Relève les écritures du son [ks]. Quelle est l'écriture la plus fréquente ?
- Repère les lettres qui précèdent et suivent la lettre *x*. Que remarques-tu ?

Classe les mots de l'encadré bleu en deux colonnes suivant l'écriture du son [ks].

Quand entend-on les sons [ɛks] et [ɛgz] ?

2 exister – un exemple – exactement – exprès – une explosion – exagérer – exciter – exonérer – un extérieur – expédier – excuser

- Dans quels mots entends-tu le son [ɛgz] ? Comment s'écrit ce son ?
- Quelle sorte de lettres suit les lettres qui forment ce son ?
- Dans quels mots entends-tu le son [ɛks] ? Comment s'écrit ce son ?
- Quelle sorte de lettres suit les lettres qui forment ce son ?

Complète chaque mot avec la voyelle ou la consonne qui convient.
une ex…stence – une ex…use – un ex…mplaire – une ex…édition – ex…miner.

x à la fin des mots

3 **a.** un choix – une noix – un prix
b. des chevaux – des bateaux – des animaux – des marteaux
c. tu peux – je veux
d. vieux – furieux – curieux – peureux

- Comment la lettre *x* se prononce-t-elle à la fin de ces mots ?
- Indique la liste des noms au singulier, celle des noms au pluriel, celle des verbes et celle des adjectifs.

Classe les mots suivants en quatre colonnes : *nom au singulier – nom au pluriel – verbe – adjectif.*
des hiboux – malheureux – sérieux – tu veux – une toux – des gâteaux

J'apprends

- La lettre **x** se prononce **[gz]** ou **[ks]**.

on entend [gz] : ex + voyelle.	on entend [ks] : dans tous les autres cas.
un exemple – exiger	*fixer – la boxe – le luxe.*

- La lettre **x** à la fin des mots ne se prononce pas :
  un prix – la paix – des journaux – des bateaux – je veux – il est heureux.

⚠ *l'inox – dix – six.*

- **cc** peut se prononcer **[ks]** : *un accès – un accident – un accent.*

Je m'entraîne

1 * **Recopie ces listes de mots sans l'intrus.**

a. excuser – exister – exclure – exciter
b. exercer – expliquer – exiger – examiner
c. la paix – le prix – un index – une noix

2 * **Classe ces mots en deux colonnes :** *j'entends* [ks] **et** *j'entends* [gz].

un extérieur – un exemplaire – une expérience – une exactitude – une exigence – fixer.

3 * **Recopie ces mots en les regroupant par famille.**

explosif – exact – le luxe – un boxeur – une explosion – exactement – luxueux – la boxe – l'exactitude – luxuriant – boxer – exploser.

4 ** **Recopie les mots où la lettre** *x* **ne se prononce pas.**

dix – un époux – six – un prix – le silex – la paix – un index.

5 ** **Observe l'orthographe des mots donnés :** *excuser – exciter – exiger – examiner – excepter.*
Recopie et complète les mots de la même famille.

une e...use – un e...amen – une e...igence – e...itable – une e...itation – une e...eption – e...usable – un e...aminateur – e...iger – e...eptionnel.

6 ** **Recopie et complète chaque phrase avec l'homophone qui convient.**
Aide-toi des exemples :
La chanteuse a une très belle ***voix****.*
La ***voie*** *est fermée à cause des risques d'avalanche.*

a. Je suis malade et j'ai la ... cassée.
b. Je pense que cette ... est la plus rapide pour aller en Espagne.

7 *** **Trouve un mot de la même famille que chaque mot proposé. Écris une phrase avec ce mot.**

exactitude – luxe – boxe – examen.

8 **Recopie et complète chaque liste de mots. Quelle liste peux-tu écrire sans te tromper ? Pourquoi ? Apprends les autres par cœur.**

a. e...iger – e...aminer – e...ister – e...ercer.
b. un pri... – un choi... – une tou... – la pai... .
c. une a...élération – un a...ent – un a...ident – c'est a...essible.

J'écris

9 **Écris deux phrases en employant** *à l'extérieur* **et** *une toux***.**

Je comprends

un danseur très petit

une danseuse très petite

des danseuses très petites

Lis les groupes nominaux dans les étiquettes.
Il y a un mot semblable. Lequel ?

Lis ces phrases et réponds aux questions.

Les mots invariables ont-ils un genre ?

1 **a.** un danseur **très** petit – une danseuse **très** petite
b. un chien **correctement** dressé – une chienne **correctement** dressée

- Compare les groupes nominaux masculins et féminins.
Quels sont les mots qui ne changent pas ?
- Peut-on donner un genre aux mots *très* et *correctement* ?

Relève les mots invariables dans les groupes nominaux.
un cheval trop craintif – une opération vraiment facile – un bien joli miroir.

Les mots invariables varient-ils en nombre ?

2 **a. Quand** le vent souffle-t-il **vraiment** fort **sur** la côte ?
b. Quand les vents soufflent-ils **vraiment** fort **sur** les côtes ?

- Compare la phrase **a** au singulier et la phrase **b** au pluriel.
Que remarques-tu pour les mots en gras ?
- Peut-on préciser le nombre de *quand*, de *vraiment* et de *sur* ?

Écris ces phrases au pluriel. Puis relève les mots invariables.
La sorcière possède toujours un chat. Il aime beaucoup le chocolat.

Les mots invariables peuvent-ils se conjuguer ?

3 **a.** J'étudie **encore**. → Tu étudies **encore**. → Nous étudions **encore**.
b. Je reste **debout**. → Tu restes **debout**. → Nous restons **debout**.

- Que remarques-tu pour les mots en gras quand on change la conjugaison du verbe ?

**Récris les phrases avec les nouveaux sujets proposés.
Puis relève les mots invariables.**
Il court partout. → Nous … . – Il mange souvent. → Vous … . –
Il travaille beaucoup. → Nous … .

J'apprends

— Les **mots invariables** ne changent pas d'orthographe. Ils n'ont :

pas de genre	pas de nombre	pas de conjugaison
un danseur ***très*** *élégant* *une danseuse* ***très*** *élégante*	***Quand*** *le vent souffle-t-il ?* ***Quand*** *les vents soufflent-ils ?*	*Il reste* ***debout****.* *Nous restons* ***debout****.*

⚠ Souvent, ces mots ont **une orthographe particulière**. Il faut les apprendre par cœur :
pourquoi – parce que – sous – avant…
Reporte-toi à la liste p. 208.

Je m'entraîne

1 * **Recopie ces listes de mots invariables sans l'intrus.**

a. après – alors – matelas – toujours – sous
b. avec – après – pendant – bouquet – hier
c. quand – enfin – content – souvent – pourtant

2 * **Recopie ces mots invariables en regroupant les contraires.**

a. toujours — 1. peu
b. beaucoup — 2. jamais
c. après — 3. plus
d. moins — 4. avant

3 ** **Classe les mots invariables dans le tableau selon la précision qu'ils apportent.**

aujourd'hui – autour – demain – combien – devant – moins – autant – maintenant – sous – hier.

lieu	quantité	temps

4 ** **Complète chaque phrase avec un mot invariable :** *même* – *presque* – *comme* – *surtout* **ou** *mais*.

a. J'ai acheté le … cartable que le tien.
b. … tu es malade, tu restes au lit.
c. Il réussit … toujours.
d. …, n'oublie pas tes affaires de sport.
e. Il y a du soleil … il fait très froid.

5 ** **Trouve huit mots invariables cachés dans la grille. Recopie-les.**

v	e	n	c	o	r	e	m
i	n	a	p	r	è	s	o
e	f	v	a	i	n	s	i
b	i	e	n	t	ô	t	n
o	n	c	r	m	a	i	s
q	u	a	n	d	o	b	p

6 *** **Relève les mots invariables dans ces phrases.**

a. Bientôt, j'irai nager dans la rivière.
b. Après la pluie vient le soleil.
c. Les élèves courent autour de la cour.
d. Quand arriverez-vous ?
e. Il reste encore un gâteau sur la table.

7 *** **Remplace chaque mot invariable par un autre mot invariable.**

a. **Où** pars-tu en vacances ?
b. Je ne suis **jamais** en retard.
c. Il a plu **avant** le match.
d. La terrasse est **derrière** la maison.
e. Je vais **parfois** à la piscine.

J'écris

8 **Enrichis ces phrases avec un mot invariable.**

a. Samir cherche ses affaires.
b. Aurore viendra me voir.
c. Le beau temps est revenu.

Je comprends

Trouve les noms correspondant aux dessins.
Ajoute un déterminant devant chaque nom : *un* ou *une*.
Peut-on changer le déterminant devant chaque nom ?

Lis ces mots et réponds aux questions.

Comment reconnaît-on le masculin ou le féminin des noms ?

1 **a.** monde/ronde – image/étage – chaise/vase
b. souris/tapis – été/vérité – caméra/schéma

- Observe la terminaison des noms des listes **a** et **b**.
- Quel est le genre de ces noms ? Ajoute un déterminant devant chacun.
- Peut-on donner le genre de ces noms en observant la terminaison ?

Ajoute ***un*** **ou** ***une*** **devant chaque nom.**
bouton – prison – garage – valise – menace – espace.

Quelle lettre peut parfois permettre de repérer les noms féminins ?

2 un cri/une sortie – un menu/une statue – un tiroir/une histoire
un café/une fusée – un trou/une boue

- Que remarques-tu pour la terminaison des noms féminins ? Entends-tu la lettre *e* ?

Ajoute un ***e*** **si nécessaire.**
un cri... – une mémoir... – une bougi... – un devoir... – un tracé... – une charru... .

Le ***e*** **à la fin des noms marque-t-il toujours le féminin ?**

3 **a.** un bond/un monde – un repos/un colosse
b. une chanson/une zone – une part/une carte

- Dans la liste **a**, quel est le genre des noms ?
Que devient la consonne finale suivie d'un *e* ?
- Dans la liste **b**, quel est le genre des noms ?
Que devient la consonne finale suivie d'un *e* ?

Entoure la consonne que l'on entend grâce à la lettre ***e*****.**
un camarade – un silence – un bagage – un vase – un reste.

ORTHOGRAPHE

J'apprends

— Les noms se répartissent en **deux catégories** :
- les **noms masculins** : ***un*** *cadre,* ***le*** *soleil,* ***mon*** *livre,* ***ce*** *dragon…*
- les **noms féminins** : ***une*** *feuille,* ***la*** *table,* ***ma*** *robe,* ***cette*** *chanson…*

— On met un **déterminant masculin** devant les noms masculins.
On met un **déterminant féminin** devant les noms féminins.

— **Au féminin**, les noms qui se terminent par [i], [y], [e], [u] et [waʀ] ont un **e final** qui ne s'entend pas.

masculin	*un cri*	*un menu*	*un café*	*un trou*	*un tiroir*
féminin	*une poésie*	*une statue*	*une fusée*	*une joue*	*une histoire*

— Dans certains noms masculins et féminins, la lettre **e** sert à entendre **la consonne** qui précède : *un monde – une carte.*

Je m'entraîne

1 * **Écris un déterminant pour chacun de ces noms.**

… peigne – … cuisine – … texte – … chaise – … rêve – … mémoire – … conseil – … idée – … solution – … objet.

2 ** **Classe les noms en deux colonnes :** *noms féminins* **et** *noms masculins*.

l'orange – l'animal – l'armoire – l'autobus – l'étoile – l'arbre – l'oubli – l'arrivée – l'espoir.

3 ** **Complète ces noms si nécessaire. Attention, il y a deux exceptions.**

une avenu… – une nui… – un fossé… – une revu… – une issu… – un tissu… – un cri… – une sorti… – une sonneri… – un résumé… – une arrivé… – une tribu… .

4 ** **Écris le nom du lieu où travaillent ces personnes.**

le boulanger – le bijoutier – le boucher – le pharmacien – le libraire.

5 *** **Recopie et complète les noms si nécessaire.**

Demain, c'est la rentré… des classes. Medhi et Sarah doivent retourner à l'écol… . Cette anné…, ils sont en CE2. Leur nouvelle class… est très belle. La peintur… a été refaite pendant les vacances et le mobilier… est neuf.

6 **Recopie ces listes de mots. Complète-les si nécessaire. Quelles listes peux-tu écrire sans te tromper ? Apprends l'autre par cœur.**

a. une fusé… – une idé… – une anné… .
b. une mémoir… – une victoir… – une poir… .
c. une fourmi… – une beauté… – une tou… .

J'écris

7 **Ces noms ont deux genres. Emploie chacun d'eux dans une phrase au féminin et dans une phrase au masculin. Attention, ils ont alors un sens différent !**

vase – manche.

Je comprends

Trouve les noms correspondant aux dessins. Entends-tu une différence entre le masculin et le féminin ?

Lis ces mots et réponds aux questions.

La terminaison en *e* des noms féminins

1 **a.** un marié → une marié**e** – un ami → une ami**e**
b. un renard → une renar**de** – un voisin → une voisi**ne**

Comment se terminent les noms masculins dans la liste **a** ?
Qu'ajoute-t-on au féminin ? Entends-tu une différence ?

Comment se terminent les noms masculins dans la liste **b** ?
Qu'ajoute-t-on au féminin ? Entends-tu une différence ?

Écris les noms suivants au féminin.
un voyant – un apprenti – un marchand – un employé.

Cas particulier : la terminaison en *ère*, *ne*, *se*, *rice* des noms féminins

2 **a.** un boulanger → une boulang**ère** – un cavalier → une cavali**ère**
b. un gardien → une gardien**ne** – un chien → une chien**ne**
c. un chanteur → une chanteu**se** – un directeur → une direct**rice**

Entends-tu une différence entre le nom féminin et le nom masculin dans ces listes ?
Comment trouve-t-on la lettre finale des mots masculins ?

Écris les noms suivants au masculin.
une passagère – une agricultrice – une musicienne.

Cas particulier : des noms féminins différents

3 un homme → une femme – un frère → une sœur
un taureau → une vache – un bouc → une chèvre

Compare les noms masculins et les noms féminins. Que remarques-tu ?

Écris le masculin des noms suivants.
une reine – une sœur – une jument – une poule.

J'apprends

– **Pour les êtres humains et les animaux**, on ajoute le plus souvent un **e** au nom masculin pour former le **nom féminin**.

un ami ↓ *une ami**e***

un voisin ↓ *une voisin**e***

un renard ↓ *une renard**e***

– Il existe de nombreux cas particuliers.

masculin	*un boulang**er***	*un nag**eur***	*un ch**ien***	*un direct**eur***
féminin	*une boulang**ère***	*une nag**euse***	*une chie**nne***	*une direct**rice***

– Parfois, le nom féminin est **différent** du nom masculin.

un frère ↓ *une sœur*

un homme ↓ *une femme*

un taureau ↓ *une vache*

⚠ Parfois, le nom masculin et le nom féminin sont identiques : *un pianiste* → *une pianiste.*

Je m'entraîne

1 * Écris le masculin de ces noms.

une voisine – une Française – une inconnue – la fiancée – une étudiante – mon invitée – la cousine – une débutante – Françoise.

2 * Écris le féminin de ces noms.

un invité → une … – un employé → une … – un blessé → une … – un inconnu → une … – un ennemi → une … – un apprenti → une … – un étourdi → une … – un marié → une … .

3 * Recopie chaque nom masculin avec le nom féminin qui lui correspond.

acteur – comédien – passagère – patineur – cuisinière – passager – actrice – cuisinier – journaliste – comédienne – journaliste – patineuse.

4 ** Relève les noms qui n'ont pas de féminin.

un père – un crayon – un jouet – un parrain – un gardien – un lion – un chemin – un sac.

5 ** Écris le féminin de ces noms.

un ogre – un oncle – un instituteur – un tigre – un paysan – un berger – un traducteur – un président – un conducteur – un jumeau.

6 * Écris le nom masculin qui correspond à chacun de ces noms féminins.**

une jument – une brebis – une marraine – une reine – une poule.

7 Recopie et complète chaque liste de mots. Quelles listes peux-tu écrire sans te tromper ? Pourquoi ? Apprends l'autre par cœur.

a. un Indi… – une gardi… – une chi… .
b. une f…mme – une s…r – une t…te.
c. une fermi… – une gauch…. – une cavali… .

J'écris

8 Ces mots ont deux genres. Emploie chaque mot dans une phrase au féminin et dans une phrase au masculin. Attention, ils ont alors un sens différent !

garde – poste.

Je comprends

Trouve les noms correspondant aux dessins.
Choisis le déterminant qui convient pour chaque nom.

Lis ces mots et réponds aux questions.

Les noms au pluriel en *s*

1 une pomme → des pomme**s** – la maison → les maison**s** –
une équipe → des équipe**s**

Que remarques-tu à la fin des noms au pluriel ?

Écris ces groupes nominaux au pluriel.
une bouteille – cette tarte – l'avion – mon poisson – ton chien – son olivier.

Les noms au pluriel en *x*

2 **a.** un cheveu → des cheveu**x** – un jeu → des jeu**x**
b. un noyau → des noyau**x**
c. un drapeau → des drapeau**x** – un cadeau → des cadeau**x**

Dans les listes **a**, **b** et **c**, comment se terminent les noms au singulier ?
Qu'ajoute-t-on au pluriel ?

Écris ces noms au pluriel.
un chapiteau – un neveu – un feu – un seau – un étau.

Le pluriel des noms terminés par *s*, *x* ou *z*

3 **a.** une souris → des souris – un bus → des bus
b. un creux → des creux
c. un nez → des nez

Que remarques-tu pour le pluriel de ces noms terminés par *s*, *x* ou *z* au singulier ?

Écris ces noms au pluriel.
un cours – un gaz – un choix – un héros.

J'apprends

- En général, on ajoute un **s** au nom singulier pour le mettre au **pluriel**.
  une pomme → ***des** pommes* *le jardin* → ***les** jardins*

- Cas particuliers :

singulier	*un cheveu*	*un drapeau*	*un tuyau*
pluriel	***des** cheveux*	***des** drapeaux*	***des** tuyaux*

⚠ *des pneus* ⚠ *des landaus*

- Pour les noms terminés par **s**, **x** ou **z** au singulier, il n'y a **pas de changement** au pluriel.
  un ours → *des ours* – *un repas* → *des repas* – *un creux* → *des creux* – *un nez* → *des nez.*

Je m'entraîne

1 * **Recopie chaque groupe nominal singulier avec le groupe nominal pluriel qui lui correspond.**

tes chapeaux – une table – mes sœurs – la question – des tables – ma sœur – des radis – les questions – ce jouet – un radis – ton chapeau – ces jouets.

2 * **Trouve un déterminant qui convient pour chaque nom.**

… disques – … paysage – … serviettes – … chansons – … cheveux – … bateau – … nœud – … oiseaux – … collection – … tuyaux.

3 ** **Récris ces groupes nominaux au pluriel.**

une bouteille → … – un fromage → … – une chaussure → … – un cadeau → … – un objet → … – une idée → … – un morceau → … – un vœu → … – une forêt → … – un insecte → … .

4 ** **Écris ces groupes nominaux au pluriel. Classe-les en trois colonnes :** *pluriel avec* s, *pluriel avec* x **et** *pas de changement au pluriel*.

une trousse – un cahier – un tapis – le couteau – un Français – un neveu – un directeur – un avion – un ours – une élève – un manteau – une croix.

5 ** **Écris ces groupes nominaux au singulier.**

des autobus – des amis – des souvenirs – des fusées – les tapis – trois stylos – des outils – des tuyaux – deux ours – des rideaux.

6 *** **Recopie et complète chaque phrase en accordant, quand c'est nécessaire, le nom entre parenthèses.**

Pierre mange les *(abricot)*. – Cette fille a les *(cheveu)* longs. – Joël range ses *(jouet)* dans sa *(chambre)*. – Les *(enfant)* découpent des *(feuille)* de papier. – Sophie a mangé tous les *(chocolat)*. – Alexis répare les *(roue)* de son *(vélo)*.

7 **Recopie et complète chaque liste de mots. Quelle liste peux-tu écrire sans te tromper ? Apprends les autres par cœur.**

a. un repo… – un coli… – un repa… – un boi… .
b. des camarade… – des jouet … – des valise … .
c. des feu… – des cheveu… – des vœu… .

J'écris

8 **Constitue des groupes nominaux en associant les noms et les déterminants. Écris des phrases avec ces GN.**

a. les – deux – aucun.
b. chansons – élève – nombres.

Je comprends

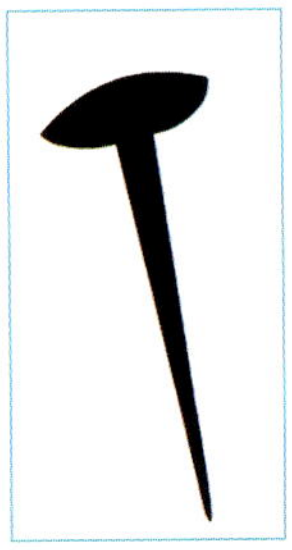

Trouve les noms correspondant aux dessins.
Entends-tu une différence entre le singulier et le pluriel ?

Lis ces mots et réponds aux questions.

Le pluriel des noms en *ou*

1 **a.** des clous – des trous – des fous – des verrous
b. des bijoux – des genoux

- Quelle est la marque du pluriel pour les noms en *ou* de la liste **a** ?
- Quelle est la marque du pluriel pour les noms en *ou* de la liste **b** ?

Écris ces noms au pluriel.
un sou – un voyou – un écrou – un bisou.

Le pluriel des noms en *al*

2 **a.** un cheval → des chevaux – un journal → des journaux
b. un bal → des bals – un carnaval → des carnavals

- Quelle différence observes-tu entre les noms au singulier et les noms au pluriel de la liste **a** ? De la liste **b** ?

Écris ces noms au pluriel.
un animal – un général – un signal – un original.

Le pluriel des noms en *ail*

3 **a.** un portail → des portails – un détail → des détails
b. un travail → des travaux – un vitrail → des vitraux

- Quelle différence observes-tu entre les noms au singulier et les noms au pluriel de la liste **a** ? De la liste **b** ?

Écris ces noms au pluriel.
un attirail – un éventail – un chandail – un rail.

J'apprends

— Cas général :

singulier	*un clo**u***	*un port**ail***	*un chev**al***
pluriel	*des clo**us***	*des port**ails***	*des chev**aux***

⚠ *des bijoux – des cailloux – des choux – des genoux – des joujoux – des hiboux – des poux.*
⚠ *des coraux – des travaux – des vitraux…*
⚠ *des bals – des festivals – des carnavals…*

Je m'entraîne

1 * Écris une phrase avec l'intrus de chaque liste.

a. un canal – un carnaval – un tribunal – un journal
b. un travail – un détail – un épouvantail – un portail
c. un clou – un trou – un bijou – un fou

2 ** Écris ces noms au pluriel. Entoure les exceptions.

a. un général – un rival – un bal – un signal – un carnaval – un hôpital
b. un travail – un détail – un éventail – un vitrail – un corail – un gouvernail – un chandail

3 ** Écris ces noms au pluriel. Entoure les exceptions.

un sou – un hibou – un verrou – un caillou – un trou – un coucou – un bijou – un chou – un genou – un joujou – un pou – un bambou – un bisou – un kangourou.

4 * Écris les noms au pluriel et classe-les dans trois colonnes : *pluriel en* -als, *en* -ails ou *en* -aux.**

le caporal – un général – un rail – un bocal – un travail – le bal – un journal – le carnaval – un détail.

5 * Recopie et complète chaque phrase en accordant le nom entre parenthèses.**

a. Le facteur distribue les *(journal)* tous les jours.
b. Les *(hibou)* nichent dans des *(trou)* creusés dans les *(arbre)*.
c. Ma tante porte des *(bijou)* avec des *(émail)* et des *(rubis)*.
d. Mes *(neveu)* ont toujours des *(bleu)* sur les *(genou)* à cause de leurs *(jeu)* dans le jardin.

6 Recopie et complète chaque liste de mots. Quelles listes peux-tu écrire sans te tromper ? Pourquoi ? Apprends l'autre par cœur.

a. des genou… – des caillou… – des bijou… .
b. des chev… – des journ… – des trav… .
c. des déta… – des éventa… – des porta… .

J'écris

7 Associe les noms et les déterminants de ces listes pour former des groupes nominaux. Emploie ces GN dans des phrases.

a. ce – plusieurs – des – ces – aucun
b. canal – choux – travail – bijoux – matous

Même exercice.

a. des – l' – un – les
b. animal – travail – voyous – attirails

Je comprends

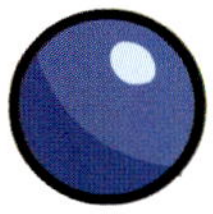

le petit ballon bleu

la petite balle bleue

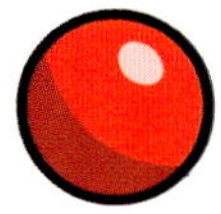

un joli ballon rond

une jolie balle ronde

Lis les groupes nominaux dans les étiquettes. Quel est leur genre ?

Lis ces mots et réponds aux questions.

Le masculin et le féminin des adjectifs qualificatifs

1 **a.** un joli ballon rond – le petit ballon bleu
b. une joli**e** balle rond**e** – la petit**e** balle bleu**e**

- Quel est le genre des groupes nominaux dans les listes **a** et **b** ?
- Relève les adjectifs qualificatifs. Que remarques-tu à la fin des adjectifs qualificatifs de la liste **b** ?

Compose deux groupes nominaux avec les mots suivants :
un – une / plat – tarte / salé – salée / grand – grande.

La lettre *e* du féminin s'entend-elle toujours ?

2 **a.** rond → rond**e** – petit → petit**e** – gris → gris**e**
b. joli → joli**e** – bleu → bleu**e** – doué → doué**e**

- Que remarques-tu pour tous les adjectifs qualificatifs féminins des listes **a** et **b** ?
- Entends-tu une différence entre les adjectifs masculins et féminins dans ces listes ?

Complète les groupes nominaux avec l'adjectif qualificatif qui convient.
un conte ... – une histoire ... *(passionnant – passionnante)*
un chalet ... – une maison ... *(fermé – fermée)*

Des cas particuliers

3 **a.** heureux → heureuse – premier → première – actif → active – bon → bonne
b. beau → belle – frais → fraîche – vieux → vieille
c. solide → solide – maigre → maigre – calme → calme

- Relève les différences entre les adjectifs qualificatifs masculins et féminins des listes **a** et **b**. Cherche d'autres exemples.
- Y a-t-il une différence entre le masculin et le féminin dans la liste **c** ?

Complète chaque groupe nominal avec l'adjectif qualificatif qui convient.
une fille *(sportif – sportive)* – une histoire *(nouveau – nouvelle)* – une galette *(savoureux – savoureuse)*.

J'apprends

— L'**adjectif qualificatif** est au **masculin** quand le groupe nominal est au masculin. Il est au **féminin** quand le groupe nominal est au féminin.

au masculin	au féminin	
un ballon ***rond***	*une balle* ***ronde***	On ajoute un **e**
joli	***jolie***	

⚠ *un ballon* ***rose*** → *une balle* ***rose*** : pas de changement

— Il existe de nombreux cas particuliers :

masculin	*heur**eux***	*premi**er***	*acti**f***	*bo**n***	*b**eau***
féminin	*heur**euse***	*premi**ère***	*acti**ve***	*bo**nne***	*b**elle***

Je m'entraîne

1 * Retrouve pour chaque adjectif qualificatif masculin de la *liste 1* l'adjectif qualificatif féminin de la *liste 2* qui correspond. Recopie-les.

1. vif – épais – mignon – régulier
2. régulière – mignonne – épaisse – vive

2 * Classe les adjectifs en deux colonnes : *masculin* et *féminin*. Attention, certains peuvent s'écrire dans les deux colonnes.

rêveur – soucieuse – solide – gros – étroite – jeune – soignée – juteux – noire – stupide.

3 ** Recopie et complète chaque groupe nominal avec l'adjectif qualificatif qui convient.

a. une poire … – un fruit … *(juteux, juteuse)*
b. une tarte … – un gâteau … *(épais, épaisse)*
c. une ..... nappe – un … napperon *(beau, belle)*
d. un animal … – une bête … *(craintif, craintive)*
e. une photographie … – un schéma … *(raté, ratée)*

4 ** Écris chaque adjectif qualificatif au féminin.

usé – charmant – profond – glacé – brisé – inconnu – brun – vilain – fort – gros.

5 * Récris chaque groupe nominal avec l'adjectif au masculin ou au féminin.**

un cri joyeux → une musique … – un garçon blond → une fille … – un repas équilibré → une nourriture … – un chandail vert → une veste … – un dessin régulier → une écriture … – un acteur connu → une actrice … .

6 * Récris le texte. Choisis le nom qui accompagne l'adjectif.**

La vilaine *(ogre – sorcière)* prépare une mauvaise *(repas – potion)*. Son petit *(chat – souris)* la regarde mélanger avec sa grande *(bâton – spatule)* en bois. Son vieux *(balai – chouette)* attend la fin des préparatifs. Ils partiront bientôt pour un long *(voyage – randonnée)*.

J'écris

7 Écris des groupes nominaux singuliers féminins à partir des consignes suivantes.

déterminant + nom + adjectif
déterminant + nom + adjectif et adjectif
déterminant + adjectif + nom + adjectif

Je comprends

Décris le ou les vélos, puis la ou les motos.
Quel est le nombre des groupes nominaux ?

Lis ces mots et réponds aux questions.

Le singulier et le pluriel des adjectifs qualificatifs

1 **a.** un vélo **neuf** – une moto **neuve**
b. des vélos **neufs** – des motos **neuves**

- Quel est le nombre des groupes nominaux dans les listes **a** et **b** ?
- Relève les adjectifs qualificatifs. Que remarques-tu au singulier et au pluriel ?

Reconstitue les deux groupes nominaux.
une – des / glace – glaces / délicieuse – délicieuses

Comment reconnaître les adjectifs qualificatifs au pluriel ?

2

a. neuf → neufs	vert → verts	joli → jolis
b. neuve → neuves	verte → vertes	jolie → jolies

- Quel est le genre des adjectifs qualificatifs dans les listes **a** et **b** ?
- Que remarques-tu au singulier et au pluriel ?

Complète ces noms avec l'adjectif qualificatif au pluriel.
une pierre blanche → des pierres … – un renard rusé → des renards … .

Des cas particuliers

3 **a.** un exercice **oral** → des exercices **oraux**
b. un **nouveau** film → des **nouveaux** films
c. un **gros** nuage → des **gros** nuages
un fruit **délicieux** → des fruits **délicieux**

- Quel changement remarques-tu à la fin des adjectifs qualificatifs au pluriel dans les listes **a** et **b** ?
- Dans la liste **c**, que remarques-tu au pluriel pour les adjectifs qualificatifs se terminant par *s* ou *x* au singulier ?

Complète ces groupes nominaux avec l'adjectif qualificatif au pluriel.
un produit régional → des produits … – un nouveau voisin → des … voisins.

J'apprends

— Quand le groupe nominal est au pluriel, l'**adjectif qualificatif** est au **pluriel**.

au singulier	au pluriel	
*un vélo **neuf***	*des vélos **neufs***	Au pluriel, on ajoute un **s**.
*une moto **neuve***	*des motos **neuves***	

⚠ *un vélo **gris** – des vélos **gris***
*un **vieux** vélo – des **vieux** vélos*
Avec un **s** ou un **x** au singulier, pas de changement au pluriel.

— Quelques cas particuliers :

singulier	*un exercice or**al***	*un **beau** jardin*
pluriel	***des** exercices or**aux***	***des beaux** jardins*

⚠ *un banc **bancal** → des bancs **bancals***

Je m'entraîne

1 * **Recopie ensemble le singulier et le pluriel d'un même adjectif.**

docile – ancien – rouge – anciens – rouges – dociles – brutal – grande – précis – grandes – précis – brutaux

2 * **Classe les adjectifs qualificatifs en deux colonnes :** *singulier ou pluriel*. **Attention, il y a deux pièges !**

simple – dangereux – normal – attentifs – savant – spéciaux – derniers – épais – profond – tristes.

3 ** **Complète les listes de mots, comme dans l'exemple :**

un renard rusé → des renards rusés → une renarde rusée → des renardes rusées.

– un chemin étroit → des chemins … → une allée … → des allées … .
– un chien méchant → des chiens… → une chienne … → des chiennes … .

4 ** **Récris les groupes nominaux au singulier.**

des nouveaux livres – des langues étrangères – des chemins boueux – des vents violents.

5 ** **Complète par** *-al* **ou** *-aux*.

un château féod… – des journaux loc… – des sons music… – un vent tropic… – des gestes brut… – des côtés ég… – un vaisseau spati… .

6 *** **Choisis entre les deux noms proposés en tenant compte des accords. Recopie les phrases. Entoure ce qui t'as permis de choisir.**

Les *(souliers – chaussures)* neuves font souvent mal aux pieds. Pierre admire *(la moto – le scooter)* astiquée. À la boulangerie, *(des employés – des employées)* souriants nous accueillent.

7 *** **Invente des groupes nominaux avec les adjectifs qualificatifs suivants. Attention aux accords !**

rondes – originaux – froide – normal – contente – entiers – polies – gros.

J'écris

8 **Associe les déterminants, les noms et les adjectifs pour créer des groupes nominaux. Emploie-les dans des phrases.**

- un – les – des – une
- renards – rose – robes – film
- musical – blanche – rusés – longues

Les mots de la même famille

1 Recopie ensemble les mots d'une même famille. Attention, il y a deux intrus.

gentil – léger – permettre – la gentillesse – un maître – une permission – alléger – le liège – légèrement – un permis – gentiment – la légèreté – permissible – gentille.

2 Recopie ensemble en les complétant les mots de la même famille que : *neiger*, *lait* et *crème*.

enn...ger – la n...ge – un cr...mier – un temps n...geux – un l...tier – un l...tage – cr...meux – l'all...tement – un enn...gement.

Les homophones

3 Complète chaque phrase avec le mot qui convient.

a. ***sot*** *ou* ***seau.*** Medhi ramasse des coquillages dans un ... . – Hugo dit des bêtises mais il n'est pas ... .
b. ***pot*** *ou* ***peau.*** Le ... de bonbons est rangé sur l'étagère. – La ... du rhinocéros est épaisse.

4 Complète les phrases avec des homophones, comme dans l'exemple :
Le dattier est un arbre qui donne des ***dattes****.*
– Ma ***date*** *de naissance est le 15 août.*
Aide-toi du dictionnaire si nécessaire.

a. À l'opéra, les artistes dansent un ... .
– On nettoie le sol avec un ... .
b. Le boulanger fait du ... . – Le ... est un arbre dont les aiguilles sont toujours vertes.

Les sons [o] et [ɔ]

5 Associe les parties de mots des deux colonnes pour former des mots. Écris-les.

	graphie
	bus
auto	moteur
photo	copie
vélo	mobile
	drome
	maton

6 Écris le mot correspondant à chaque définition. Il contient le son [o] ou [ɔ].

a. Je suis un instrument de musique aux touches noires et blanches. → un ...
b. Je transporte sur l'eau des personnes et des marchandises. → un ...
c. Je suis la couleur du soleil, du citron. → ...
d. Je suis un endroit au bord de la mer où les bateaux s'abritent. → un ...

Le son [k]

7 Recopie tous les mots qui contiennent le son [k].

Une banque a été attaquée ce matin. Le coffre a été forcé. Un détective mène l'enquête. Il est arrivé sur la scène du cambriolage un quart d'heure après le vol. Il porte une casquette et un long manteau kaki.

8 Recopie ensemble les mots d'une même famille.

un chœur – quatre – skiable – un choriste – un skieur – quarante – skier – une chorale – un ski – une quarantaine.

9 Écris les mots qui correspondent aux définitions. Ils contiennent le son [k].

a. Une personne qui distribue le courrier.
→ un (une) ...
b. Une personne qui dirige une école ou une entreprise. → un (une) ...
c. Une personne qui assiste à un spectacle.
→ un (une) ...

Le son [e]

10 Récris les phrases en complétant les mots qui contiennent le son [e].

a. Il faut faire le m...nage régulièrement.
b. Vous all... revenir me voir bientôt.
c. Un s...jour à l'...tranger fait du bien.
d. Vous ne gaspill... pas l'...lectricité.
e. Vous regard... trop souvent la t...l...vision.
f. Si vous cherch... votre chemin, vous pouv... demander de l'aide.

11 **Complète en indiquant :**
– l'arbre qui correspond au fruit (a) ;
– le métier qui correspond au lieu (b).

a. une cerise → un … –
une poire → un … –
un abricot → un …
b. une boulangerie → un … –
une épicerie → … –
une ferme → un …

Le son [g]

12 **Recopie les phrases en les complétant avec le verbe indiqué entre parenthèses.**

a. *(dialoguer)* Tous les matins, nous … avec notre maîtresse.
b. *(fatiguer)* Quelquefois, nous … nos parents avec nos bavardages.
c. *(naviguer)* Nous … sur la mer pendant les vacances.
d. *(baguer)* Nous … certains oiseaux sauvages pour les retrouver.

13 **Recopie et complète chaque phrase avec l'homophone qui convient. Aide-toi des phrases exemples.**

Le cuisinier ***goûte*** *le plat qu'il a préparé.* –
Le robinet de la cuisine est mal fermé ; il ***goutte****.*

L'arbre … après l'orage. – Théo … en rentrant de l'école.

14 **Écris les mots correspondant aux définitions. Ils contiennent tous le son [g].**

a. Un insecte qui pique. → une …
b. Un instrument de musique avec des cordes. → une …
c. Elle est dans notre bouche et nous aide à avaler et à parler. → la …

Le son [ɛ]

15 **Recopie et complète.**

Exemple : *une fille* → *une fillette.*

une table → une … – une jupe → une …
une chaîne → une …. – une hache → une ….
une poche → une … – une malle → une …

16 **Recopie chaque phrase en complétant le mot qui contient le son [ɛ].**

a. Notre voisin est très …mable.
b. Il faut toujours garder de l'…spoir.
c. Ma sœur m' …de à travailler.
d. J'…merais faire de l'…scrime.
e. L' orchestre est installé sur une …strade.

Le son [s]

17 **Recopie chaque liste de mots sans l'intrus.**

a. une spirale – le soleil – une pause – un singe – un insecte
b. un cercle – décider – une source – une cerise – un camion
c. l'aviation – une correction – une passion – une attention

18 **Recopie les mots dans lesquels tu entends le son [s].**

une bassine – une voisine – une astuce – une assistante – un visage – un vestiaire – une prison – un trésor – un visiteur – une permission – une tisane – une solution.

Le son [ɑ̃]

19 **Associe les parties de mots des deux colonnes pour former des mots. Écris ces mots.**

	poule		dormir
an	tenne	en	porter
am	bulance	em	chanter
	cien		combrer

20 **Recopie ensemble les mots de la même famille.**

un rangement – commander – un inventeur – ranger – un commandement – déranger – une invention – un dérangement – une branche – un branchement – inventif – décommander – un débranchement – un branchage – inventer – brancher – recommander

21 **Recopie le texte en complétant les mots avec *en* ou *em*.**

Souv…t, les d…ts qui pouss…t empêch…t les petits …fants de s'…dormir. Inquiets, les par…ts prenn…t leur t…pérature.

Le son [ʒ]

22 **Écris le mot contenant le son [ʒ] qui correspond à chaque définition.**

a. Un magasin où l'on achète le pain → une …
b. Un animal avec un très grand cou → une …
c. Un jour de la semaine → le …
d. Une boisson faite avec des oranges → une …

23 **Recopie les phrases en complétant les mots avec *g* ou *j*.**

a. La …onquille est une …olie fleur …aune.
b. Mon camarade a mal à la …ambe …auche.
c. Il faut être a…ile pour …rimper à une corde.
d. Les petits aiment faire des découpa…es.
e. Il y a beaucoup de nouvelles dans les …ournaux

Le son [ɛ̃]

24 **Recopie les phrases en complétant les mots avec *in* ou *ien*.**

a. B…tôt, ce seront les vacances.
b. Il faut r…cer soigneusement la vaisselle.
c. Tu aimerais b… apprendre à faire du pat… à glace.
d. Mon ch… aime se promener avec moi.

25 **Trouve un mot de la même famille que chaque mot proposé. Il doit contenir le son [ɛ̃].**

parrainer → un … – un dessinateur → un … – une graine → un … – freiner → un … – craindre → une … – chacune → …

26 **Recopie les phrases en complétant les mots avec le préfixe *in* ou *im*.**

a. Mon ami est …patient d'arriver.
b. J' ai vu un film …téressant.
c. Il est …poli d'interrompre une conversation.
d. Cette punition est …juste.
e. Cette eau est …pure.

Les sons [ø] et [œ]

27 **Recopie chaque phrase en la complétant avec un mot de la même famille que le mot entre parenthèses.**

a. *(camper)* Le … prépare son matériel pour aller en montagne.
b. *(courir)* Le … s'entraîne chaque jour.
c. *(jouer)* Le … a gagné. Il a eu de la chance.
d. *(voler)* On dit que la pie est … .

28 **Observe et continue, comme dans l'exemple :** *un facteur → une factrice.*

un instituteur → une … – un lecteur → une … – un directeur → une … – un acteur → une … – un conducteur → une … – un moniteur → une …

Le son [j]

29 **Écris le mot qui correspond à chaque définition.**

a. Il dirige une banque. → un …
b. Cette plante donne des framboises. → un …
c. Il travaille dans une ferme. → un …
d. Il fait de la menuiserie. → un …

30 **Recopie les phrases en complétant les mots avec *oy* ou *uy*.**

a. Il faut s'ess…er les pieds avant d'entrer dans la maison.
b. Il faut empl…er de bons outils pour faire du bon travail.
c. Le n…au de la pêche est plus gros que celui de la cerise.

31 **Récris les phrases en complétant les mots avec *i* ou *y*.**

a. Nous partirons en vo…age dans quelques jours.
b. Le rad…ateur chauffe la p…èce ent…ère.
c. Ma sœur joue b…en du p…ano.
d. Mon père est pâtiss…er.
e. Ma petite sœur est ennu…ante, elle n'aime r…en.

Les sons [ij] et [j]

32 **Observe et continue comme dans l'exemple :** *réveiller → il réveille, un réveil.*

travailler → … – fouiller → … – accueillir → … – détailler → … – conseiller → … – rouiller → …

33 **Écris deux phrases avec des mots où tu entends le son [ij] pris dans cette liste.**

tranquille – une brindille – un village – gentille – un papillon.

34 **Continue comme dans l'exemple :**

habiller → tu habilles, nous habillons, vous habillez.

griller → … – briller → … – maquiller → …

35 **Recopie les phrases en complétant les mots avec *ill* ou *y*.**

a. Le brou…on doit être recopié proprement avec un cra…on bien ta…é.
b. Le tu…au est percé parce qu'il a trop rou…é.
c. Le vo…ageur ne doit pas être en retard.
d. Nous aimons cue…ir des fruits sur les arbres. Ils sont parfois cachés par le feu…age.

Les sons [ks] et [gz]

36 **Complète les phrases avec un nom de la même famille que le verbe donné en gras.**

Exister – Les oiseaux qui vivent en cage n'ont pas une belle … .
Exercer – La maîtresse donne de nombreux … pour s'entraîner.
Excuser – Les parents préparent un mot d'… pour l'absence de leur enfant.
Expliquer – Le garagiste donne les … sur la panne de la voiture.

37 **Associe les parties de mots des deux colonnes pour former tous les mots possibles.**

	cident
ac	citer
ex	cès
	cuse

Les mots invariables

38 **Complète chaque phrase avec un mot invariable : *dans – avec – depuis* ou *avant*.**

a. … toujours, je rêve de voler.
b. … de rentrer à la maison, range ton vélo … le garage.
c. Le renard s'approche de la ferme … précaution.

39 **Complète chaque phrase avec un mot invariable : *encore – pourquoi* ou *moins*.**

a. … les étoiles brillent-elles la nuit ?
b. Il court … vite que toi.
c. Le train est … en retard.

Le masculin et le féminin des noms

40 **Recopie les phrases en complétant les noms avec *e* si nécessaire. Attention aux exceptions.**

a. Ce paysage est d'une grande beauté… .
b. Il faut soigner la toux… .
c. Une ami… me rend visite.
d. La sorti… des classes est à 16 heures 30.
e. La cheminé… se trouve sur le toit de la maison.

41 **Écris *un* ou *une* devant ces noms. Puis écris des phrases avec ces noms.**

a. … bal / … balle
b. … bout / … boue
c. … col / … colle
d. … fil / … file.

42 **Trouve un déterminant pour chaque nom. Puis recopie les noms qui peuvent être *féminin* et *masculin*.**

… magicien – … louve – … pianiste – … navigatrice – … menteur – … trapéziste – … biche – … musicienne – … concierge.

43 **Complète ces listes de mots, comme dans l'exemple :**

chanter → un chanteur – une chanteuse.

a. jouer → un … – une …
b. inviter → un … – une …
c. … → un cuisinier – une …
d. … → un … – une danseuse

44 **Complète chaque phrase avec le mot qui convient.**

a. *(inspecteur/inspectrice)* L'… qui mène l'enquête est toujours bien habillée et bien maquillée. – L'… des impôts est passé à la maison pour vérifier les comptes.

b. *(le serveur/la serveuse)* ... du bar prépare des cocktails de jus de fruits, il fait des mélanges délicieux. – ... du restaurant est habile ; elle peut porter quatre assiettes en même temps.

Le pluriel des noms

45 Écris une phrase avec l'intrus de chaque liste.

a. pantalons – fleurs – repas – poulets
b. noyaux – landaus – métaux – tuyaux
c. vœux – pneus – cheveux – neveux
d. drapeaux – cadeaux – nez – rideaux

46 Recopie chaque phrase en accordant quand c'est nécessaire le nom entre parenthèses.

a. De petits *(refrain)* s'échappent des *(portable)* allumés.
b. Pour sa longue *(marche)* en montagne, le randonneur porte une *(veste)* imperméable et des *(botte)*.
c. Beaucoup d'*(adulte)* enregistrent les *(émission)* de télévision intéressantes.
d. Les meilleurs *(artiste)* reçoivent des *(récompenses)*.

47 Récris ces groupes nominaux au singulier. Fais une phrase avec chacun.

les souris – les nez – des vieux – les ours.

48 Récris ces groupes nominaux au singulier.

des hôpitaux – des noix – nos jeux – vos cadeaux – des détails – des signaux – des bras – des tuyaux – des totaux – des bougies.

49 Récris les groupes nominaux en gras au pluriel.

a. Mon frère a rangé **le bocal** de confiture sur une étagère.
b. Le menuisier termine **le travail**.
c. Ces souris blanches appartiennent à **mon neveu**.
d. La maison a **un portail** gris.
e. Antoine lance **un caillou** dans la mare.

Le féminin des adjectifs qualificatifs

50 Écris ces groupes nominaux au féminin.

a. un chien méchant → une ...
b. un chanteur souriant → une ...
c. un directeur attentif → ...
d. un blessé courageux → une ...
e. un voisin agréable → une ...
f. un sportif adroit → ...
g. un spectateur ravi → ...

51 Accorde l'adjectif qualificatif avec le nom.

un élève *(étourdi)* – une région *(chaud)* – une baguette *(frais)* – une moquette *(neuf)* – une montagne *(élevé)* – une plante *(fleuri)* – une *(mauvais)* nouvelle – une maison *(ancien)*.

52 Complète les adjectifs qualificatifs au masculin.

a. Pour le spectacle, j'ai gagné un billet gratui... .
b. Je préfère avoir un cartable lég... .
c. Mes parents ont acheté un gran... canapé.
d. Les rideaux sont dans un tissu blan... et épai... .
e. Ce chien agress... fait peur aux passants.
f. À l'automne, il fait souvent un temps pluvieu... .

Le pluriel des adjectifs qualificatifs

53 Écris les groupes nominaux soulignés au pluriel.

a. Pierre écoute <u>une belle histoire</u>.
b. Le patron embauche <u>un jeune employé</u>.
c. Dans <u>ce nouveau film</u>, le réalisateur a découvert <u>un acteur inconnu remarquable</u>.
d. Avec <u>un gros camion</u>, il est difficile de circuler dans <u>une rue animée</u>.

54 Écris des groupes nominaux, comme dans l'exemple :
jaune (ballons/balles)
→ des ballons jaunes/des balles jaunes.

parfumé *(rosiers/plantes)* – sérieux *(filles/garçons)* – pressé *(voyageurs/vendeuses)* – ancien *(timbres/tables)* – précis *(temps/opérations)* – connu *(films/histoires)*.

Je mémorise les mots

Lis plusieurs fois ces mots.

1 un crabe – un crâne
une batterie – un bâtiment

la chaleur – un chanteur
une barque – une banque

- Dans ces mots, repère la lettre *a*.
- Relève les écritures des sons contenant la lettre *a*.

2 une chanson – un chausson
un fantôme – une faute

une cause – une caisse
un défaut – une défaite

- Recopie ces mots. Entoure la syllabe écrite où tu vois la lettre *a*.
- À quelles lettres la lettre *a* est-elle associée pour former différents sons ? Relève les écritures de ces sons.

3 la paix – du pain
une marraine – un parrain

des chevaux – des niveaux
des journaux – des panneaux

une plainte – un pliant
il est vaincu – la viande

- Dans ces mots, repère la lettre *a*.
- Relève les écritures des sons contenant la lettre *a*.

Je m'entraîne

1 **Sépare les six mots. Écris-les en ajoutant *un* ou *une* devant chacun.**

chansonépauleparrainfautecaissecrâne

2 **Lis les mots suivants et recopie-les :**

des journaux – un bâtiment – un pliant – une chanson – mauvais.

Barre les mots avec le groupe de lettres *an*.
Fais une phrase avec chaque mot qui reste.

3 **Recopie les phrases en les complétant avec des mots des encadrés ci-dessus.**

a. Je manque mon rendez-vous à … du retard de l'avion.
b. La … de Cendrillon transforme la citrouille.
c. Ma mère dépose de l'argent à la … .
d. Le géant est … par le petit tailleur.

Je lis

4 **Recopie les mots du deuxième paragraphe contenant la lettre *a*.**

Le petit chacal aimait les coquillages et il avait l'habitude de descendre chaque jour à l'embouchure du fleuve pour y chercher des moules et des crabes.

Un jour qu'il avait très faim, il mit sa patte dans l'eau sans bien regarder, ce qu'il ne faut jamais faire.

Et snap ! en un clin d'œil, le vieux crocodile qui demeure dans la vase noire l'avait happée dans sa gueule.

« Pauvre de moi ! pensa le petit chacal, le vieux crocodile tient ma patte entre ses vilaines mâchoires. Il va me tirer dans l'eau et me manger ! Qu'est-ce que je pourrais bien faire pour qu'il me lâche ? »

Natha Caputo et Sarah Cone Bryant,
Histoires pour tous les jours, © Nathan.

→ *Orthographe, unités 7, 9 et 11*

Je vois la lettre *s*

Je mémorise les mots

Lis plusieurs fois ces mots.

1 une sécurité – une pensée | casser – caser
un silence – une consigne | une émission – une télévision

- Comment se prononcent la lettre *s* et les lettres *ss* dans ces mots ? Quand écrit-on *ss* ?

2

un fils	un corps humain	des sorties	tu finis
un autobus	un pays	des visages	nous arrivons

- Entend-on souvent ou rarement la lettre *s* à la fin des mots ?
- Peux-tu expliquer la présence du *s* dans les colonnes 3 et 4 ?

3 une scène – un scandale | la piscine – bousculer
la science – la scolarité | une descente – une discussion

- Comment se prononcent les deux lettres *sc* dans ces mots ?

Je m'entraîne

1 Combien de fois lis-tu les mots *autobus* – *corps* – *science* – *pays* dans la grille ?

s	a	u	t	o	b	u	s	r
c	p	a	y	s	p	a	y	s
i	a	p	a	y	s	v	h	c
e	y		c	o	r	p	s	o
n	s	c	i	e	n	c	e	r
c	o	r	p	s	u	q	i	p
e	t	a	u	t	o	b	u	s

2 Récris les phrases en les complétant avec des mots des encadrés ci-dessus.

a. Mon oncle a un … et une fille.
b. Nous fermons la porte par … .
c. Les acteurs répètent sur la … du théâtre.

3 Écris deux phrases en utilisant les mots proposés.

a. bousculer – piscine **b.** descendre – silence

Je lis

4 Recopie tous les mots du texte avec la lettre *s* ou les lettres *ss* placées au début ou au milieu du mot.

En ce temps-là, les Indiens de la grande forêt respectaient les oiseaux et ne les chassaient jamais. Malheureusement, au fond du puissant fleuve qui traversait la forêt, vivait un serpent monstrueux et féroce.

Aucun être vivant n'osait s'approcher du fleuve où, comme un diable surgissant des profondeurs de l'eau, la tête noire de l'immense reptile jaillissait à la surface. En un clin d'œil, l'imprudent disparaissait, happé par une gueule béante. Puis le monstre replongeait dans son antre aquatique, à l'affût d'autres victimes…

Les hommes conclurent donc une alliance avec les oiseaux, et, ensemble, ils partirent en guerre contre le grand serpent d'eau.

Claude-Catherine Ragache et Marcel Laverdet,
Les animaux fantastiques,
coll. « Mythes et Légendes »,
© Hachette Livre, 1996.

→ *Orthographe, unités 8 et 19*

Je vois des accents et des trémas

Je mémorise les mots

Lis plusieurs fois ces mots.

1

une menace – un ménage	un retard – une règle	une revue – un rêveur
un repas – une réponse	une boulangerie – une passagère	une pelouse – une pêche

- Relève les accents que tu vois sur la lettre *e* dans ces mots. Comment s'appellent-ils ?

2

une pédale – un père	une aération – une arête	une fève – une fête
une journée – une planète	la vérité – un vêtement	une crème – une crêpe

- Comment se prononce la lettre *e* selon les accents ?

3

Noël	une note aiguë	haïr	une mosaïque
Joël	une pièce exiguë	du maïs	l'ouïe

- Repère les lettres sur lesquelles tu vois un tréma. Comment se prononcent-elles ?
- Explique le rôle du tréma sur le *i*.

Je m'entraîne

1 **Recompose des mots en prenant une syllabe dans chaque colonne. Écris-les en ajoutant *un* ou *une* devant chacun.**

mé	née
pla	cheur
pê	nète
jour	dale
pé	moire

2 **Récris ces mots en ajoutant la lettre *e* ou *i* avec l'accent ou le tréma qui manque. Complète avec *un* ou *une*.**

m...nage – v...tement – No...l –
ma...s – r...gle – mosa...que

3 **Recopie cette liste de mots en les classant en quatre colonnes : *é* – *è* – *ê* et *ë*. Complète avec *un* ou *une* quand c'est possible.**

Gaël – vérité – crème – rêveur
aération – crêpe – fève – arête

Je lis

4 **Recopie les mots du texte avec des accents.**

Un jour, compère Lapin vit l'éléphant et la baleine qui causaient ensemble. Compère Lapin se tapit derrière un buisson et les écouta. Ils étaient en train de se faire des compliments.

– Oh ! compère Éléphant, dit la baleine fièrement, c'est vous qui êtes le plus puissant des animaux qui vivent sur Terre. Moi, honnêtement, je suis le plus puissant des animaux qui vivent dans la mer. Si vous voulez, nous pourrions nous associer et gouverner tous les animaux du monde.

– Très bien, très bien, commère, répondit le gros compère l'éléphant. Ça me va tout à fait.

Mais en vérité, compère Lapin n'avait pas du tout envie d'être gouverné par eux...

Natha Caputo et Sarah Cone Bryant,
Histoires pour tous les jours, © Nathan.

→ *Orthographe, unités 5 et 7*

Je vois la lettre *i*

Je mémorise les mots

Lis plusieurs fois ces mots.

1 un traîneau – un train | une reine – un rein | une soirée – un soin
une maîtresse – maintenant | un peigne – une peinture | une poitrine – une pointure

Dans ces mots, relève les écritures des sons contenant la lettre *i*.

2 un médiateur – un étudiant | la science – ancien | un lionceau – lointain
un violon – un avion | une cliente – un mécanicien | une révision – un besoin

Recopie ces mots et entoure les syllabes écrites où tu vois la lettre *i*. Comment se prononce cette lettre suivie d'une voyelle ? Relève les différentes voyelles qui la suivent.

3 un réveil – un travail | un bétail – une bataille | une maille – un maillot
un sommeil – un portail | un conseil – une bouteille | une merveille – un réveillon

Comment se prononce la lettre *i* suivie de *l* ou de *ll* ?
Relève les différentes voyelles qui précèdent la lettre *i*.

Je m'entraîne

1 Retrouve trois mots des encadrés ci-dessus à partir des syllabes écrites suivantes :

cien – vi – tu – ré – pein – an – re – sion.

2 Voici une liste de mots : *une reine – une fille – un train – un client – un avion – une maîtresse*.
Recopie ensemble les mots qui désignent :
– des personnes ;
– des moyens de transport.

3 Recopie chaque phrase en la complétant avec le mot en gras qui convient.

a. ***foule – fouille.*** La … me fait un peu peur. – Le policier … les poches des passagers.
b. ***file – fille.*** Il y a une longue … de voitures. – Ma voisine vient d'avoir une petite … .
c. ***malle – maille.*** J'ai acheté une … pour ranger les jeux de plage. – J'ai accroché une … de mon pull-over neuf.

Je lis

4 Recopie les mots du premier paragraphe contenant la lettre *i*.

Le rat célibataire a une profession, il est bûcheron. Un jour, alors qu'il est en train d'abattre un arbre, il voit apparaître une jeune et très belle fille avec une calebasse remplie de victuailles. Elle lui dit :

– Oh ! oh ! rat célibataire, c'est mon oncle qui m'envoie vers toi te donner à manger. Il m'a demandé de te laisser manger : une fois que tu auras fini, je devrai compter jusqu'à trois, et si tu arrives à me rattraper dans ma course, je deviens ta femme.

Le rat fronce les sourcils et se dit tout au fond de lui-même :

– Ah bon ! C'est ainsi qu'on se marie. Je comprends pourquoi je suis resté célibataire si longtemps.

Manfeï Obin, *Le Rat célibataire et autres contes de Côte-d'Ivoire*, coll. « Paroles de conteurs », © Syros.

→ *Orthographe, unités 7, 11, 13 et 14*

Je vois la lettre *e*

Je mémorise les mots

Lis plusieurs fois ces mots.

1

la peine – une pendule une baleine – ralentir	la neige – il est neutre seize – une danseuse	une largeur – de l'argent un aveugle – une aventure

Dans ces mots, relève les écritures des sons contenant la lettre *e*.

2

un peignoir – un peintre treize – une teinture	une couleur – un rouleau la minceur – un pinceau

Recopie ces mots et entoure les syllabes écrites où tu vois la lettre *e*.
À quelles lettres la lettre *e* est-elle associée pour former des sons nouveaux par rapport à l'encadré 1 ?

3

une centaine – une ceinture étendre – éteindre	un mécanicien – un ceinturon il détient – il éteint

Comment se prononcent les lettres *ein* et les lettres *ien* ?

Je m'entraîne

1 Retrouve quatre mots des encadrés ci-dessus à partir des syllabes écrites suivantes. Écris-les en ajoutant *un* ou *une* devant.

cou – cein – leau – tu – tein – re – ron – tu – leur – rou

2 Complète comme dans l'exemple :

une comédie → un comédien

- l'Italie → un …
- la chirurgie → un …
- la pharmacie → un …
- l'Algérie → un …

3 Lis les mots suivants et recopie-les :

éteindre – un musicien – une ceinture – un mécanicien.

Barre les mots avec le groupe de lettres *ein*.
Fais une phrase avec chaque mot qui reste.

Je lis

4 Recopie les mots du dernier paragraphe contenant la lettre *e*.

Le peuple des Tout-Petits détient Chaton et Fanny prisonniers. Ils seront libres si Chaton résout trois énigmes que le roi lui propose.

« Il n'est pas haut, mais jamais il ne tarde. Sur les eaux de l'oubli, il m'attend. »

Chaton déclara : « Seigneur, s'il n'est pas haut, c'est qu'il est BAS, et si jamais il ne tarde, c'est qu'il est TÔT. Ce qui m'attend sur la rivière de l'oubli, c'est un BATEAU. »

« Bravo ! s'écria le roi émerveillé. Voici maintenant la deuxième devinette : Tous sont au roi bien fidèlement attachés, pourtant ses racines ne poussent pas ici-bas. »

Cette fois, Chaton dut réfléchir beaucoup plus longtemps. Enfin, il expliqua : « Seigneur, TOUS désigne le PEUPLE, et s'ils sont attachés c'est qu'ils sont LIÉS, mais l'arbre qui ne pousse pas ici c'est le PEUPLIER… »

Antonia Barber et P. J. Lynch, *Chaton*, © Gründ.

→ *Orthographe, unités 5, 7, 9, 11, 12, 13 et 14*

Je vois la lettre *o*

Je mémorise les mots

Lis plusieurs fois ces mots.

1 un lavabo – une bordure
déposer – emporter
un copain – un côté
un homme – un hôtel

Dans ces mots, repère la lettre *o*. Comment se prononce-t-elle ?

2 la joie – une joue
une étoile – un étourdi
une blouse – elle est blonde
écouler – raconter
une montagne – une moitié
un sondage – une soirée

Repère la lettre *o*. À quelles lettres est-elle associée pour former des sons nouveaux par rapport à l'encadré **1** ? Relève les écritures de ces sons.

3 une poire – une pointe
un soigneur – un soin
une sourdine – une sœur
une course – un cœur

Repère la lettre *o*. À quelles lettres est-elle associée pour former des sons nouveaux par rapport à l'encadré **2** ? Relève les écritures de ces sons.

Je m'entraîne

1 Sépare les cinq mots. Écris-les en ajoutant *un* **ou** *une* **devant chacun.**

sondagepointehommesoeurbordure

2 Combien de fois lis-tu les mots *hôtel – cœur – soirée – front – sœur* **dans la grille ?**

s	a	c	o	e	u	r	h
s	o	e	u	r	s	a	ô
o	f	r	f	r	o	n	t
i	r	ô	r	o	e	p	e
r	o	c	o	e	u	r	l
é	n	r	n	s	r	q	n
e	t	h	ô	t	e	l	u

3 Écris une phrase pour chaque mot proposé : *homme – cœur – sœur – soirée.*

Je lis

4 Recopie les mots du premier paragraphe contenant la lettre *o*.

Il était une fois un chat, un chien, une souris et une petite poule rousse. Ils vivaient tous ensemble dans une petite maison très confortable.

Le chat passait ses journées à dormir sur un sofa moelleux. Le chien, lui, passait ses journées à faire des petits sommes dans la véranda ensoleillée. Quant à la souris, elle passait ses journées à somnoler, bien au chaud, dans son fauteuil au coin du feu.

C'est pourquoi la petite poule rousse devait tout faire dans la maison. Elle préparait les repas, elle faisait la vaisselle, elle retapait les lits, elle balayait le plancher, elle lavait les carreaux, elle raccommodait les vêtements… Elle ratissait les feuilles, elle tondait le gazon, elle désherbait le jardin.

Un jour, avec sa binette, elle trouva quelques grains de blé…

Paul Galdone, *La Petite Poule rousse*, © Circonflexe.

→ *Orthographe, unité 12*

Je mémorise les mots

Lis plusieurs fois ces mots.

1 un mercredi – imprimer
une ouverture – approuver
un boulanger – une germination
un déjeuner – une nervure
percher – percer
chercher – fermer

➥ Recopie ces mots et entoure les lettres *er*. Comment se prononcent-elles ?

2 un boucher – une boucherie
un boulanger – une boulangerie
décider – il décidera
rencontrer – il rencontrera
un cercle – une cerise
une ferme – il fera

➥ Recopie les mots et entoure les syllabes écrites où l'on voit les lettres *er*. Que constates-tu ?

3 la mer – animer
du fer – agrafer
cher (ami) – tricher
un ver (de terre) – saliver
un cerf – menacer
un nerf – amener

➥ Repère les deux lettres *er* à la fin des mots. Combien comptes-tu de syllabes écrites dans le premier mot de chaque paire ? De quelle nature est le deuxième mot de chaque paire ?

Je m'entraîne

1 Classe les mots en deux colonnes : *J'entends* [ɛ] **et** *J'entends* [ə].

une ouverture – une boucherie – une nervure – il rencontrera – une merveille – une cerise.

2 Recopie la grille. Supprime la dernière lettre du mot *verser* **pour obtenir un mot nouveau. Continue pour obtenir un mot de quatre puis trois lettres. Écris une phrase avec chacun des mots trouvés.**

v	e	r	s	e	r

3 Complète les phrases suivantes avec des mots des encadrés ci-dessus.

a. L'… du nouveau centre commercial est prévue pour mercredi.
b. Il est bon de terminer le … par un fruit.
c. La première … rouge est tombée de l'arbre.

Je lis

4 Recopie tous les mots du texte avec le groupe de lettres *er*.

Ce matin, tout le monde s'affaire au village des Turlutins. C'est le printemps. On répare les toits, on repeint les murs. On ouvre les fenêtres, on tape les tapis. On fait sortir l'hiver à grands coups de balai.

Pota la potière fait sécher ses assiettes et ses poteries au soleil. La vieille Maga se promène en cherchant des pâquerettes. Babot le bûcheron s'en va tailler les arbres. Le chef-magicien Petit-Mouron s'inquiète un peu : le printemps, ça fait souvent tourner la tête.

Quelle folie feront les Turlutins cette fois-ci ?

Justement, trois Turlutins bien jeunes, des Turlutenfants de sept ou huit ans, pas plus, sont assis en cercle, en train de chuchoter sous les feuilles.

Anne-Marie Chapouton,
Les Turlutins et les grenouilles,
© Éditions Rouge et Or.

MÉMORISATION ORTHOGRAPHIQUE

→ *Orthographe, unités 5 et 7*

Je mémorise les mots

Lis plusieurs fois ces mots.

1 il est courageux – il est célèbre
une récompense – une récitation

un hamac – du tabac
un parc – c'est blanc

- Repère les mots où la lettre *c* ne se prononce pas.
- Comment se prononce la lettre *c* dans les autres mots ?

2 un carton – une cravate
écarter – écraser

un cirque – un crime
un cercle – une crevette

classer – chasser
boucler – toucher

- Dans les mots des deux premières colonnes, observe la place de la lettre *r* dans la syllabe écrite. Recopie les mots quand la lettre *r* suit la lettre *c*.
- Dans la dernière colonne, comment se prononce la lettre *c* accompagnée du *h* ?

3 une chorale – un chardon
un orchestre – un parchemin

une cascade – une science
un discours – une discipline

accélérer – accorder
accidenter – accumuler

- Recopie les mots dans lesquels tu entends le son [k]. Comment s'écrit ce son dans ces mots ?
- Comment se prononcent *ch*, *sc* et *cc* dans les autres mots ?

Je m'entraîne

1 Combien de fois lis-tu les mots *ciseaux – hamac – accord – parc* **dans la grille ?**

a	c	c	o	r	d	c	d
c	i	s	e	a	u	x	h
c	s	p	a	r	c	h	a
o	e	r	p	a	r	c	m
r	a	h	a	m	a	c	a
d	u	c	r	s	n	a	c
h	x	a	c	c	o	r	d

2 Retrouve des mots des encadrés ci-dessus en ajoutant la syllabe écrite qui manque. Écris les mots obtenus.

une …vette – un dis… – une …rale –
un …cle – une ré…pense – a…muler

Choisis deux de ces mots et fais une phrase avec chacun.

Je lis

3 Recopie tous les mots du texte avec la lettre *c*.

Babot le Turlutin bûcheron est allé faire des fagots dans la forêt des fouillis. Le voici qui revient en courant. Il entre dans l'école, il crie à Tricontine :

– Viens vite, amène les Turlutenfants. Viens vite dans la clairière !

Et tout le monde se précipite derrière Babot.

– Venez, venez, il y a des acrobates dans la clairière !

Les Turlutins décident de laisser là leur travail. Pota la potière court, les mains pleines de terre. Léna la boulangère laisse ses petits pains dans le four et Fourru le bottier court, une semelle à la main.

– Venez voir un spectacle extraordinaire.

Les acrobates sautent d'une branche à l'autre. Ils font des pirouettes, des galipettes dans les airs. Ils ont une grosse moustache en panache derrière le dos.

Anne-Marie Chapouton, *Les Turlutins et les écureuils*, © Éditions Rouge et Or.

Je mémorise les mots

Lis plusieurs fois ces mots.

1 rencontrer – renoncer un mensonge – une menace	prendre – nous prenons un centre – une chenille	une détente – une antenne entendre – un ennemi

- Comment se prononcent les lettres *en* ? Pour chaque mot, relève la lettre qui suit *en*.

2 décembre – une demeure trembler – le premier	remplacer – remarquer ressembler – ressemeler

- Comment se prononcent les lettres *em* ? Pour chaque mot, relève la lettre qui suit *em*.

3 un rangement – elles germent un agent – ils nagent	il est prudent – ils gardent il est content – ils racontent	calmement – ils réclament lentement – ils dorment

- Comment se prononcent les lettres *ent* à la fin de ces mots ?
- Quelle est la nature du dernier mot de chaque paire ?

Je m'entraîne

1 Recompose chaque mot en ajoutant *ment*. Écris les mots en ajoutant *un* ou *ils* devant chacun.

range – fer – charge – dor.

2 Lis ces mots. Classe-les en trois colonnes selon ce que tu entends avec les lettres *en*.

un parent – il venait – un renard – les dents – ils décident – poliment – ils parlaient – un grenier – il prenait.

3 Lis ces mots. Classe-les en deux colonnes selon ce que tu entends avec les lettres *em*.

un chemin – embrasser – remettre – demain – un rempart – facilement – le printemps – remporter.

4 Retrouve les couples de mots contraires. Recopie-les.

Exemple : *rapidement – lentement*

fortement – froidement – doucement – difficilement – chaleureusement – facilement.

Je lis

5 Recopie tous les mots du texte avec le groupe de lettres *en*.

La paix revenait dans le royaume. Arthur avait établi sa capitale à Kamelot, au centre exact de toutes ses terres. Merlin l'avait si bien conseillé que ses pires adversaires étaient devenus ses plus fidèles chevaliers.

Après l'avoir aidé à ramener les princes révoltés à l'obéissance, il lui avait demandé de renoncer au combat : « Laisse tes chevaliers défendre ton royaume. Tu es le roi, tu représentes la terre de ton pays. » Il en coûtait au vaillant jeune roi de ne plus partir à l'aventure avec ses compagnons. Un jour, arriva ce qu'il espérait. Un chevalier inconnu s'était établi à l'orée de la forêt et défiait ceux qui passaient près de lui. Il attendait, clamait-il, que le roi Arthur ait le courage de venir se mesurer à lui.

Claudine Glot et Jean-Noël Rochut, *La Légende de Merlin*, © Éditions Ouest-France.

Je mémorise les mots

Lis plusieurs fois ces mots.

1 un magasin – un magicien
un wagon – une étagère

une girouette – une guirlande
un genou – une guenon

une longueur – c'est long
un rangement – un rang

Dans ces mots, relève les écritures des sons contenant la lettre *g*.

2 de la rigueur – un soigneur
naviguer – aligner

le courage – une compagne
un mélangeur – un seigneur

Recopie ces mots et entoure les syllabes écrites où tu vois *g*. Comment se prononcent les lettres *gu* et *gn* ? Comment se prononce la lettre *g* suivie de la lettre *e* ?

3 un plongeur – un plongeon
un rangement – une mangeoire

un légume – une baguette
une virgule – la vigueur

Comment se prononcent les lettres *gu* et *ge* ?

Je m'entraîne

1 Combien de fois lis-tu les mots *plongeon* – *déguiser* – *long* – *rang* **dans cette grille ?**

t	a	p	l	o	n	g	l
l	u	l	o	n	g	r	o
p	l	o	n	g	e	o	n
r	a	n	g	u	d	f	g
d	é	g	u	i	s	e	r
a	m	e	n	o	s	i	a
n	e	o	d	p	e	s	n
l	o	n	g	r	a	n	g

2 Voici une liste de mots :

une figure – un magicien – un poignet – un plongeur – un genou – un soigneur.

Recopie ensemble les mots qui indiquent un métier et ceux qui indiquent une partie du corps. Choisis un nom de métier et fais une phrase avec ce mot.

Je lis

3 Recopie tous les mots du texte avec la lettre *g*.

Un beau matin ensoleillé, une grenouille goulue avale les eaux jaillies de la terre et s'assied, l'air digne, gorgée jusqu'à ras bord, énorme. Elle est comme une montagne, elle ne peut pas bouger, elle est trop lourde. Ses yeux ronds comme des lunes regardent alentour.

Elle contemple les animaux de la terre et les hommes minuscules assemblés devant son ventre. Personne n'ose l'attaquer, elle est trop grosse, trop imposante.

Que faire ? se disent les vivants privés d'eau. Nous allons mourir, nous allons nous racornir comme des herbes au feu. Il faut que cette monstrueuse grenouille ouvre sa large gueule, il faut l'obliger à nous rendre les rivières, les ruisseaux, les sources, mais comment ?

Henri Gougaud, *La Sécheresse*,
coll. « Contes du Pacifique », © Le Seuil.

MÉMORISATION ORTHOGRAPHIQUE

→ *Orthographe, unités 6 et 10*

Je mémorise les mots

Lis plusieurs fois ces mots.

1

une plante – une planète
un manteau – un manège

la campagne – un camion
ramper – ramener

Comment se prononcent les lettres *an* et *am* ? Pour chaque mot, relève la lettre qui suit *an* ou *am*.

2

une montre – un monument
il est songeur – une sonnerie

une compote – une comédie
un pompier – un pommier

Comment se prononcent les lettres *on* et *om* ? Pour chaque mot, relève la lettre qui suit *on* ou *om*.

3

une insulte – c'est inutile
une imprimerie – un imitateur

c'est mince – une minute
un grimpeur – une grimace

Comment se prononcent les lettres *in* et *im* ? Pour chaque mot, relève la lettre qui suit *in* ou *im*.

Je m'entraîne

1 Sépare les cinq mots. Écris-les en ajoutant *un* **ou** *une* **devant chacun quand c'est possible.**

camionamusantcomédiesombregrimace

2 Écris les mots qui contiennent *an, on, in* **en deux colonnes :** *groupe de lettres suivi d'une consonne* **ou** *d'une voyelle*.

planète – pantalon – panier – monument – songeur – minute – linge – jardinier.

3 Récris les phrases suivantes en les complétant avec des mots des encadrés ci-dessus.

a. La … du réveil est trop forte.
b. Une … peut blesser profondément une personne.
c. La Terre est une … qui tourne autour du Soleil.
d. Le clown fait une drôle de … .
e. Le … escalade la paroi.

Je lis

4 Recopie tous les mots du texte avec les groupes de lettres *an, on* **et** *in*.

Il était une fois une bonne vieille paysanne bavarde comme une pie. Dès qu'elle apprenait quelque chose, la langue lui démangeait et il lui fallait mettre le village entier au courant. Une petite histoire se transformait en une incroyable aventure.

Un jour que son vieux paysan de mari entassait du bois dans la forêt, il posa le pied sur des brindilles. Les brindilles s'effondrèrent et son pied s'enfonça. Il fouilla le trou et voilà qu'il découvrit un petit chaudron rempli de pièces d'or.

– Quelle chance ! pensa le vieux. Mais comment l'emporter à la maison ? Si ma femme voit le chaudron, elle ira tout raconter à tout le monde. Et je n'aurai que des ennuis…

Natha Caputo et Sarah Cone Bryant,
Histoires pour tous les jours, © Nathan.

MÉMORISATION ORTHOGRAPHIQUE

→ *Orthographe, unités 9 et 11*

Je mémorise les mots

Lis plusieurs fois ces mots.

1 un hibou – une idée
un habit – un abri

un théâtre – une télévision
un rhume – une rumeur

- Relève la première syllabe écrite de chaque mot.
- Dans certains mots, une lettre ne se prononce pas. Laquelle ? Écris ces mots.

2 une hauteur – un chauffeur
une histoire – un chiffre

un achat – un alphabet
une moustache – un géographe

- Repère avec quelle lettre le *h* est associé pour produire des sons.
- Écris les mots qui contiennent ces sons.

3 une chorale – une chose
un orchestre – une pochette

les hérissons – les hélicoptères
les haches – les habits

- Comment se prononce le groupe de lettres *ch* dans les mots de la première colonne ?
- Que remarque-t-on pour les liaisons dans les mots de la deuxième colonne ?

Je m'entraîne

1 Retrouve des mots des encadrés ci-dessus à partir des syllabes écrites suivantes. Écris-les.

tre – ches – or → un ...
gra – phe – gé – o → un ...
tè – li – cop – re – hé → un ...
â – tre – thé → un ...

2 Retrouve des mots des encadrés ci-dessus en ajoutant la syllabe écrite qui manque. Elle contient *h*, *ch* ou *ph*. Écris chaque mot obtenu.

une ...teur – un al...bet – une mousta... – un ...bit – un a... .

3 Trouve le mot qui manque dans chaque phrase. Il contient *h*, *ch* ou *ph*.

a. La pharmacie est l'endroit où travaille le ... .
b. Le chœur chante dans une ... .
c. Mon frère est malade ; il a un gros ... .
d. Une ... est une petite poche.

Je lis

4 Recopie tous les mots du texte avec la lettre *h*.

Yodeli, son violon sous le bras, son gros chien poilu sur les talons, part chanter le printemps dans la clairière des mélèzes. Dès que le violon de Yodeli chante dans la forêt, la brise porte sa chanson à travers les buissons, les haies et les clairières. Comme d'habitude, tout le petit monde de la forêt se met à danser. Chacun laisse son travail. Tant que le chant phrasé du violon court de feuille en feuille, on chante, on danse, on rit. Puis, le cœur content, son violon sous le bras, son gros chien poilu sur les talons, Yodeli rentre vers son joli champignon de maison.

Sur les arbres, sous les feuilles, dans les nids, de gentilles voix crient : « Merci, Yodeli, bonne chance, petit lutin, ta musique rend nos cœurs contents ! »

Florence Houlet, « Quand Yodeli perd son violon », *1,2,3... voici des histoires*, © Nathan.

VOCABULAIRE

Je comprends

Lis ces mots et réponds aux questions.

Classer des mots dans l'ordre alphabétique

1 **a.** **c**our – **b**ateau – **n**uit – **z**oo – **a**bricot – **h**aut – **m**énagerie – **v**oiture
b. **co**q – **ci**rque – **cu**ivre – **ce**rise – **ca**rré

- Les mots de ces listes sont-ils classés dans l'ordre alphabétique ?
- Comment fais-tu pour classer les mots de la liste **a** dans l'ordre alphabétique ? Ceux de la liste **b** ?

Classe les mots de cette liste dans l'ordre alphabétique.
blé – blouson – blindé – blanc.

Trouver un mot dans le dictionnaire

2

graffiti — LE ROBERT JUNIOR

graffiti n. m. ◆ Inscription, dessin griffonné sur un mur. *Il est interdit de faire des graffitis dans le métro.* → **tag.**
● C'est un mot italien qui veut dire « inscriptions sur les murs ».

graillon n. m. ◆ Mauvaise odeur de graisse frite. *Cela sent le graillon dans ce restaurant.*

grain n. m. 1. Fruit ou graine d'une céréale. *On broie les grains de blé pour faire de la farine.* 2. Petit fruit de certaines plantes. *Les grains de café sont torréfiés. Des grains de raisin.* 3. Toute petite parcelle. *Louise a un grain de sable dans l'œil.* 4. *Un grain de beauté,* c'est une petite tache brune sur la peau. 5. *Le grain d'un papier,* l'aspect de sa surface. *Le grain de ce papier est très fin.* 6. Très petite quantité. *Il faudrait mettre un grain de fantaisie dans ta vie.* → **brin.** 7. Coup de vent violent, soudain et bref, accompagné d'une averse. *Ce n'est qu'un grain, cela ne va pas durer.* — *Veiller au grain,* faire attention, se tenir sur ses gardes. 8. Familier. *Avoir un grain,* être un peu fou.

➤ **graine** n. f. 1. Partie d'une plante qui, une fois dans la terre, donne naissance à une autre plante. → **semence.** *Le jardinier sème des graines d'œillets. Les lentilles et les fèves sont des graines que l'on peut manger.* 2. *En prendre de la graine,* suivre l'exemple de quelqu'un, tirer une leçon de quelque chose. *Ton frère est très bon élève, prends-en de la graine.*

➤ **grainetier** [gʀɛntje] n. m., **grainetière** [gʀɛntjɛʀ] n. f. ◆ Personne qui vend des graines, des oignons de fleurs, des bulbes.

graisse n. f. 1. Substance grasse qui se trouve sous la peau. *Il a des bourrelets de graisse sur le ventre.* 2. Matière grasse tirée des animaux ou des végétaux. *Le beurre est une graisse animale, l'huile une graisse végétale.* 3. Produit gras qui sert à lubrifier les moteurs, les pièces mécaniques. *Le mécanicien a les mains tachées de graisse.* → **cambouis.**

➤ **graisser** v. (conjug. 1) ◆ Enduire de graisse. *Le mécanicien graisse le moteur.* → **huiler, lubrifier.**

➤ **graissage** n. m. ◆ Action de mettre de la graisse sur les parties d'un moteur ou d'un mécanisme qui bougent. *L'automobiliste fait faire la vidange et le graissage de sa voiture.*
▷ Autre mot de la famille : ENGRAISSER.

graminées n. f. pl. ◆ Plantes à tige cylindrique et creuse, dont les fleurs, toutes petites, sont groupées en épis. *Les céréales sont des graminées.*

grammaire n. f. 1. Ensemble des règles qu'il faut connaître et suivre pour écrire et parler correctement une langue. *Alex a fait une faute de grammaire.* 2. Livre, manuel où sont expliquées les règles de grammaire.

grammatical, grammaticale adj. ◆ De la grammaire. *Il faut observer les règles grammaticales.* — Au masc. pl. *grammaticaux.*

gramme n. m. 1. Unité de poids. *Un bifteck de deux cents grammes (200 g).* 2. Très petite quantité. *Il n'a pas un gramme de bon sens.*
▷ Autres mots de la famille : CENTIGRAMME, DÉCIGRAMME, KILOGRAMME, MILLIGRAMME.

grand adj., n. m. et adv., **grande** adj. et n. f.
■ adj. 1. De haute taille. *Louise est grande pour son âge.* ⌐ contr. **petit.** 2. Adulte. *Théo aimerait être pompier quand il sera grand. Les grandes personnes,* les adultes. 3. Plus long que ce que l'on voit habituellement. *Alex a de grands pieds et un grand nez. Donne-moi un grand couteau.* 4. Vaste, étendu. *Ils ont un grand appartement.* 5. Très intense, très fort. *J'ai entendu un grand bruit.* ⌐ contr. **faible.** 6. Important. *Aujourd'hui, c'est un grand jour. J'ai une grande nouvelle à vous annoncer.* 7. Qui a du talent et est célèbre. *Victor Hugo est un grand écrivain français.*
■ n. Enfant plus âgé par rapport à un plus jeune. *Il est passé dans la classe des grands.*
■ adv. 1. *Grand ouvert,* ouvert au maximum. *Laisse les fenêtres grand ouvertes. Il dort les yeux grand ouverts.* 2. *Voir grand,* avoir des projets ambitieux.

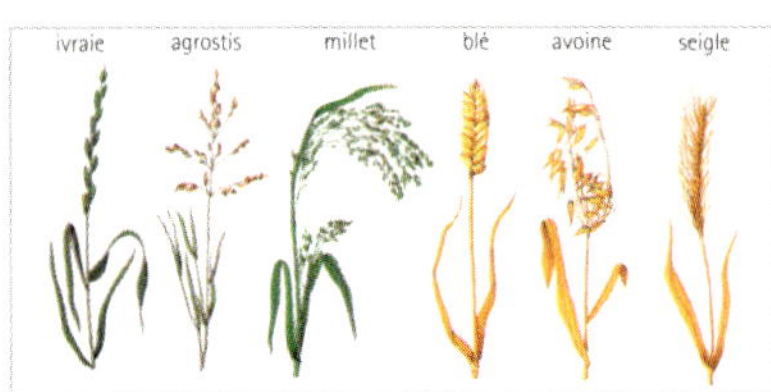

graminées

470

DE LA LANGUE FRANÇAISE — **granulé**

côte de **granit**

➤ **grand-chose** n. m. inv. ◆ *Pas grand-chose,* presque rien. *Cela ne vaut pas grand-chose. Je n'ai pas vu grand-chose.* ▷ Mot de la famille de CHOSE.

➤ **grandeur** n. f. 1. Dimension, taille. *Louise a des boîtes de toutes les grandeurs. Paul a dessiné une chaussure grandeur nature,* aux dimensions réelles. 2. Puissance et gloire. *L'Empire romain connut la grandeur puis la décadence.* 3. *La grandeur d'âme,* c'est la générosité, la noblesse des sentiments.
▷ Autres mots de la famille : AGRANDIR, AGRANDISSEMENT, GRANDIR.

grandiloquent, grandiloquente adj. ◆ *Un discours grandiloquent,* avec de grands mots et de grandes phrases qui font de l'effet. → **emphatique, pompeux.**

grandiose adj. ◆ Qui impressionne par sa grandeur et sa beauté. → **majestueux.** *Un paysage grandiose.*

grandir v. (conjug. 2) 1. Devenir plus grand. *Paul a grandi de deux centimètres en un mois.* ⌐ contr. **rapetisser.** 2. Devenir plus fort, plus intense. → **augmenter.** *Le vacarme grandissait.* ⌐ contr. **diminuer.** 3. Faire paraître plus grand. *Le microscope grandit les objets.* → **agrandir.** — **se grandir,** se rendre plus grand. *Elle se grandit en mettant des talons hauts.*
▷ Mot de la famille de GRAND.

grand-mère n. f. ◆ Mère du père ou de la mère. *Louise passe ses vacances chez sa grand-mère.* → **mamie.** — Au pl. *Des grands-mères.*
▷ Mot de la famille de MÈRE.

grand-père n. m. ◆ Père du père ou de la mère. *Son grand-père a les cheveux blancs.* → **papi.** — Au pl. *Des grands-pères.*
▷ Mot de la famille de PÈRE.

grands-parents n. m. pl. ◆ Les parents des parents. → aussi **grand-mère, grand-père.** *Léa a encore ses quatre grands-parents,* les parents de son père et ceux de sa mère.
▷ Mot de la famille de PARENT.

grange n. f. ◆ Bâtiment où l'on abrite les récoltes.
▷ Autre mot de la famille : ENGRANGER.

granit [gʀanit] n. m. ◆ Roche très dure dont la surface forme de petits grains. *Les vieilles maisons bretonnes sont en granit.*
● On prononce le *t* final.

➤ **granitique** adj. ◆ *Une roche granitique,* c'est une roche qui est en granit, qui contient du granit.

granulé n. m. ◆ Petit grain. *Ce médicament existe sous forme de granulés.*

471

- Dans quel ordre sont classés les mots dans cette double page de dictionnaire ?
- Quel mot repère en couleur se trouve en haut à gauche ? En haut à droite ? Comment ces mots peuvent-ils t'aider à trouver le mot que tu cherches ?

Choisis une double page dans ton dictionnaire. Quels sont les mots repères ?

J'apprends

— Dans le **dictionnaire**, les mots sont classés par **ordre alphabétique**, dans l'ordre des 26 lettres de l'alphabet, de **a** à **z**. ***artiste*** *se trouve à la lettre* ***a***.

— Pour **trouver un mot** dans le dictionnaire, on observe d'abord la **première lettre** de ce mot. ***rivière*** *: on cherche à la lettre* ***r***.
On observe ensuite la **deuxième lettre** : ***ri***, puis la **troisième lettre** : ***riv***, etc.

— Pour trouver un mot dans le dictionnaire, on peut regarder les **mots repères** en haut des pages. Ils indiquent le premier mot et le dernier mot que l'on trouve dans une double page.

Je m'entraîne

1 * **Écris les mots de chaque liste dans l'ordre alphabétique.**

a. moustique – guêpe – papillon – abeille – chenille
b. lac – étang – colline – plateau – montagne
c. vivre – partir – bataille – avenir – fin

2 ** **Écris les mots de chaque liste dans l'ordre alphabétique.**

a. brouette – ballon – bulle – boule – bille
b. souris – sourcil – souriceau – sourd – source
c. course – copie – cou – collier – corde

3 ** **Indique si chaque affirmation est *vraie* ou *fausse*.**

Dans le dictionnaire, on trouve :
a. caramel après **cabane** et avant **croquer**
b. maison avant **main** et avant **mer**
c. haut après **hanter** et avant **histoire**
d. toucher après **table** et après **tourner**

4 *** **Voici les mots repères d'une double page de dictionnaire : *griffonner* et *grogner*. Recopie par ordre alphabétique les mots qui peuvent se trouver dans cette double page :**

grincer – grignoter – groseille – grimace – gris – grenouille – grimper – grillon – gras – grossir – grelot – grue – grippe – griffon – groupe – griffure – grille

Je lis

5 **Lis ce texte.**

Tous les animaux parlent de la lettre C.

– Le C ! C'est la plus classe des consonnes ! clamait comme un clairon le cacatoès […].
– Avec le C, je chante, confirma le coq.
– Et moi, je croasse jusqu'au crépuscule dans tous les coins de la campagne, croassa le corbeau.
– On cancane, avec un C, « coin-coin », compléta le canard. […]
– Le C, c'est la plus chouette, la plus correcte des consonnes ! confirma le cacatoès. Le C a du corps et du cœur, c'est clair. Avec, on compte et on conte, on copie et on corrige !

Hubert Ben Kemoun, *Ça zozote au zoo*, © Casterman.

Relève six mots commençant par la lettre *c*. Classe-les par ordre alphabétique.

J'écris

6 **Observe les dessins. Fais des phrases avec des mots commençant par *p*. Aide-toi des listes de mots :**

a. poule – panda – perroquet – panthère – python
b. picore – plonge – poursuit – parcourt – panique
c. plante – proie – pain – plumes – pelage

Je comprends

Lis ces articles et réponds aux questions.

Comprendre les abréviations du dictionnaire

1

> ➤ **géographe** **n. m.** et **f.** ✦ Spécialiste de géographie.

- Dans cet article, quelles abréviations vois-tu ?
- Que signifient n. ? m. ? f. ?

Dans l'article suivant, remplace *adjectif* par une abréviation : *adv.* ou *adj.*

bon : adjectif. Agréable à boire, à manger, à sentir.

Trouver la définition d'un mot

2

> **mangouste** **n. f.** ✦ Petit mammifère carnivore d'Afrique et d'Asie qui ressemble à une belette. *Les mangoustes tuent les serpents et les rats.*

- Quelle phrase est écrite en caractères droits ?
  Que t'apprend la définition du mot *mangouste* ?
- Quelle phrase est écrite en italique ?
  Quelles informations supplémentaires te fournit l'exemple ?

Écris la définition du mot *mangue*, puis invente un exemple avec ce mot.

Repérer plusieurs définitions d'un mot

3

> ➤ **fixer** **v.** (conjug. 1) **1.** Attacher solidement. *Le lavabo est fixé au mur.* **2.** Regarder fixement. *Le chat la fixait de ses yeux verts.* **3.** Décider avec précision. *L'heure de la réunion n'est pas encore fixée.*

- Combien de chiffres en orange y a-t-il dans cet article ?
- Combien de sens a le mot *fixer* ?

Cherche dans le dictionnaire le mot *dictée*. Combien a-t-il de sens ?

J'apprends

- Dans un **article de dictionnaire**, on trouve des **abréviations** comme :

n. m.	**n. f.**	**adj.**	**v.**	**adv.**
nom masculin	nom féminin	adjectif	verbe	adverbe

- L'article de dictionnaire donne la **définition** du mot et parfois un **exemple**.
  bonbon **n.m.** Friandise à base de sucre parfumé. *Des bonbons à la menthe.*
- Lorsqu'un mot a **plusieurs définitions**, elles sont numérotées.

Je m'entraîne

1 * Écris le mot complet correspondant à chaque abréviation. Tu peux t'aider du dictionnaire.

a. v. – **b**. n. f. – **c**. n. m. – **d**. adj.

2 ** Cherche dans le dictionnaire si chaque mot en gras est *un nom, un adjectif* **ou** *un verbe*.

a. Ce **jeune** paysan possède déjà de nombreuses **vaches.**
b. Dans la **ville,** les lumières **étincellent.**
c. Le peintre **repasse** une **couche** de blanc.
d. Ce **grand** joueur vient de marquer un beau **panier.**

3 ** Écris l'abréviation qui convient : *n. m.* **ou** *n. f.* **pour tous les noms des phrases.**

a. Les fourmis apprécient le sucre.
b. La lampe éclaire mon bureau.
c. Le petit garçon retrouve ses amis dans un parc.
d. La colère de cet enfant est terrible.

4 ** Pour chaque liste, recopie seulement *les verbes (liste a)*, *les noms (liste b)* **et** *les adjectifs (liste c)*.

a. attraper – chocolatier –venir – premier – sortir – parler
b. morceau – glace – heureux – course – grandir – bus
c. étouffer – facile – propre – lapin – grand – gris

5 * Recherche ces mots dans le dictionnaire. Relève leur définition, puis emploie-les dans une phrase.**

fenouil

hautbois

loutre

étang

Je lis

6 Trouve et recopie l'autre sens des mots suivants dans le dictionnaire.

baguette n. f. 1. …
2. Pain long et mince.

broder v. 1. Décorer de dessins faits avec des points de couture.
2. …

7 Lis cet article.

buffet n. m. 1. Meuble dans lequel on range la vaisselle. *Il y a un buffet dans la salle à manger.* 2. Table où l'on dispose des plats et des boissons dans une réception. *Les invités se pressent autour du buffet.* 3. Café-restaurant installé dans une gare. *Il a pris un café au buffet de la gare.*

© Dictionnaire *Le Robert Junior*, 2005.

a. Écris les mots complets correspondant aux abréviations placées à côté du mot *buffet*.

b. Choisis une des trois définitions. Écris le numéro qui lui correspond. Recopie la phrase exemple.

J'écris

8 En t'inspirant des articles de la leçon, imagine les informations (abréviation, définition, exemple) que l'on pourrait trouver avec les deux mots inventés : *un frigotélé – une surbanquette*.

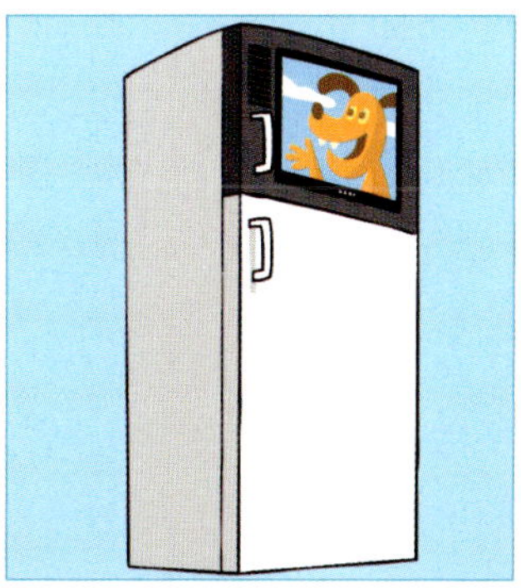

Je comprends

Lis ces articles et réponds aux questions.

Comprendre les différents sens d'un mot

1 **céréale** **n. f.** 1. Plante dont les grains servent à nourrir l'homme et les animaux. *Le blé, l'avoine, le maïs, le riz sont des céréales.* 2. Flocons d'avoine, de riz, de maïs, etc. que l'on mange avec du lait froid. *Paul prend des céréales au petit déjeuner.*

- Combien y a-t-il de chiffres en couleur dans l'article sur le mot *céréale* ? Combien de sens a le mot *céréale* ?
- Quel est son premier sens ? Quel est son deuxième sens ?

Dans la phrase, quel est le sens du mot *céréale* : *sens 1* ou *2* du dictionnaire ?
L'orge est une céréale cultivée pour l'alimentation.

Trouver le synonyme d'un mot

2 **gribouiller** **v.** (conjug. 1) ✦ Écrire de façon illisible ou faire des dessins sans forme. *Il a gribouillé son adresse sur un bout de papier.* → **griffonner.**

- Que signifie le mot *gribouiller* ?
- Où se trouve le mot qui a le même sens ? Quel est le synonyme de *gribouiller* ?

Cherche le mot *épouvanter* dans le dictionnaire. Donne son synonyme.

Trouver le contraire d'un mot

3 **opaque** **adj.** ✦ Qui ne laisse pas passer la lumière. *La fenêtre de la salle de bains est en verre opaque.* ❏ contr. **translucide, transparent.**

- Que signifie *opaque* ?
- Où se trouvent les mots qui n'ont pas le même sens ? Quels sont les contraires d'*opaque* ?

Cherche le mot *immense* dans le dictionnaire. Donne son contraire.

J'apprends

- Pour certains mots, le **dictionnaire** donne plusieurs sens.

augmenter **v.** (conjug. 1) 1. Rendre plus grand, plus élevé. → **accroître.** *On a augmenté le prix de l'essence.* ❏ contr. **baisser, diminuer.** 2. Devenir plus grand. *Le nombre des chômeurs augmente.* 3. Devenir plus cher. *Le prix du pain augmentera bientôt.*

plusieurs sens — synonyme — contraire

- Dans certains articles du **dictionnaire**, on peut trouver le (ou les) **synonyme(s)** du mot après → : *heureux* → *joyeux* ; ou bien après « **syn.** » : *heureux syn. joyeux*.
- On peut trouver le (ou les) **contraire(s)** d'un mot après « **contr.** » : *grand contr. petit*.

VOCABULAIRE

Je m'entraîne

1 * **Utilise le dictionnaire pour trouver le *contraire* de chaque adjectif.**

a. grand → …
b. gentil → …
c. faux → …
d. sec → …
e. chaud → …

2 ** **Utilise le dictionnaire pour trouver un *synonyme* de chaque mot en gras.**

a. L'eau de ce ruisseau est **claire**.
b. Cynthia **souffle** toutes ses bougies.
c. Le lion affamé **a mangé** une gazelle.
d. Ce plat est **bon**.
e. Le chien **trouve** un os.

3 *** **Indique le numéro correspondant au sens du nom *opération* dans les phrases. Utilise les informations suivantes :**

opération : *1. Acte à accomplir dans le but d'obtenir un résultat.*
2. Calcul qui, à partir d'éléments connus, permet d'obtenir un nouveau résultat.
3. Ensemble de manœuvres militaires.
4. Action d'ouvrir un corps pour enlever une partie malade.

a. Tatiana a réussi toutes ses opérations au dernier contrôle.
b. Le capitaine a prévu une opération de nuit.
c. Mon frère a été opéré de l'appendicite.
d. Nous avons assisté aux diverses opérations de mise en bouteille d'une eau de source.

4 *** **Indique si chaque affirmation est *vraie* ou *fausse*. Tu peux t'aider du dictionnaire.**

a. Le thym est une plante aromatique.
b. La griotte est une variété de poire.
c. Une taie est une enveloppe de tissu dans laquelle on met un oreiller.
d. Transhumer signifie avoir très froid.
e. Les arbres à feuilles caduques perdent leurs feuilles en automne.

Je lis

5 **Lis cette fable.**

Une lampe gorgée d'huile se vantait de briller d'un éclat supérieur au soleil. Un sifflement, un souffle du vent : elle s'éteint. On la rallume et on lui dit : « Éclaire, lampe, et tais-toi ; l'éclat des astres ne connaît pas d'éclipse. »

Que l'éclat d'une vie glorieuse ne t'enfume pas d'orgueil : rien de ce qui s'acquiert ne nous appartient en propre.

Ésope, *Fables*, © Le Livre de Poche.

a. Cherche le sens des noms *éclipse* et *orgueil*. Recopie leur définition.

b. Trouve dans la fable deux verbes qui ont un sens contraire.

c. Trouve un synonyme du verbe *briller*.

J'écris

6 **Écris une phrase qui correspond à chaque dessin. Pour cela, aide-toi des sens des verbes donnés.**

Submerger : *1. Inonder, recouvrir complètement.*
2. Être débordé, avoir trop de travail.

Saisir : *1. Attraper avec force et rapidité.*
2. Faire une forte impression sur quelqu'un.

Je comprends

Lis ces phrases et réponds aux questions.

Comprendre le sens d'un mot difficile grâce au contexte

1 Au Moyen Âge, le chevalier porte un **heaume** qui couvre tout le visage.

- Qu'est-ce qu'un heaume ?
- Quels mots de la phrase permettent de le comprendre ?

Remplace le mot en gras de la phrase par le mot qui convient : *bouclier* ou *épée*.
Pour se protéger pendant les combats, le chevalier porte au bras un **écu**.

Repérer les différents sens d'un mot selon le contexte

2 **a.** En automne, nous ramassons des châtaignes dans les **bois**.
b. Le menuisier fabrique des meubles en **bois**.

- Pour chaque phrase, quels mots permettent de savoir dans quel sens est utilisé le mot *bois* ?
A-t-il le même sens dans les deux phrases ?
- Que signifie-t-il dans la phrase **a** ?
- Que signifie-t-il dans la phrase **b** ?

Complète les deux phrases avec le même mot : *pinces* ou *pattes*.
Ce crabe a des grosses … .
Ma mère étend le linge avec des … à linge.

J'apprends

- Dans une phrase, le **sens d'un mot difficile** peut être compris grâce au **contexte**, c'est-à-dire aux autres mots de la phrase.
*La **gerboise** est une souris qui vit dans le désert.*
- Quand un mot a **plusieurs sens**, le **contexte** permet de comprendre dans quel sens il est utilisé dans la phrase.
*Laetitia s'est cassé la jambe en faisant une **chute**.*
*Cette **chute** d'eau est magnifique.*

VOCABULAIRE

Je m'entraîne

1 * **Recopie chaque phrase en remplaçant le mot en gras par une expression ou un mot de la liste :** *circulation – petit château – le plus élevé – triste – vérifier.*

a. Le mont Blanc est le point **culminant** de la France.
b. Un grand parc entoure le **manoir**.
c. C'est une journée de pluie **maussade**.
d. Le garagiste **révise** des voitures.
e. Il y a beaucoup de **trafic** dans les grandes villes.

2 ** **Recopie le mot qui correspond au sens du mot en gras dans chaque phrase. Puis recopie les mots de la phrase qui t'ont aidé(e) à le trouver.**

a. Un camion **emboutit** l'arrière de ma voiture. *(peint – heurte)*
b. Le renard se cache dans sa **tanière**. *(trou – cabane)*
c. Le sportif réussit le saut en hauteur à la troisième **tentative**. *(erreur – essai)*
d. Il fait nuit et Thibaut n'est pas rentré : Maman **se tracasse** ! *(s'inquiète – s'amuse)*

3 ** **Récris chaque phrase en remplaçant le groupe nominal en gras par des groupes nominaux :** *son domicile – la famille – un pavillon* **ou** *la même entreprise*.

a. Ma cousine habite **une petite maison** en banlieue.
b. Mon père travaille toujours dans **la même maison.**
c. C'est bien de rentrer dans **sa maison** en fin de journée.
d. J'ai rassemblé toute **la maison** pour leur annoncer mon succès.

4 ** **Récris en remplaçant le groupe nominal en gras par le groupe nominal entre parenthèses qui a le même sens.**

a. Au premier janvier, ma grand-mère m'envoie **une carte.** *(une carte de vœux – une carte routière)*
b. Arthur obtient **de bonnes notes** *(des notes de musique – des résultats)* en français.
c. Teddy achète **une baguette** à la boulangerie. *(une baguette magique – du pain)*
d. Nous observons **des étoiles** au télescope. *(des danseuses – des astres)*

Je lis

5 **Lis ce texte.**

Arlequin arrêta son chariot devant la boulangerie de Pierrot, et examina avec une **moue de réprobation** sa façade nue et triste qui ne portait que ces deux mots : PIERROT BOULANGER.

Il se frotta les mains d'un air décidé et entreprit de frapper à la porte. C'était le plein du jour, nous l'avons dit, et Pierrot dormait à poings fermés. Arlequin dut **tambouriner** longtemps avant que la porte s'ouvrît sur un Pierrot plus pâle que jamais et **titubant** de fatigue. Pauvre Pierrot ! On aurait dit une chouette, tout blanc, **ébouriffé**, ahuri, les yeux clignotant à la lumière **impitoyable** de midi.

Michel Tournier, *Pierrot ou les secrets de la nuit*,

À l'aide du contexte, indique le sens des mots et des expressions en gras.

J'écris

6 **Écris une phrase pour mettre chaque mot en contexte. Aide-toi des dessins.**

a. la luzerne – b. l'opticien – c. une montgolfière – d. l'escrime.

A

B

C

D

Je comprends

Lis ces phrases et réponds aux questions.

Trouver le synonyme d'un nom

1 **a.** Le **paysan** clôture son **pré**.
b. Le **fermier** conduit les animaux dans la **prairie**.

- Qui clôture le pré ? Qui conduit les animaux ?
- Quel nom de la phrase **b** a le même sens que le nom *paysan* ?
- Quel nom de la phrase **b** a le même sens que le nom *pré* ?

Dans la phrase, remplace le nom en gras par un synonyme : *une bête* **ou** *une fourrure.*
Le chien est un **animal** docile.

Trouver le synonyme d'un adjectif

2 **a.** L'âne est un animal **obstiné**.
b. Il est **têtu** et n'en fait qu'à sa tête.

- Que dit-on de l'âne ? Quels adjectifs te permettent de le savoir ?
- Quel adjectif de la phrase **b** a le même sens que l'adjectif *obstiné* ?

Dans la phrase, remplace l'adjectif en gras par un synonyme : *savoureux* **ou** *mélodieux.*
Ma sœur mange un gâteau **délicieux.**

Trouver le synonyme d'un verbe

3 **a.** Léo **pose** un verre sur la table.
b. Il **place** des serviettes à côté des assiettes.

- Dans la phrase **a**, que fait Léo ? Que fait-il dans la phrase **b** ?
- Quel verbe de la phrase **b** a le même sens que le verbe *pose* ?

Dans la phrase, remplace le verbe en gras par un synonyme : *peint* **ou** *offre.*
Juliette **donne** une rose à sa grand-mère.

J'apprends

- Des **noms synonymes** sont des noms qui ont **presque le même sens**.
  le chemin → *le sentier*
- Des **adjectifs synonymes** sont des adjectifs qui ont **presque le même sens**.
  lourd → *pesant*
- Des **verbes synonymes** sont des verbes qui ont **presque le même sens**.
  chuchoter → *murmurer*

Je m'entraîne

1 * **Associe chaque adjectif de la *liste 1* à son synonyme dans la *liste 2*.**

1. joyeux – beau – peureux – courageux – laid
2. craintif – affreux – magnifique – brave – gai

2 ** **Recopie les listes de mots sans l'intrus.**

a. une maison – une habitation – un village – une demeure – un foyer
b. compter – dénombrer – déménager – calculer – chiffrer
c. fort – joli – costaud – musclé – robuste – solide

3 ** **Recopie chaque phrase en remplaçant le ou les mots en gras par le synonyme entre parenthèses qui convient.**

a. Mes parents m'ont **expliqué** comment patiner avec des rollers. *(montré – donné)*
b. Chaque matin, Jérémy boit un bol de chocolat **chaud.** *(rempli – brûlant)*
c. Les enfants **regardent attentivement** les têtards de l'étang. *(trouvent – observent)*
d. Tous les samedis, Julie fait une **promenade** à pied. *(une balade – une course)*

4 ** **Écris le synonyme du mot en gras dans chaque liste.**

a. récréation : marelle – école – pause – goûter
b. récupérer : enlever – amener – partager – réutiliser
c. nouveau : léger – récent – frais – grand

5 *** **Remplace chaque mot en gras par un synonyme. Recopie chaque phrase.**

a. William vient d'acheter un **roman** historique.
b. Elle **lance** une bouteille à la mer.
c. Il fait un froid **polaire.**

6 *** **Complète les phrases avec un mot synonyme du mot en gras.**

a. Ce plat est **savoureux.** Il est vraiment … .
b. Mon frère est **obstiné.** Maman dit en souriant qu'il est … comme un âne.
c. Ce **pré** est coloré. C'est une … fleurie.

7 *** **Trouve dans la liste suivante des synonymes de chaque verbe en gras. Recopie-les :** *demeurer – causer – écraser – loger – moudre – converser – résider – vivre – discuter – piler – parler – séjourner – papoter.*

a. bavarder : … **b.** broyer : … **c.** habiter : …

Je lis

8 **Lis ce texte.**

Un éléphant jouait tranquillement aux billes.
Survint un tigre affamé qui avala l'éléphant avec un peu de sauce tomate.
Une antilope, bonne cuisinière, dévora le tigre en pot-au-feu.
Un ouistiti avec cravate et chapeau melon grignota l'antilope rôtie à la broche.
Un rat acrobate engloutit le ouistiti à la croque-au-sel.
Un scarabée mal réveillé dégusta le rat en brochettes avec du riz.
Mais la mouche, écœurée, fit la grimace :
« Du scarabée, pouah, ça me donne mal au foie. »

Bernard Friot, *Histoires pressées*, © Éditions Milan.

a. Relève cinq verbes du texte synonymes du verbe *manger*.
b. Trouve un synonyme pour chaque mot ou expression : *jouer – écœurée – mal réveillé.*

J'écris

9 **Écris ce que font les animaux. Aide-toi de cette liste de verbes synonymes d'*attraper* :** *capturer – gober – neutraliser – agripper – saisir – piéger – s'emparer.*

VOCABULAIRE

Je comprends

Lis ces phrases et réponds aux questions.

Trouver le contraire d'un nom

1 **a.** Alan a voyagé toute la **nuit**.
b. Il arrive chez ses amis quand le **jour** se lève.

- Quand Alan a-t-il voyagé ? Quand arrive-t-il chez ses amis ?
- Quel nom de la phrase **b** a le sens contraire du nom *nuit* ?

Dans la phrase, remplace le nom en gras par son contraire : *un facteur* **ou** *un géant*.
Dans l'histoire de mon livre, le héros est un **nain**.

Trouver le contraire d'un adjectif

2 **a.** Cette voiture est **large** et la ruelle est **étroite**.
b. Le jour, le soleil est **visible** ; la lune est **invisible**.

- Quel adjectif de la phrase **a** a le sens contraire de l'adjectif *large* ?
- Dans la phrase **b**, quel est le contraire de l'adjectif *visible* ?
Par quoi commence l'adjectif en gras souligné ?

Dans la phrase, remplace l'adjectif en gras par son contraire : *faux* **ou** *utile*.
Ce que tu racontes est **vrai**.

Trouver le contraire d'un verbe

3 **a.** Grand-mère **entre** dans le salon. **b.** Grand-père **sort** du garage.

- Quel verbe de la phrase **b** a le sens contraire du verbe *entre* ?

Dans la phrase, remplace le verbe en gras par son contraire : *regarde* **ou** *félicite*.
Pendant la leçon de poésie, la maîtresse **gronde** les élèves.

J'apprends

- Des **noms contraires** sont des noms qui ont des **sens opposés**.
  une bosse → *un creux*
- Des **adjectifs contraires** sont des adjectifs qui ont des **sens opposés**.
  gentil → *méchant*
- Des **verbes contraires** sont des verbes qui ont des **sens opposés**.
  nettoyer → *salir*
- On peut former le contraire de certains verbes et adjectifs en ajoutant un **préfixe**.
  monter → ***dé**monter*   *adroit* → ***mal**adroit*   *connu* → ***in**connu*

VOCABULAIRE

Je m'entraîne

1 * **Écris le contraire de chaque mot.**

a. gentil : … – grand : … – propre : … – joyeux : … – facile : …
b. trouver : … – avancer : … – rire : … – allumer : … – se coucher : …
c. la joie : … – la méchanceté : … – le bruit : … – le matin : …

2 ** **Récris en utilisant un mot contraire du mot en gras. Emploie l'un des préfixes :** *in-*, *im-*, *dé-*, *il-*.

a. Tom trouve cette montée **possible** en VTT.
b. Lucie vient de **nouer** ses lacets.
c. Cette information est **exacte**.
d. Les caractères de ce roman sont **lisibles**.
e. Mon père **place** un cadre sur le mur.

3 ** **Forme des paires de contraires en prenant un mot de chaque liste.**

a. triste – sortir – lisse – pointu – gros – partir
b. arriver – arrondi – entrer – rugueux – maigre – gai

4 ** **Complète chaque couple de phrases avec un adjectif de sens contraire.**

a. Myriam n'est pas petite. Elle est … .
b. Le temps n'est pas nuageux. Il est … .
c. Le chemin n'est pas long. Il est … .
d. La route n'est pas humide. Elle est … .
e. Mon amie n'est pas bavarde. Elle est … .

5 ** **Récris les phrases en remplaçant chaque mot en gras par un mot contraire.**

Il **monte** les marches à toute vitesse. – Il a **chaud**. – Il **pose** ses lunettes et **s'assoit**. – Il s'attendait à cette **bonne** nouvelle. – Il est **heureux**.

6 *** **Complète chacune des devinettes.**

a. Je suis un adjectif contraire de **dur**. → …
b. Je suis un verbe contraire de **plaire**. → …
c. Je suis un nom contraire de **jour**. → …

Je lis

7 **Lis ce texte.**

La chatte, Mme Jane Tabby, était **incapable** d'expliquer pourquoi ses quatre enfants avaient des ailes.

« Leur père devait être un filou de haut vol, commenta un voisin avec un **petit** rire **déplaisant**…

– Peut-être ont-ils des ailes parce qu'avant leur naissance, j'ai rêvé que je m'enfuyais loin d'ici, dit Mme Jane Tabby. Thelma, gronda-t-elle, tu as la figure toute **sale** ; va vite la laver !… Harriet, quand tu ronronnes, tu devrais **fermer** les yeux à demi et me masser avec tes pattes de devant ; oui, comme ça ! Comment est le lait, ce matin, mes enfants ?

– Il est très **bon**, Mère, merci, répondirent-ils joyeusement. »

C'étaient de **beaux** enfants, bien élevés. Mais Mme Tabby se faisait du souci à leur sujet. Ils habitaient vraiment un terrible quartier qui empirait de jour en jour.

Ursula K. Le Guin, *Les chats volants*, traduit par Bee Formentelli, © Éditions Gallimard Jeunesse.

a. Trouve le contraire des mots en gras.
b. Relève parmi les mots en gras deux adjectifs commençant par un préfixe.

J'écris

8 **Décris le quartier où vivent les chats ailés à l'aide de plusieurs adjectifs comme :** *sale* – *dangereux* – *insalubre* – *pollué*.

Imagine ensuite un quartier plaisant. Décris-le.

Je comprends

Lis ces phrases et réponds aux questions.

Des noms plus précis

1 **a.** Léa plie ses **affaires**. **b.** Je mets mes **affaires** dans mon cartable. **c.** Ne t'occupe pas de mes **affaires**.

- Quel nom en gras est répété trois fois ?
- Quel nom plus précis peux-tu employer dans chaque phrase ?

Dans la phrase, remplace le nom *affaires* **par :** *problèmes* **ou** *vêtements*.
Ils essaient de trouver des solutions à ces affaires.

Des verbes plus précis

2 **a.** Théo **va** bien. **b.** Lise **va** à la piscine.

- Quel verbe en gras est répété deux fois ?
- Quel verbe plus précis peux-tu employer dans chaque phrase ?

Dans la phrase, remplace le verbe *va* **par :** *se porte*, *se rend*, *marche* **ou** *roule*.
La classe de CE2 va à la montagne pendant les vacances de Noël.

Des adjectifs plus précis

3 **a.** Ma cousine est **belle**. **b.** Tu as réalisé un **beau** travail.

- Quels adjectifs plus précis que *belle* et *beau* peux-tu employer dans chaque phrase ?

Dans la phrase, remplace l'adjectif *beau* **par :** *joli* **ou** *satisfaisant*.
Cette fillette a un beau visage.

J'apprends

- Certains noms comme *chose* ou *affaire* peuvent être remplacés par **des noms plus précis**. *Ma mère cuisine de bonnes **choses** = Ma mère cuisine de bons **plats**.* (plats ↓ mot plus précis)
- Certains verbes comme ***aller*** ou ***faire*** peuvent être remplacés par **des verbes plus précis**. *Je **fais** la vaisselle = Je **lave** la vaisselle.* (lave ↓ mot plus précis)
- Certains adjectifs comme ***gros*** ou ***beau*** peuvent être remplacés par **des adjectifs plus précis**. *Il a produit de **gros** efforts = Il a produit des efforts **importants**.* (importants ↓ mot plus précis)

VOCABULAIRE

Je m'entraîne

1 * Recopie chaque phrase en la complétant avec un des mots suivants : *vole – se dirige – se porte – saisit – navigue*.

a. Ce bateau .... sur la Méditerranée.
b. Le train ... vers la station de ski.
c. L'avion ... au-dessus des nuages.
d. Ma grand-mère ... bien.
e. Le chat ... la souris.

2 * Récris chaque phrase en remplaçant le mot ou l'expression en gras par l'un de ces mots précis : *une histoire – une question – le même problème – une bêtise*.

a. C'est toujours **la même chose** avec mon frère.
b. Oscar a fait **quelque chose de mal**.
c. Il y a **une chose** difficile dans cet exercice.
d. Ma grand-mère a toujours **quelque chose** à raconter.

3 ** Recopie chaque phrase en remplaçant l'adjectif en gras par un adjectif plus précis.

a. J'ai un **gros** cahier.	1. sérieux
b. La voisine a un **gros** chat.	2. épais
c. Tu as une **grosse** valise.	3. gras
d. Mon oncle a un **gros** problème.	4. lourde

4 ** Recopie en utilisant le mot entre parenthèses plus précis que le mot en gras.

a. Je ne retrouve plus mes **affaires**. *(livres – problèmes)*
b. Les **gens** commentent l'actualité. *(bébés – journalistes)*
c. Isabelle **met** son pull. *(repasse – enfile)*
d. La maîtresse a une **belle** robe. *(jaune – jolie)*
e. Simon **va** au stade en rollers. *(se rend – saute)*

5 * Trouve un verbe précis pour remplacer le verbe** *faire*. **Récris les phrases.**

a. Je fais mes leçons.
b. Papa fait à manger.
c. Paul fait un avion en papier.
d. La tempête fait des dégâts.
e. Ma sœur fait la vaisselle.

Je lis

6 Lis ce texte.

Une petite fille, Karen, vient d'acheter un cochon d'Inde. Elle cherche à lui donner un nom. Cependant, le cochon d'Inde s'est toujours fait appeler Charlotte.

La nuit suivante, quand tout le monde dort depuis longtemps, Charlotte est toujours à la même place, bien réveillée, seule avec ses sombres pensées. « Il faut absolument **faire quelque chose**, se répète-t-elle pour la centième fois. Mon nom, c'est Charlotte Parlotte, et rien d'autre. Un nom, pour certains, ça n'est pas **grand-chose**. Mais quand on est un cochon d'Inde, c'est souvent tout ce qu'on a au monde. »

Charlotte Parlotte... En fermant les yeux, elle revoit clairement ces deux mots écrits en lettres noires sur un carton d'emballage. « Il faut **faire quelque chose**... »

À présent qu'elle a trouvé l'idée, elle est excitée comme une puce. « Naturellement, ça ne sera pas facile. Ça veut dire de longues heures de travail pénible et des tonnes de difficultés. Mais ça en vaut la peine. »

Michael Bond, *Charlotte Parlotte*, © DR.

a. Qui emploie l'expression *quelque chose* **?**
b. Par quels expressions ou mots plus précis peux-tu remplacer *quelque chose* **et** *grand-chose* **?**

J'écris

7 Charlotte Parlotte a trouvé une idée pour faire connaître son nom à Karen. Raconte comment elle s'y prend. Tu peux employer quelques verbes d'action précis : *se faufile à travers les barreaux – s'empare d'un pinceau – grimpe sur la cage – bouscule – renverse – attrape*.

Je comprends

Lis ces phrases et réponds aux questions.

Des fruits

1 **a.** La **pomme**, la **poire**, la **prune** et la **banane** sont des **fruits**.
b. La **fraise**, la **cerise** et la **framboise** sont des **fruits rouges**.

- Dans la phrase **a**, quel mot général désigne *la pomme*, *la poire*, *la prune* et *la banane* ? Dans la phrase **b**, quels mots particuliers désignent *des fruits rouges* ?

Complète la phrase avec un mot général : *fruit rouge* **ou** *fruit*.
L'ananas est un … .

Des animaux

2 **a.** Le **chat**, le **chien**, la **tortue** et la **souris** sont des **animaux**.
b. Le **lynx**, le **tigre** et la **panthère** sont des **animaux sauvages**.

- Dans la phrase **a**, quel mot général désigne *le chat*, *le chien*, *la tortue* et *la souris* ?
- Dans la phrase **b**, quels mots particuliers désignent des animaux sauvages ?

Complète la phrase avec deux mots particuliers : *poule*, *renard* **ou** *lion*.
Le … et le … sont des animaux sauvages.

Des métiers

3 **a.** J'hésite entre plusieurs **métiers** : **pilote**, **avocat** ou **pompier**.
b. Le **clown, le trapéziste** et l'**acrobate** pratiquent des **métiers du cirque**.

- Dans la phrase **a**, quel mot général désigne le travail du pilote, de l'avocat et du pompier ?
- Dans la phrase **b**, quels mots particuliers désignent des métiers du cirque ?

Complète la phrase avec un mot général : *métiers du cirque* **ou** *acrobates*.
Les magiciens et les jongleurs sont des … .

J'apprends

- Un **mot général** désigne un ensemble de personnes, d'animaux, d'objets, d'activités…
  Ma tante m'a offert plusieurs ***jeux*** *: un* ***lego****, un* ***puzzle*** *et un* ***monopoly****.*
- Un **mot particulier** fait partie d'un ensemble désigné par un mot général.
  Le ***chêne*** *est un* ***arbre****.*
- Un nom général et plusieurs **mots particuliers** peuvent être séparés par deux-points.
  J'ai vu différentes ***fleurs*** *: des* ***roses****, des* ***tulipes*** *et des* ***lys****.*

VOCABULAIRE

Je m'entraîne

1 * Recopie le mot général caché dans chaque liste.

a. marelle – billes – cartes – jeux – corde à sauter – échecs
b. pigeon – moineau – canard – hirondelle – oiseaux – cygne
c. rose – muguet – fleurs – tulipe – iris – jonquille – dahlia
d. pomme – poire – cerise – abricot – fruits – pêche – fraise

2 ** Recopie chaque liste en la complétant avec deux mots de ton choix.

a. vêtements : blouson – jupe – écharpe
b. cirque : acrobate – magicien – dompteur
c. arbres fruitiers : pommier – poirier
d. reptiles : lézard – crocodile – python

3 ** Écris quatre phrases en utilisant pour chacune d'elles les deux mots proposés.

a. sapin et arbres – **b.** poissons et truite – **c.** moyens de transport et vélo – **d.** insectes et papillon

4 ** Récris le texte en remplaçant les mots généraux en gras par des mots particuliers.

Mon frère est un passionné d'**insectes.** Il les observe au pied des **arbres.** Il en profite pour écouter les **oiseaux.** Il s'assoit ensuite près de grandes **plantes** et sort un **fruit** de son sac à dos.

5 * Complète la phrase avec le mot général correspondant aux mots particuliers en italique puis recopie-la. Il y a plusieurs solutions.**

a. *Le lion* et le *tigre* se nourrissent de viande. Ce sont des ... .
b. *Le dauphin* et *la baleine* vivent dans la mer. Ce sont des ... marins.
c. *La souris* et *le rat* rongent leurs aliments. Ce sont des ... .
d. *La vipère* et *la couleuvre* rampent sur le sol. Ce sont des ... .

Je lis

6 Lis ce texte.

Au Moyen Âge, la vie est dure. Les enfants travaillent jeunes, la maladie est un risque permanent. Mais les jouets ne manquent pas. [...] On trouve des poupées en céramique qu'on habillait de chiffons, des hochets pour les bébés, des toupies de bois, des dînettes, des billes, des sifflets à eau en forme d'oiseau ; pour les enfants nobles, comme Guillaume, des petits arcs et des épées de bois.

L'enfant des villes possède plus de jouets que le petit paysan, qui doit se contenter de noix, de cailloux, de fleurs, de chiffons ou de menus objets achetés à des colporteurs.

Danièle Alexandre-Bidon et Pierre Riche,
La vie des enfants au Moyen Âge,

a. Avec quoi les enfants du Moyen Âge s'amusent-ils ? Écris ces mots.

b. Quel est le mot général qui regroupe ces mots dans le premier paragraphe ?

J'écris

7 Écris une recette imaginaire dont les ingrédients ne sont pas des aliments mais des objets. Choisis dans la liste suivante ce que tu peux utiliser : *des trombones – des œufs – du bois – du sucre – des plumes – de la terre – de la farine – des clous – du sable – du beurre.*

Pour préparer un gâteau magique...

Des mots sur le temps

Je comprends

Lis ces phrases et réponds aux questions.

Les mots du passé, du présent et du futur

1 **Hier**, Marie attendait un colis. Il n'est pas là **aujourd'hui**. Le facteur l'apportera sûrement **demain**.

- Quand Marie attendait-elle un colis ? Quel mot en gras parle du présent ?
- Quand Marie espère-t-elle recevoir le colis ? Quel mot le dit ?

Complète la phrase avec un mot indiquant le passé : *aujourd'hui*, *avant-hier* **ou** *demain*.
..., c'était l'anniversaire de Caroline.

Les noms du temps

2 **a.** Jules traverse la cour en trente **secondes**, il met deux **minutes** pour aller à l'épicerie. **b.** Il étudie à l'école quatre **jours** par **semaine**.

- Combien de temps Jules met-il pour traverser la cour ? Pour aller à l'épicerie ? Combien de jours par semaine passe-t-il à l'école ?

Complète la phrase avec une unité de temps : *jours*, *mois* **ou** *années*.
J'ai huit ans et demi ; je fêterai mon anniversaire dans six ... .

Les adjectifs du temps

3 **a.** Mon grand-père fait sa promenade **quotidienne**.
b. Théo reçoit sa revue **trimestrielle**.

- Quand ton grand-père se promène-t-il ? Quand Théo reçoit-il sa revue ?

Complète la phrase avec un adjectif : *mensuel* **ou** *annuel*.
Papa reçoit son salaire ... .

J'apprends

— Certains mots indiquent le **temps** et précisent si une action se déroule :
- dans le **passé** : *hier – avant-hier – le mois dernier…*
- dans le **présent** : *maintenant – aujourd'hui – en ce moment…*
- dans le **futur** : *demain – après-demain – l'année prochaine…*

— Certains noms indiquent le **temps** : *la seconde – l'heure – le jour – le trimestre – l'année – le siècle – la date – l'horaire – la période – la chronologie…*

— Certains adjectifs indiquent le **temps** : *quotidien – mensuel – annuel…*

Je m'entraîne

1 * **Recopie les phrases qui indiquent une action du passé.**

a. Hier, il a plu toute la journée.
b. Dans quelques jours, je ferai un château de sable.
c. Jadis, les chevaliers participaient à des tournois.
d. Aujourd'hui, c'est mon anniversaire.

2 * **Complète les phrases avec l'un des mots :** *mois* – *semaine* – *année* **ou** *heures*.

a. Il y a sept jours dans une … .
b. Une journée dure vingt-quatre … .
c. Le … de décembre est celui que je préfère.
d. Le premier janvier marque la nouvelle … .

3 ** **Complète chaque phrase avec un mot qui convient pris dans la liste suivante :** *horaire* – *date* – *âge* – *période*.

a. L'été est la … des grandes vacances.
b. À quel … entre-t-on à l'école élémentaire ?
c. Quelle est ta … de naissance ?
d. Le train devait arriver à quatre heures. Il est en retard sur l'… .

4 *** **Recopie ce qui va ensemble.**

a. un millénaire – une année – un siècle.
b. 100 ans – 12 mois – 1 000 ans – 365 (ou 366) jours.

5 *** **Complète chaque phrase avec l'un des adjectifs :** *annuelle* – *quotidien* – *trimestriel* – *mensuelle*.

Exemple : *Beaucoup de musées ferment* ***chaque semaine*** *le mardi. C'est un jour de fermeture* ***hebdomadaire***.

a. L'athlète s'entraîne **tous les jours**. Il a un entraînement … .
b. J'achète cette revue **tous les mois**. C'est une revue … .
c. Le bulletin scolaire est reçu **tous les trois mois**. Il est … .
d. On célèbre la fête nationale de la France **tous les ans** le 14 Juillet. C'est une fête … .

Je lis

6 **Lis ce texte.**

Tom écrit une lettre à ses parents.

Sainte-Eulalie, le 21 juillet
Cher Papa, Chère Maman,

Nous sommes arrivés depuis une semaine. Je ne vous ai pas écrit avant parce que j'avais trop de choses à faire et qu'il fait très beau. Mais aujourd'hui, c'est les grandes marées qui commencent et il pleut, alors je vous écris.

Nous avons fait un bon voyage, sauf qu'il faisait très chaud dans le train et que les gens à côté de nous avaient un bébé qui pleurait tout le temps. Grand-mère avait préparé des sandwiches au saucisson comme j'aime, elle m'a payé un *Mickey* à la gare, avant de partir. […] J'étais content d'arriver, vous pouvez pas savoir. Les copains sont déjà tout noirs. […]

Demain, s'il fait beau, on ira tous ensemble faire une balade sur les rochers et on attrapera des crabes…

Grosses bises.
Tom

Didier Herlem, *Mystère au chocolat*, © Rageot.

a. Quand Tom a-t-il écrit sa lettre ? Quel groupe de mots indique depuis combien de temps il est en vacances ?

b. Recopie le mot qui indique quand ont lieu les grandes marées et le mot qui indique quand Tom ira se promener avec ses copains.

J'écris

7 **Tom écrit à nouveau à ses parents. Il raconte sa partie de pêche et ses projets pour les jours futurs. Emploie les mots :** *aujourd'hui* – *demain* – *la semaine prochaine*…

Chers parents,
Aujourd'hui,
je suis allé avec
mes copains…

Je comprends

Lis ces phrases et réponds aux questions.

Les noms de l'école

1 **a.** La **maîtresse** dessine un **triangle** sur le **tableau**.
b. Les **élèves** reproduisent au **crayon à papier** la **figure** sur leur **cahier**.

- Dans la phrase **a**, que dessine la maîtresse ? Sur quoi ?
- Dans la phrase **b**, que font les élèves ? Avec quoi ? Sur quoi ?

Complète la phrase avec un nom en rapport avec l'école : *ardoise* **ou** *cahier de textes*.
Les élèves de la classe de CE2 A écrivent les résultats du calcul mental sur leur ... .

Les adjectifs de l'école

2 **a.** Les élèves **attentifs** écoutent l'histoire que la maîtresse raconte.
b. Les élèves rassemblent leurs fournitures **scolaires** la veille de la rentrée.

- Comment sont les élèves dans la phrase **a** ?
- Dans la phrase **b**, quel adjectif qualifie les fournitures ?

Complète la phrase avec un adjectif en rapport avec l'école : *soigné* **ou** *jeune*.
La maîtresse encourage les élèves à faire un travail ... .

Les verbes de l'école

3 Les élèves **recopient** un poème. Ils l'**apprennent par cœur** et le **récitent**.

- Que font les élèves ?

Complète la phrase avec un verbe de l'école : *classer* **ou** *gommer*.
Le maître demande aux élèves de ... les nombres par ordre croissant.

J'apprends

Pour parler de l'école et de ce que l'on y fait, on utilise des mots précis.

- des **noms** :

les **personnes** : *le maître – la maîtresse – le directeur – la directrice – l'élève...*
les **fournitures** : *le cahier – le tableau – le livre – le stylo – la règle – l'ardoise...*
les **activités** et les **matières** : *la leçon – la récitation – la lecture – la copie – le calcul – la géographie – la géométrie...*

- des **adjectifs** : *attentif – appliqué – soigné – lisible – clair – scolaire...*
- des **verbes** : *écouter – répondre – apprendre par cœur – respecter la consigne – lire – écrire – découper...*

VOCABULAIRE

Je m'entraîne

1 * Complète les phrases avec l'un des noms de la liste : *tableau – cahier de textes – leçon – encrier.*

a. Autrefois, on écrivait avec un porte-plume et l'encre était dans un … .
b. Chaque jour, je note mes leçons dans mon … .
c. La maîtresse écrit très bien au … .
d. Chaque semaine, nous avons une … d'histoire à apprendre.

2 ** Écris le nom qui correspond à chacun des verbes.

a. copier → la … – **b.** lire → la … – **c.** écrire → l' … – **d.** réciter → la … – **e.** calculer → le …

3 ** Complète les phrases avec un adjectif de l'école : *scolaires – curieux – soigné – lisibles.*

a. Sylvine rend toujours un travail très … .
b. L'élève … pose des questions à la maîtresse.
c. Pour la rentrée des classes, les élèves préparent leurs fournitures … .
d. Mon ami écrit des textes … .

4 ** Trouve le nom caché sous chaque définition.

a. Cette image plate sert à repérer une partie du monde, un pays. → une …
b. La maîtresse l'utilise pour écrire au tableau. → une …
c. On y range les stylos, la gomme, les crayons. → une …
d. Cet instrument sert à tirer des traits et à mesurer des longueurs. → une …

5 * Indique si chaque affirmation est** ***vraie*** **ou** ***fausse*****.**

a. On utilise le compas en géométrie.
b. Les feuilles perforées n'existent qu'à petits carreaux.
c. Les leçons d'histoire parlent des événements du passé.
d. Tous les élèves restent à la cantine.

Je lis

6 Lis ce texte.

Marcel est un jeune garçon de quatre ans. Quand sa mère doit s'absenter, elle le confie à son père qui est instituteur.

Lorsqu'elle allait au marché, elle me laissait au passage dans la classe de mon père, qui apprenait à lire à des gamins de six ou sept ans. Je restais assis, bien sage, au premier rang et j'admirais la toute-puissance paternelle. Il tenait à la main une baguette de bambou : elle lui servait à montrer les lettres et les mots qu'il écrivait au tableau noir. […]

Un beau matin, ma mère me déposa à ma place, et sortit sans mot dire, pendant qu'il écrivait magnifiquement au tableau : « La maman a puni son petit garçon qui n'était pas sage. »

Tandis qu'il arrondissait un admirable point final, je criai : « Non ! Ce n'est pas vrai ! »

Mon père se retourna soudain, me regarda stupéfait, et s'écria : « Qu'est-ce que tu dis ? »

– Maman ne m'a pas puni ! Tu n'as pas bien écrit !

Marcel Pagnol, *La Gloire de mon père*,

Relève trois noms, un adjectif et deux verbes qui ont un lien avec l'école.

J'écris

7 Décris ce dessin ou bien raconte un souvenir d'école. Quelle était l'activité ? Qu'as-tu fait ? Comment ont réagi tes camarades ?

VOCABULAIRE

Je comprends

Lis ces phrases et réponds aux questions.

Les noms de la ville

1 Le **citadin** sort de la **station** de **métro**. Il s'engage dans un **boulevard**, traverse la **chaussée** et s'arrête à la **terrasse** d'un **café**.

- Quels noms en gras parlent d'une personne qui habite la ville, d'un moyen de transport ?
- Quels noms en gras parlent des rues, d'un endroit où l'on consomme des boissons ?

Complète la phrase avec un nom en rapport avec la ville : *paysans* **ou** *citadins*.
Dans les grandes villes, les ... utilisent souvent les transports en commun.

Les adjectifs de la ville

2 J'habite un immeuble **moderne** dans une rue **animée**.
En fin d'après-midi, le quartier est **surpeuplé** ; des passants **pressés** prennent les transports **urbains**, qui sont **bondés.**

- Quels adjectifs en gras décrivent les personnes, les lieux, les transports en commun ?

Complète la phrase avec un adjectif en rapport avec la ville : *rurale* **ou** *urbaine*.
L'appartement de ma tante est situé dans une zone ... .

Les verbes de la ville

3 La foule **se presse** aux portes du magasin. Les clients **se précipitent** sur les soldes. Ils **font la queue** devant les caisses, ils **patientent**.

- Que fait la foule ? Que font les clients et les acheteurs ?

Complète la phrase avec un verbe en rapport avec la ville : *labourent* **ou** *se pressent*.
Les badauds ... autour de l'artiste qui leur propose un spectacle de rue.

J'apprends

Pour parler de la ville et de ce que l'on y fait, on utilise des mots précis.

- Des **noms** :

les **habitants** : *le citadin – le banlieusard – le passant – la foule...*
les **lieux** : *le boulevard – la rue – la place – le carrefour – la banlieue – le magasin – le bureau...*
les **habitations** : *l'immeuble – la tour – le bâtiment – l'appartement...*
les **transports** : *la circulation – l'autobus – le métro – le tramway – le parking...*

- Des **adjectifs** : *pressé – affairé – urbain – surpeuplé – animé...*
- Des **verbes** parlent des **activités** des habitants et de leur **mode de vie** : *se presser – circuler – faire la queue – patienter – construire – bâtir – aller au cinéma...*

VOCABULAIRE

Je m'entraîne

1 * Recopie les phrases en les complétant avec l'un des noms : *foule – boulevard – embouteillages – métro.*

a. Les … sont nombreux à Paris.
b. Je prends le … pour aller au musée.
c. La … fait peur à mon petit frère.
d. On a installé des feux de signalisation le long du … .

2 ** Recopie chaque mot avec le numéro qui correspond à sa définition.

une place – un carrefour – une rue – une avenue – un parking

1. un parc de stationnement pour les voitures
2. un endroit où plusieurs rues se croisent
3. une large rue souvent bordée d'arbres
4. un endroit entouré de bâtiments
5. une voie bordée de maisons

3 ** Retrouve le verbe correspondant à chaque dessin. Puis invente une phrase avec chacun d'eux.

A

B

C

D

4 ** Recopie le texte avec les noms suivants : *bureaux – magasins – tours – banlieues – cinéma.*

Les habitants des … viennent travailler en ville. Les … sont installés dans des immeubles et dans des … . Dans les rues commerçantes, les … attirent les passants. On vient en ville pour se distraire : au …, au musée, au théâtre.

5 * Récris le texte en remplaçant chaque mot ou groupe de mots en gras par un synonyme pris dans cette liste :** *s'impatienter – citadins – gesticuler – affairés – embouteillages – une file d'attente.*

Tous les **habitants de la ville** paraissent **actifs.** Ils **s'agitent** et **s'énervent** pour un rien. Une **longue queue** se forme devant un magasin de chaussures soldées. Sur le boulevard, les voitures provoquent des **encombrements**.

Je lis

6 Lis ce poème.

Fourmis, fourmis –
Pas si fourmis que ça.

Ces gens qui vont,
Qui courent, se faufilent,
Qui se frôlent, s'entassent.

Ou c'est que les fourmis
Ne sont pas ce qu'on dit.

Car dans les gens d'ici,
Prétendument fourmis,

Ça rêve bougrement.

Eugène Guillevic, *Ville*, © Éditions Gallimard.

a. À ton avis, où se trouvent les gens dont parle le poème ? Justifie ta réponse.

b. Par quel mot peut-on remplacer « gens » dans l'expression *les gens d'ici* **?**

J'écris

7 Décris ce dessin en utilisant des mots de la ville.

Je comprends

Lis ces phrases et réponds aux questions.

Les noms de la campagne

1 **a.** Le **paysan sème** du **blé** dans le **champ**.
b. Après la **moisson**, il stocke les **balles de foin** dans la **grange** pour nourrir le **bétail**.

- Dans la phrase **a**, qui sème du blé ? Où le sème-t-il ?
- Dans la phrase **b**, que stocke le paysan ? Où le stocke-t-il ?

Complète la phrase avec des noms : *foin, champs* **ou** *moisson*.
L'hiver, il n'y a plus d'herbe dans les … et les animaux se nourrissent de … .

Les adjectifs de la campagne

2 Sur les collines **boisées,** le garde forestier observe les arbres **feuillus** dans un sentier.

- Comment sont les collines ? Comment sont les arbres que le garde forestier observe ?

Complète la phrase avec un adjectif : *maritime* **ou** *forestier*.
Les promeneurs cueillent des champignons près d'un chemin … .

Les verbes de la campagne

3 **a.** Le fermier **moissonne** les champs de blé.
b. Il **trait** les vaches et **tond** les moutons.

- Que fait le fermier dans les phrases **a** et **b** ?

Complète la phrase avec un verbe de la ferme : *traire* **ou** *élève*.
La fermière … des poules et ramasse les œufs.

J'apprends

Pour parler de la campagne et de ce que l'on y fait, on utilise des mots précis.

— Des **noms** :
les **personnes** : *le paysan – le fermier – l'agricultrice…*
les **activités** : *la moisson – la récolte…*
les **animaux** et leurs **lieux de vie** : *le troupeau – la volaille – le poulailler – l'étable – la bergerie…*
les **lieux** : *la ferme – le village – la campagne – la plaine – la colline – la forêt…*
les **cultures** : *le blé – les céréales – la vigne…*

— des **adjectifs** : *rural – plat – vallonné – boisé – cultivé – labouré…*

— des **verbes** : *cultiver – moissonner – labourer – vendanger…*

Je m'entraîne

1 * Complète les phrases avec des noms choisis dans la liste : *cultivateur – moisson – tracteur – troupeau*.

a. Le paysan rentre son … de vaches.
b. Le … plante des graines dans son champ.
c. Le blé a bien poussé et la … sera bonne.
d. Le … tire la remorque qui transporte le bétail.

2 * Recopie ensemble le nom des animaux *(liste 1)* **et le lieu où ils vivent dans la ferme** *(liste 2)*.

1. poules, coqs et canards… – moutons et brebis – vaches – cochons – lapins.
2. étable – poulailler – clapier – bergerie – porcherie.

3 ** Recopie chaque nom ou adjectif avec le numéro qui correspond à sa définition.

un village – rural – une céréale – une ferme – la campagne

1. un lieu où il y a des champs et des bois
2. une plante dont les graines servent à nourrir les hommes et les animaux
3. qui concerne la vie à la campagne
4. un groupe de maisons à la campagne avec une mairie
5. les bâtiments et la terre d'un agriculteur

4 ** Recopie les mots des listes qui ont un lien avec la campagne.

a. récolter – semer – entendre – manger – planter
b. prairie – champ – parking – cultures – élevage
c. verdoyant – fleuri – salé – cultivé – sucré

5 * Invente quatre phrases en utilisant un mot de chaque liste.**

Noms : village – chemin – haie – champ – maison – montagne
Adjectifs : boisé – feuillu – récolté – isolé – cultivé – boueux
Verbes : dominer – clôturer – appartenir – conduire – abriter

6 * Les verbes à l'infinitif et les compléments de ces verbes sont mélangés. Retrouve les bonnes expressions.**

semer les mauvaises herbes – arracher les pommes – tailler les chevaux – gauler les vaches – traire le blé – atteler la vigne

Je lis

7 Lis ce texte.

Nous courûmes au verger. Il importait[1] de cueillir les fruits avant la chaleur. Je me rappelle la joie de ce matin d'été. Les papillons blancs palpitaient sur les massifs. Un couple de bœufs roux s'avançait dans la large avenue des vignes… Les chasselas[2] n'étaient pas mûrs. Mais nous fîmes une ample récolte de pêches et de prunes Reine-Claude bleutées, fendillées, gonflées de jus.

1. il fallait.
2. raisins.

François Mauriac, *La Robe prétexte*, © Grasset et Fasquelle, 1914.

a. Quels fruits trouve-t-on dans le verger ?

b. Recopie trois noms qui ont un lien avec la campagne.

J'écris

8 Ton cousin Eliot et toi, vous passez des vacances ensemble à la ferme. Imagine les activités que vous pratiquez. Pour cela, utilise les mots en lien avec la campagne : *traire les vaches – cueillir les fruits – nourrir les poules…*

Pour le premier jour de vacances, je propose à Eliot d'essayer de traire les vaches…

Je comprends

Lis ces phrases et réponds aux questions.

Mots simples et mots dérivés

1 Mon **chanteur** préféré **chante** un **chant** très gai.

- Parmi les mots en gras, quel est le plus court ? Que veut-il dire ?
- À partir de quel mot les autres mots en gras sont-ils formés ?
- Par quoi se terminent-ils ?

Complète la phrase avec un mot de la famille du mot *chant* : *chantier* **ou** *chanson*.
Nous apprenons une … pour la fête de l'école.

Des mots qui se ressemblent beaucoup

2 Chaque semaine, le **laitier** livre du **lait** à la **laiterie**.

- Dans cette phrase, quels mots se ressemblent ?
- Comment s'écrit le mot simple que l'on retrouve dans tous ces mots ?

Complète la phrase avec un mot de la famille du mot en gras : *apprendre* **ou** *approcher*.
Quand il est seul à la maison, mon chien reste **proche** de la porte. Dès que je rentre, il s'… en jappant.

Des mots qui se ressemblent un peu

3 Élodie aime la **chaleur**. Quand il ne fait pas **chaud**, elle dort avec une couverture **chauffante**, même si la chambre est **surchauffée**.

- Dans ces phrases, quels mots sont de la même famille ? De quoi parlent-ils ?
- Quelles lettres ont-ils en commun ?

Complète la phrase avec un mot de la famille de *chaud* : *chauffage* **ou** *surchauffer*.
Pour économiser l'énergie, il faut éviter de … les appartements en hiver.

J'apprends

- **Une famille de mots** rassemble un **mot simple** et des **mots dérivés** formés à partir de ce mot. Ils contiennent tous la même idée.

  poisson → ***poisson**nier* – ***poisson**nerie* – ***poisson**neux*

  mot simple — mots dérivés

- Parfois, on retrouve **le mot simple en entier** dans les mots de la même famille.
  *une **dent** → le **dent**ifrice, un **dent**iste*
- Parfois, on trouve seulement **quelques lettres du mot simple** dans les mots de la même famille. ***fou** → **fo**lle – **fo**lie*

VOCABULAIRE

Je m'entraîne

1 * **Complète les phrases avec les mots de la liste :** *compte – compteur – acompte – compter*.

a. Sandrine sait bien … mentalement.
b. Mes parents ont versé un … pour l'achat de mon lit.
c. Le … de la voiture indique 100 km/heure.
d. Alicia fait le … de ses jours de vacances.

2 ** **Classe les mots de la liste en deux colonnes selon leur famille :** *jour* **et** *terre*.

territoire – journée – journal – terrain – ajourner – enterrer – journellement – déterrer

3 ** **Recopie chaque phrase en la complétant avec un mot de la famille de** *dent*.

a. Mon frère a mal aux dents ; Maman l'emmène demain chez le … .
b. Le … de mon cousin sent la fraise.
c. Dans ce village, on fabrique des napperons en … .
d. En regardant la … du lion, Mylène a aperçu deux énormes canines.

4 ** **Recopie les listes de mots sans l'intrus.**

a. déminage – déménager – emménager
b. voir – voyant – regarder – vue – visible
c. goûter – dégoûté – goût – gouvernement
d. écrire – écriture – encre – écritoire – écrivain

5 *** **Écris deux mots de la famille de :**

a. courir – b. sale – c. blanc – d. vent.

6 *** **Recopie les quatre mots du texte qui appartiennent à la même famille.**

J'ai réussi à surprendre toute ma famille. J'ai pris trois assiettes du service de ma grand-mère et j'ai réussi à jongler sans en casser une.
La surprise a été totale. Ce jour-là, j'ai compris que je serais jongleur.

Je lis

7 **Lis ce texte.**

L'instituteur M. Swain vient d'écrire une pièce de théâtre. Il distribue les rôles à ses élèves.

« Qui est la Belle au Bois dormant ? demanda Sophie. C'est elle qui a le rôle principal.
– Annabel, déclara M. Swain.
– Ça ne fait qu'une semaine qu'elle est là, maugréa Claire.
– Et elle n'est pas vraiment belle non plus, ajouta Sophie. Enfin, ce n'est pas mon genre de beauté.
– Annabel possède une très jolie voix », dit M. Swain…

Si elle en avait eu le courage, Annabel se serait élancée au premier rang pour embrasser M. Swain. La veille, à la récréation, il était venu la trouver et elle lui avait déclaré qu'un jour elle voulait devenir chanteuse célèbre. Il lui avait alors demandé de lui chanter sa chanson préférée. Mais elle s'était sentie tellement intimidée que sa voix était sortie en un mince filet saccadé, toute voilée et tremblante. Mais M. Swain n'y avait pas prêté attention.

Berlie Doherty, *L'Oiseau d'or*,
traduit par Marie Aubelle, © Éditions Gallimard Jeunesse.

a. Relève trois mots de la famille de *chant* **dans le texte.**

b. Trouve le nom de la même famille que l'adjectif *belle*.

J'écris

8 **Imagine une devinette pour faire trouver un nom de la même famille.**

Exemple : *famille de* vol : *Je suis une grande cage où les oiseaux peuvent voler.* → *une volière*

Famille de *mer*

Famille de *manger*

Je comprends

Lis ces phrases et réponds aux questions.

Le préfixe d'un mot

1 **a.** Pierre est **poli** ; il dit « s'il vous plaît ».
b. Luc est **<u>im</u>poli** ; il ne dit pas « merci ».

- Dans la phrase **a**, comment est Pierre ?
- Dans la phrase **b**, comment est Luc ?
Qu'ajoute-t-on au mot simple de la phrase **a** pour le dire ?

Complète la phrase avec un mot qui a un préfixe : *heureux* **ou** *malheureux*.
Jérémy a perdu son doudou, il est … .

Le suffixe d'un mot

2 **a.** J'achète un bouquet de **fleurs** à la **fleur<u>iste</u>**.
b. Quand j'ai mal aux **dents**, je vais chez le **dent<u>iste</u>**.

- Dans la phrase **a**, quels sont les mots de la même famille ?
Qu'ajoute-t-on au mot simple pour former « fleuriste » ?
- Dans la phrase **b**, quels sont les mots de la même famille ?
Qu'ajoute-t-on au mot simple pour former « dentiste » ?

Complète la phrase avec un mot qui a un suffixe : *serveuse* **ou** *dame*.
Au restaurant, la … apporte le menu.

J'apprends

- Dans une famille de mots, certains mots dérivés sont formés à l'aide d'un **préfixe** qui se place **avant le mot simple**.
  faire → ***dé**faire* – ***re**faire*
- Dans une famille de mots, certains mots sont formés à l'aide d'un **suffixe** qui se place **après le mot simple**.
  jardin → *jardin**ier*** – *jardin**ière*** – *jardin**age***

⚠ Parfois, le préfixe ou le suffixe s'ajoute à une partie seulement du mot simple.
***pian**o* → ***pian**iste*

Je m'entraîne

1 * Recopie les verbes, puis entoure les préfixes *dé* et *sur*.

a. défaire – b. surmonter – c. survenir –
d. décoiffer – e. surprendre

2 ** Recopie chaque liste de mots d'une même famille et entoure le mot simple.

a. voleur volage volière envoler survoler – vol
b. marcher – marcheur – marche – démarcher
c. coller – encoller – colle – décoller – recoller

3 ** Écris les mots dérivés obtenus en ajoutant l'un des préfixes : *dé* – *im* – *re*.

a. connaître – b. possible – c. mener –
d. bâtir – e. patient – f. coller

4 ** Associe les débuts de mots de la *liste 1* à une terminaison qui convient de la *liste 2* pour former des noms. Recopie-les.

1. opér-, mass-, dans-, brûl-
2. -ure, -ation, -age, -eur

5 ** Trouve le nom de métier de chaque personne.

a. Je fais et vends des chocolats. → le ...
b. Je joue du violon. → le ...
c. J'écris des articles dans un journal ou une revue. → le ...
d. Je fais passer des radios aux gens. → le ...

6 * Complète chaque phrase avec un mot de la famille du mot en gras.**

a. Chaque semaine, nous mangeons du **poisson** ; ma mère l'achète à la ... du marché.
b. Au feu rouge, le conducteur donne un brusque coup de **frein** ; on voit des traces de ... sur la chaussée.

Je lis

7 Lis ce texte.

Au cours d'un carnaval, Yvan, un jeune garçon, rencontre un homme qui vend des oiseaux en cage. Il lui achète un rouge-gorge dans le but de le libérer.

Le rouge-gorge recula dans la cage. Yvan dut entrer la main à l'intérieur de la cage pour l'atteindre.

Puis, d'un tour de main, il le lança par la fenêtre.

– Il est libre, maintenant, dit Yvan.

Le petit oiseau lui adressa un cri strident de colère et essaya de revenir à l'intérieur, mais Yvan l'attrapa et le relança dehors.

– Allez, tu vas t'habituer, dit-il.

Et il referma bien la fenêtre.

Melvin Burgess, *L'Homme aux oiseaux*,
traduit par Anne de Bouchony,

a. Relève trois verbes qui commencent par le préfixe *re-*.

b. Retrouve à partir de quel verbe simple les verbes relevés de l'exercice précédent sont formés.

J'écris

8 Décris les dessins en utilisant des verbes de la famille de *porter* : *emporter – reporter – rapporter – transporter* ; et de *voler* : *s'envoler – voleter – survoler*.

exercices supplémentaires

Se repérer dans le dictionnaire

1 **Écris ces listes de mots dans l'ordre alphabétique.**

a. abriter – vendre – sourire – courir – jouer
b. renard – dormir – tapis – or – livre
c. crabe – citrouille – carrosse – cerf – cuisine
d. manger – maison – manière – mare – malle
e. persil – perroquet – permettre – persuader – perdre

2 **Écris ces listes de mots dans l'ordre alphabétique.**
Entoure le ou les mots que l'on trouve dans le dictionnaire placé(s) entre les mots repères en gras.

a. table – timbre – thon – tordre – terrible – trier (**texte** – **thym**)
b. lecture – libre – locomotive – luxe – livre – loup (**litière** – **loge**)
c. collecter – corriger – commencer – concombre – colis (**concert** – **concurrent**)
d. famille – foule – fille – fée – fossé (**fortifier** – **four**)

3 **Récris chaque liste en complétant avec des mots de ton choix. Respecte l'ordre alphabétique. Tu peux t'aider du dictionnaire.**

a. balle – … – billet – … – bol – … – brave – …
b. garçon – … – geste – … – gilet – … – grippe
c. école – … – édenté – … – égrainer – … – estival – … – éveil
d. pâle – … – paon – … – passer – … – patience – … – pâturage

Lire un article du dictionnaire

4 **Écris chaque abréviation de la** ***liste a*** **avec le mot complet correspondant de la** ***liste b*****.**

a. adj. – n. f. – v. – n. m. – adv.
b. nom masculin – adverbe – adjectif – verbe – nom féminin

Cherche deux mots dans le dictionnaire pour chacune de ces abréviations. Écris ces mots.

5 **Lis cet article du dictionnaire.**
Puis réponds aux questions en complétant les phrases.

> **Gain n. m.** **1.** Argent que l'on gagne. *En vendant sa maison, il a fait un gain important.* **2.** Économie. *Voyager en avion est un gain de temps.*

a. Quelle est la nature du mot *gain* ?
→ Le mot *gain* est un … .
b. Quel est le genre du mot *gain* ?
→ Le mot *gain* est au … .
c. Combien de sens a le mot *gain* ?
→ Le mot *gain* a … sens.

6 **Associe chaque mot de la** ***liste a*** **à la définition qui lui correspond dans la** ***liste b*****. Écris une phrase exemple pour chaque mot.**

a. **Mots :** grenouille – griffe – mangue – bondir
b. **Définitions :**
– ongle pointu de certains animaux
– fruit exotique ovale à chair orange
– petit animal à la peau lisse et aux pattes palmées, qui vit dans l'eau et sur terre
– sauter en l'air brusquement

Les sens des mots dans le dictionnaire

7 **Pour chaque série de dessins en A, B, C et D, trouve le mot qui correspond.**

A

B

C

D

8 **Lis les deux définitions qui correspondent à chaque mot caché.**
Retrouve ce mot et écris-le.

a. Je suis un petit objet qui sert à éclairer.
Je fais mal au pied. → une …
b. Je suis la partie du corps qui termine la jambe.
Une table en possède quatre. → un …
c. Je suis une partie de la maison ou bien
un petit objet en métal qui sert à payer. → une …
d. Je peux être une voyelle ou une consonne.
Je suis un texte écrit que l'on envoie à quelqu'un.
→ une …

9 **Récris chaque phrase en remplaçant le mot en gras par un mot de même sens.**

a. Le régiment **passe** devant le général.
b. Mon voisin me **passe** une gomme.
c. Clotilde est **forte** en calcul.
d. L'éléphant est un animal assez **fort** pour soulever un tronc d'arbre.

Le sens des mots d'après le contexte

10 **Recopie le mot en gras de chaque phrase avec la définition entre parenthèses qui lui correspond.**

a. Le cuisinier prépare un **pâté**. (1. un tas de sable moulé dans un seau – 2. un plat de viande hachée que l'on mange froid.)
b. Mon frère range son **secrétaire**. (1. un meuble à tiroirs et à casiers – 2. une personne chargée de rédiger du courrier, de ranger des documents…)
c. Ma mère me demande de baisser le **son** de la télévision. (1. l'enveloppe qui entoure les grains de céréales – 2. le bruit que fait un appareil.)

11 **Lis le texte. Donne la nature de chaque mot en gras.**
Écris sa définition et une phrase exemple.

Dans cette forêt **obscure**, vivent de drôles de personnages **minuscules**. Ils **communiquent** dans une langue inconnue des humains.
Ils vivent dans l'obscurité et se nourrissent des **ressources** de la forêt. Ils **apprécient** la musique et, dès le coucher du soleil, ils se réunissent pour chanter.

12 **Recopie les phrases qui correspondent au sens suivant du mot *pile* : *objet métallique qui fournit de l'énergie*.**

a. Des *piles* de livres s'entassent sur le bureau.
b. Les *piles* rechargeables sont écologiques.
c. Nous jouons à *pile* ou face.
d. Je dois changer les *piles* de la télécommande.

Les synonymes

13 **Recopie chaque liste de mots sans l'intrus.**

a. exquis – acide – savoureux – délicieux
b. vrai – juste – faux – exact
c. absorber – avaler – déglutir – refroidir
d. un accident – une catastrophe – un ennemi – un malheur
e. jouer – discuter – parler – bavarder

14 **Recopie chaque phrase en remplaçant le mot en gras par le synonyme entre parenthèses qui convient.**

a. Mon père **essuie** souvent son écran d'ordinateur. *(nettoie – prend)*
b. Cette **demeure** semble abandonnée. *(histoire – maison)*
c. Mes parents ont décidé de faire un **court** séjour en Suisse. *(long – bref)*
d. Cet animal **féroce** attaque sans raison. *(affamé – cruel)*
e. La grenouille **attrape** une mouche. *(saisit – tombe)*

15 **Associe les mots de la *liste a* aux mots de sens proche de la *liste b*.**

a. expédier – barrière – dépasser – craintif – chuchoter – horrible – colis
b. murmurer – clôture – paquet – doubler – laid – envoyer – peureux

16 **Récris chaque liste de mots en ajoutant un mot synonyme de ton choix.**

a. un logis – une habitation – une chaumière
b. curieux – spécial – bizarre
c. voir – distinguer – remarquer
d. amusant – plaisant – réjouissant

Les contraires

17 **Écris le contraire de chaque nom.**

a. une entrée – b. un début – c. la lumière – d. un ennemi

18 **Recopie chaque adjectif et son contraire relevés dans la liste suivante.**

clair – moderne – fermé – haut – rapide – riche – pauvre – lent – bas – sombre – ouvert – ancien

19 **Écris le contraire de chaque verbe.**

a. accepter – b. arriver – c. monter – d. finir

20 **Écris le contraire de chaque adjectif en utilisant les préfixes *in-*, *im-*, *dé-*, *mal-* ou *mé-*.**

a. content – b. habile – c. correct – d. gonflé – e. parfait

21 **Récris chaque phrase en remplaçant le mot ou le groupe de mots en gras par son contraire.**

a. Tu portes un paquet **lourd**.
b. Ce chemin **rallonge** le parcours.
c. Ma grand-mère a eu un grand **malheur**.
d. C'est un exercice **difficile**.
e. Le match commence **de bonne heure**.

Des mots précis

22 **Récris chaque phrase en remplaçant le verbe *va* par un verbe plus précis.**

a. Il *va* à Nantes en TGV.
b. Nelly *va* bien depuis une semaine.
c. Mon ami *va* à bicyclette à l'école.
d. En randonnée, mon père *va* trop vite.

23 **Récris chaque phrase en remplaçant l'adjectif *grosse* par : *violente* – *lourde* – *importante* ou *épaisse*.**

a. Cette *grosse* couverture n'est plus de saison.
b. Une *grosse* tempête s'est abattue sur l'île.
c. Vincent porte une *grosse* valise.
d. Il a touché une *grosse* somme d'argent.

24 **Associe chaque expression avec *faire* de la *liste a* au verbe plus précis qui lui correspond dans la *liste b*.**

a. faire la vaisselle – faire cent mètres – faire à manger – faire une robe
b. parcourir – cuisiner – coudre – laver

Mots généraux et mots particuliers

25 **Écris deux mots particuliers pour chaque mot général proposé.**

a. fleur : ... – b. fruit : ... – c. métier : ... – d. moyen de transport : ...

26 **Écris le mot général qui correspond aux mots particuliers de chaque liste.**

a. pantalon – bonnet – gant – parka
b. football – tennis – patinage – natation
c. carotte – poireau – navet – concombre
d. boulanger – coiffeur – dentiste – vendeur
e. chaise – lit – table – canapé – armoire

27 **Complète chaque phrase avec un mot général qui correspond aux mots particuliers.**

a. L'aviron, le surf et la planche à voile sont des ... nautiques.
b. La purée, la ratatouille et le couscous sont des ... que l'on mange chaud.
c. Le dompteur, l'écuyère et le jongleur sont des ... du cirque.
d. Le chat, le chien et le hamster sont des ... domestiques.

28 **Retrouve dans le texte deux mots généraux et les mots particuliers qui leur correspondent.**

En 1969, un homme a marché sur la Lune. Ce fut une aventure extraordinaire.
Des planètes comme Mars et Vénus seront sûrement explorées un jour.
De nombreux scientifiques comme les physiciens, les ingénieurs, les médecins... poursuivent leurs recherches pour que l'aventure continue.

Des mots sur le temps

29 Recopie chaque phrase en la complétant avec le mot qui convient : *maintenant* **–** *hier* **–** *aujourd'hui* **–** *demain* **ou** *l'année prochaine***.**

a. ..., ils rentreront de vacances.
b. Lundi, nous sommes sortis et ... mardi, nous restons à la maison.
c. ..., j'ai repeint ma chambre.
d. Damien était malade mais ... il est guéri.
d. Mon frère espère avoir Monsieur Marc en classe ... .

30 Complète chaque phrase avec le mot qui convient : *heure* **–** *décembre* **–** *semaines* **ou** *mois***.**

a. Les aiguilles de l'horloge indiquent l' ... .
b. Sur le calendrier, les jours, les semaines et les ... d'une année sont inscrits.
c. Les vacances de Pâques durent deux ... .
d. La fête de Noël a lieu le 25 ... .

31 Associe chaque mot de la *liste a* **au groupe de mots qui lui correspond dans la** *liste b***.**

a. un mois – une année – un trimestre.
b. une période de trois mois – une période de douze mois – une période de 30 ou 31 jours.

32 Recopie et complète avec l'adjectif qui indique le temps :
trimestriel **–** *quotidienne* **–** *mensuelle* **ou** *annuelle***.**

a. Le vieux monsieur se promène tous les jours dans le parc. C'est une activité ... .
b. Mes parents règlent l'abonnement à Internet tous les mois. Ils reçoivent une facture ... .
c. En septembre chaque année, ma tante m'offre ma cotisation ... pour le club de judo.

Des mots sur l'école

33 Recopie uniquement les verbes qui concernent l'école.

réciter – calculer – dormir – additionner – cuire – écrire – habiter – compléter – essuyer – répondre – lire.

34 Recopie les phrases qui parlent des fournitures scolaires.

a. Tom a pris son cartable neuf pour la rentrée des classes.
b. Agathe apprend sa leçon de science.
c. Lucile écrit au feutre sur son ardoise.
d. Le directeur de cette école surveille la récréation.
e. Le manuel d'histoire comporte des cartes et des images anciennes.

35 Recopie chaque phrase en la complétant avec un adjectif : *attentifs* **–** *scolaires* **–** *curieux* **ou** *soignés***.**

a. Samia écrit très bien, ses devoirs sont ... .
b. La maîtresse est contente car nous sommes ... .
c. Les résultats ... de mon frère sont bons.
d. Les élèves ... s'intéressent à tout.

Des mots sur la ville

36 Trouve le mot qui correspond à chaque devinette.

a. Je suis la partie de la rue sur laquelle les voitures circulent. → la ...
b. Je suis un grand bâtiment à plusieurs étages. → un ...
c. Je circule à pied en marchant sur les trottoirs. → un ...
d. Je suis un moyen de transport souterrain dans une grande ville. → le ...

37 Complète ce texte avec les mots :
pollution **–** *citadins* **–** *embouteillages* **–** *circulation* **–** *se pressent***.**

En ville, la ... est importante.
Dès le début de la journée, les gens ... pour aller travailler.
Ils font des courses ou bien se promènent, vont au spectacle ou au musée.
Les nombreuses voitures sont responsables de la ... . Elles provoquent des ... .
Beaucoup de ... utilisent les transports en commun comme le métro, le bus, le tramway.
Certains se déplacent à vélo.

38 **Recopie les mots de chaque liste qui concernent la ville.**

a. rue – feu rouge – circulation – village – foule
b. construire – moissonner – circuler – faire la queue
c. urbain – campagnard – animé – pressé

Des mots sur la campagne

39 **Recopie chaque phrase en la complétant avec le mot qui convient :** *butinent – sentiers – tond* **ou** *ruisseaux*.

a. Les abeilles se posent sur les fleurs pour ramasser le nectar : elles … .
b. J'aime me promener dans les … ombragés de cette forêt.
c. Le berger … les moutons : il coupe leurs poils qui seront transformés en laine.
d. Dans cette vallée, de petits … traversent les champs.

40 **Trouve l'adjectif qui correspond à chaque définition.**

a. Je suis un adjectif de la famille de campagne : … .
b. Je qualifie un lieu couvert d'arbres : … .
c. Je qualifie un champ travaillé par un paysan : … .
d. Je décris un paysage de vallons : … .

41 **Récris le texte en remplaçant chaque verbe entre parenthèses par un verbe pris dans cette liste :** *cultiver – labourer – semer – moissonner*. **Aide-toi des dessins.**

Pour *(faire pousser)* des céréales comme le blé, le paysan doit d'abord *(creuser et retourner)* la terre. Puis il *(met)* des graines dans la terre. En été, il *(récolte)* les céréales ; les tiges sont alors séparées des grains et sont réunies en bottes de paille.

Les familles de mots

42 **Écris un nom de la même famille que chaque verbe proposé.**

a. voyager → un …
b. écrire → l'…
c. courir → une …
d. chanter → un …

43 **Repère les mots de la même famille. Recopie-les ensemble.**

doux	pleuvoir	accalmie
pluvieux	ensoleiller	pluie
calme	adoucir	patience
patient	calmer	soleil
solaire	patienter	douceur

44 **Recopie les listes de mots sans l'intrus.**

Liste a. forme – déformer – formidable – formation – transformer
Liste b. fleur – feuillage – fleuriste – fleurir – refleurir
Liste c. dur – durcir – rude – durement – endurcir

45 **Écris trois mots de la famille de chaque mot proposé.**

a. pli – **b.** terre – **c.** branche – **d.** chant – **e.** bord

46 **Réunis chaque mot de la** *liste a* **au mot de la même famille de la** *liste b*.

Liste a. fou – mer – pluie – sel – sécheresse
Liste b. salé – sec – folle – marée – pluvieux

47 **Recopie chaque mot de cette liste. Entoure la partie commune. Souligne le préfixe.**

reporter – transporter – emporter – supporter

48 **Recopie chaque mot de cette liste. Entoure la partie commune. Souligne le suffixe.**

compteur – compter – comptable – comptabilité

VOCABULAIRE

Annexes

Les auxiliaires *avoir* et *être*

Infinitif	Indicatif			
	Présent	Futur	Imparfait	Passé composé
avoir	j'ai tu as il, elle a nous avons vous avez ils, elles ont	j'aurai tu auras il, elle aura nous aurons vous aurez ils, elles auront	j'avais tu avais il, elle avait nous avions vous aviez ils, elles avaient	j'ai eu tu as eu il, elle a eu nous avons eu vous avez eu ils, elles ont eu
être	je suis tu es il, elle est nous sommes vous êtes ils, elles sont	je serai tu seras il, elle sera nous serons vous serez ils, elles seront	j'étais tu étais il, elle était nous étions vous étiez ils, elles étaient	j'ai été tu as été il, elle a été nous avons été vous avez été ils, elles ont été

Les verbes du 1er groupe

Infinitif	Indicatif			
	Présent	Futur	Imparfait	Passé composé
sauter	je saute tu sautes il, elle saute nous sautons vous sautez ils, elles sautent	je sauterai tu sauteras il, elle sautera nous sauterons vous sauterez ils, elles sauteront	je sautais tu sautais il, elle sautait nous sautions vous sautiez ils, elles sautaient	j'ai sauté tu as sauté il, elle a sauté nous avons sauté vous avez sauté ils, elles ont sauté
rester	je reste tu restes il, elle reste nous restons vous restez ils, elles restent	je resterai tu resteras il, elle restera nous resterons vous resterez ils, elles resteront	je restais tu restais il, elle restait nous restions vous restiez ils, elles restaient	je suis resté(e) tu es resté(e) il, elle est resté(e) nous sommes resté(e)s vous êtes resté(e)s ils, elles sont resté(e)s

Les verbes du 1er groupe (suite)

Infinitif	Indicatif			
	Présent	Futur	Imparfait	Passé composé
avancer	j'avance tu avances il, elle avance nous avançons vous avancez ils, elles avancent	j'avancerai tu avanceras il, elle avancera nous avancerons vous avancerez ils, elles avanceront	j'avançais tu avançais il, elle avançait nous avancions vous avanciez ils, elles avançaient	j'ai avancé tu as avancé il, elle a avancé nous avons avancé vous avez avancé ils, elles ont avancé
manger	je mange tu manges il, elle mange nous mangeons vous mangez ils, elles mangent	je mangerai tu mangeras il, elle mangera nous mangerons vous mangerez ils, elles mangeront	je mangeais tu mangeais il, elle mangeait nous mangions vous mangiez ils, elles mangeaient	j'ai mangé tu as mangé il, elle a mangé nous avons mangé vous avez mangé ils, elles ont mangé

Les verbes du 2e groupe

Infinitif	Indicatif			
	Présent	Futur	Imparfait	Passé composé
choisir	je choisis tu choisis il, elle choisit nous choisissons vous choisissez ils, elles choisissent	je choisirai tu choisiras il, elle choisira nous choisirons vous choisirez ils, elles choisiront	je choisissais tu choisissais il, elle choisissait nous choisissions vous choisissiez ils, elles choisissaient	j'ai choisi tu as choisi il, elle a choisi nous avons choisi vous avez choisi ils, elles ont choisi

Les verbes du 3e groupe

Infinitif	Indicatif			
	Présent	Futur	Imparfait	Passé composé
aller	je vais tu vas il, elle va nous allons vous allez ils, elles vont	j'irai tu iras il, elle ira nous irons vous irez ils, elles iront	j'allais tu allais il, elle allait nous allions vous alliez ils, elles allaient	je suis allé(e) tu es allé(e) il, elle est allé(e) nous sommes allé(e)s vous êtes allé(e)s ils, elles sont allé(e)s
faire	je fais tu fais il, elle fait nous faisons vous faites ils, elles font	je ferai tu feras il, elle fera nous ferons vous ferez ils, elles feront	je faisais tu faisais il, elle faisait nous faisions vous faisiez ils, elles faisaient	j'ai fait tu as fait il, elle a fait nous avons fait vous avez fait ils, elles ont fait
venir	je viens tu viens il, elle vient nous venons vous venez ils, elles viennent	je viendrai tu viendras il, elle viendra nous viendrons vous viendrez ils, elles viendront	je venais tu venais il, elle venait nous venions vous veniez ils, elles venaient	je suis venu(e) tu es venu(e) il, elle est venu(e) nous sommes venu(e)s vous êtes venu(e)s ils, elles sont venu(e)s
prendre	je prends tu prends il, elle prend nous prenons vous prenez ils, elles prennent	je prendrai tu prendras il, elle prendra nous prendrons vous prendrez ils, elles prendront	je prenais tu prenais il, elle prenait nous prenions vous preniez ils, elles prenaient	j'ai pris tu as pris il, elle a pris nous avons pris vous avez pris ils, elles ont pris
pouvoir	je peux tu peux il, elle peut nous pouvons vous pouvez ils, elles peuvent	je pourrai tu pourras il, elle pourra nous pourrons vous pourrez ils, elles pourront	je pouvais tu pouvais il, elle pouvait nous pouvions vous pouviez ils, elles pouvaient	j'ai pu tu as pu il, elle a pu nous avons pu vous avez pu ils, elles ont pu

Les verbes du 3e groupe (suite)

Infinitif	Indicatif			
	Présent	Futur	Imparfait	Passé composé
voir	je vois tu vois il, elle voit nous voyons vous voyez ils, elles voient	je verrai tu verras il, elle verra nous verrons vous verrez ils, elles verront	je voyais tu voyais il, elle voyait nous voyions vous voyiez ils, elles voyaient	j'ai vu tu as vu il, elle a vu nous avons vu vous avez vu ils, elles ont vu
partir	je pars tu pars il, elle part nous partons vous partez ils, elles partent	je partirai tu partiras il, elle partira nous partirons vous partirez ils, elles partiront	je partais tu partais il, elle partait nous partions vous partiez ils, elles partaient	je suis parti(e) tu es parti(e) il, elle est parti(e) nous sommes parti(e)s vous êtes parti(e)s ils, elles sont parti(es)
dire	je dis tu dis il, elle dit nous disons vous dites ils, elles disent	je dirai tu diras il, elle dira nous dirons vous direz ils, elles diront	je disais tu disais il, elle disait nous disions vous disiez ils, elles disaient	j'ai dit tu as dit il, elle a dit nous avons dit vous avez dit ils, elles ont dit
vouloir	je veux tu veux il, elle veut nous voulons vous voulez ils, elles veulent	je voudrai tu voudras il, elle voudra nous voudrons vous voudrez ils, elles voudront	je voulais tu voulais il, elle voulait nous voulions vous vouliez ils, elles voulaient	j'ai voulu tu as voulu il, elle a voulu nous avons voulu vous avez voulu ils, elles ont voulu

Adjectif qualificatif : c'est un mot qui permet de décrire, de préciser les caractéristiques d'une chose, d'un animal ou d'une personne.
*un perroquet **bavard** – un **grand** arbre*

Adverbe : c'est un mot invariable qui modifie ou précise le sens d'un autre mot (verbe, adjectif qualificatif, adverbe) ou d'une phrase.
***Hier**, les enfants ont **bien** joué.*

Article défini : c'est un déterminant qui signifie que l'on connaît la personne, l'animal ou la chose dont on parle.
***Le** chien de mon ami est un dalmatien.*

Article indéfini : c'est un déterminant qui signifie que l'on ne connaît pas la personne, l'animal ou la chose dont on parle.
***Un** piéton vient de traverser la route.*

Complément circonstanciel (CC) : il précise où, quand, comment, pourquoi et dans quel but se déroule l'action.
***La semaine prochaine**, je viendrai te voir.*
quand → cc de temps

Complément d'objet direct (COD) : c'est le mot ou le groupe de mots qui répond à la question « qui » ou « quoi » posée après certains verbes comme *manger*.
*Kenza mange **une pomme**.*

Complément d'objet indirect (COI) : c'est le mot ou le groupe de mots qui indique « de qui » ou « de quoi » l'on parle, ou bien « à qui » ou « à quoi » l'on pense. Il est relié au verbe par une *préposition*.
*Timothée écrit **à sa cousine**.*
*Il parle **de ses amis**.*

Déterminant : c'est un mot qui commande le genre et le nombre du *nom* et se place presque toujours devant le *nom*. Il peut être article défini, article indéfini, déterminant possessif...
***La** neige tombe. – **Un** oiseau chante. – **Tes** chaussures sont en cuir.*

Déterminant possessif : il indique que la personne, l'animal ou la chose dont on parle appartient à quelqu'un.
***mon** père – **ma** raquette*

Fonction : c'est le rôle d'un mot ou d'un groupe de mots dans une phrase : sujet, COD, COI, complément circonstanciel, complément du nom...
Nous lisons un livre.
sujet COD

Genre : un nom peut être au masculin ou au féminin. Les déterminants et les adjectifs s'accordent en genre avec le nom.
le petit panda – la grenouille verte
masculin féminin

Groupe nominal : il regroupe plusieurs mots. Il peut être formé :
– d'un déterminant et d'un nom : *le cadeau* ;
– d'un déterminant, d'un nom et d'un ou plusieurs adjectifs qualificatifs : *les longues tresses brunes* ;
– d'un déterminant, d'un nom et d'un groupe nominal complément du nom : *le vase de ma grand-mère*.

Nature : un mot appartient à une catégorie grammaticale, sa nature, qui ne change pas : nom commun, verbe, adjectif qualificatif, déterminant, pronom, adverbe...

Nom : c'est un mot qui désigne une personne, un animal, un objet ou une idée. Il est souvent précédé d'un déterminant.
*sa **montre***

Nombre : un nom peut être au singulier ou au pluriel. Les déterminants et les adjectifs s'accordent en nombre avec le nom.
***un** musicien célèbre – **des** musiciens célèbres*
singulier pluriel

Phrase : c'est un ensemble de mots qui commence par une majuscule, se termine par un point et a un sens.
La girafe court dans la savane.

Ponctuation : c'est l'ensemble des signes que l'on trouve au début, à l'intérieur ou à la fin d'une phrase :
, . ? ! « »
*D'où vient-il **?** – Quelle chaleur **!***

Préposition : c'est un mot comme *à* ou *de* qui sert à introduire un COI ou un complément circonstanciel (CC).
*Sami téléphone **à** son frère.*
COI
*Le hibou hulule **dans** la forêt.*
CC de lieu

Pronom personnel : c'est un mot qui remplace un nom ou un groupe nominal.
Nathalie est fatiguée. ***Elle*** *se repose.*
↓
Nathalie

Sujet : il indique « de qui « ou « de quoi » l'on parle. Il répond à la question « qui est-ce qui ? » ou « qu'est-ce qui ? »
L'abeille *butine.*

Verbe : il indique une *action* (jouer, marcher…) ou un *état* (être, rester…).
Ce garçon ***court.*** *– Il* ***est*** *rapide.*

DÉTERMINANTS			
	définis	**indéfinis**	**possessifs**
masculin singulier	le, l'	un	mon, ton, son, notre, votre, leur
féminin singulier	la, l'	une	ma, ta, sa, notre, votre, leur
pluriel	les	des	mes, tes, ses, nos, vos, leurs

PRONOMS PERSONNELS					
SINGULIER	**1re personne**	je	**PLURIEL**	**1re personne**	nous
	2e personne	tu		**2e personne**	vous
	3e personne	il, elle, on		**3e personne**	ils, elles

Abréviation : c'est un mot ou un groupe de mots réduits. Seules les premières lettres sont écrites.
nom commun : n. c. – adjectif : adj. – synonyme : syn.

Contraires : ce sont des mots de sens opposé.
petit/grand – long/court – jeune/vieux – doux/rugueux – plein/vide

Famille de mots : c'est l'ensemble des mots dérivés d'un mot simple.
*famille du mot **lait** → laitier, laiterie, laitage...*
mot simple — mots dérivés

Mot dérivé : c'est un mot formé à partir d'un mot simple. Il peut être formé :
– à l'aide d'un préfixe : ***mal**chance*
préfixe — mot simple
– à l'aide d'un suffixe : *beau**té***
mot simple — suffixe

Mot général : c'est un mot qui constitue un ensemble de personnes, d'animaux, de choses...
les arbres

Mot particulier : c'est un mot qui correspond à un élément d'un ensemble lui-même désigné par un mot général.
***le marronnier, le tilleul, le chêne** sont des arbres.*
mots particuliers — mot général

Préfixe : il se place avant le mot simple pour former un mot nouveau.
*heureux → **mal**heureux – vêtement → **sur**vêtement*

Suffixe : il se place après le mot simple pour former un mot nouveau.
*village → village**ois** – lent → lent**eur***

Synonymes : ce sont des mots qui ont le même sens ou un sens proche.
sombre/foncé – jouer/s'amuser – une voiture/une automobile

SONS-VOYELLES		SONS-CONSONNES	
[a]	le chat, un pâté	[p]	une panne, une nappe
[o]	un vélo, une autruche, de l'eau, un côté	[b]	une barbe, une abbaye
[ɔ]	un bol	[t]	la toiture, une patte
[y]	la rue	[d]	donner, une addition
[u]	la poule	[k]	une cabane, une banque, un anorak
[e]	une étoile, un escalier, un nez, les, et	[g]	la gomme, une guitare
[ɛ]	merci, une semaine, un frère, la fête, la neige, un piquet	[f]	une falaise, une photo
[œ]	un facteur, un cœur	[v]	une voiture
[ø]	le feu, heureux, des œufs	[s]	une salade, une tasse, le cinéma, une leçon, une potion
[ə]	le, je, tenir	[z]	un oiseau, zéro
[i]	un ami, un stylo	[ʒ]	une jupe, un genou, un plongeon
[ɑ̃]	une pendule, un chanteur, une lampe, le temps	[ʃ]	un chemin
[ɔ̃]	un rond, une trompe	[l]	un livre, une pelle
[ɛ̃]	un sapin, un timbre, un chien, un bain, un peintre, lundi, du parfum	[ʀ]	un renard, arroser
		[m]	la mer, une pomme
		[n]	un numéro, la panne
		[ɲ]	un agneau
		[j]	un avion, un noyau, une feuille
		[wa]	un roi
		[w]	l'ouest
		[ɥ]	la nuit

ORTHOGRAPHE

ailleurs
ainsi
alors
après
assez
aujourd'hui
aussi
aussitôt
autant
autrefois
avant
avec
beaucoup
bientôt
cependant
chez
comment
dans
déjà
demain
dessous
devant
encore
enfin
ensuite
hier
jamais
longtemps
maintenant
mais
malgré
mieux
moins
parce que
parfois
pourquoi
pourtant
puis
quand
quelquefois
sans
seulement
soudain
sous
souvent
surtout
toujours
trop
vers
vraiment

Générique de l'ouvrage

Conception graphique et couverture : Laurence Durandau
Mise en pages : Médiamax
Illustrateurs : Grégoire Pont, Armel Ressot (p. 87)
Coordination artistique : Léa Verdun
Coordination éditoriale : Laurence Michaux
Édition : Elisabeth Moinard

Achevé d'imprimer par Maury à Malesherbes - France
N° de projet : 10161615 - Dépôt légal : mars 2010.

10161615